W0386327

Cecilia von Studnitz

Ich bin nicht der, den Du liebst

Cecilia von Studnitz

Ich bin nicht der, den Du liebst

Die frühen Jahre des Hans Fallada in Berlin

federchen Verlag

Inhalt

Vorwort

Es war eine Situation, von der viele Biografen träumen: Kurz nach dem Erscheinen meines Buches über Hans Fallada: *Es war wie ein Rausch*[1] meldete sich eine Frau am Telefon. Sie habe da einige Briefe, wisse allerdings nicht, ob die etwas taugen, sei aber sicher, dass sie eine Biographin interessieren. Oh ja, sie interessierten und sie ‚taugten' sehr viel.

Es handelt sich um 154 bislang unveröffentlichte und unbekannte Originalbriefe von Rudolf Ditzen, der unter dem Pseudonym Hans Fallada Weltliteratur geschaffen hat. Die meisten Briefe sind mit der Hand geschrieben, achtzehn mit der Schreibmaschine. Die Brieflänge schwankt zwischen Kurznachrichten oder knappen Bitten von einigen rasch hingeworfenen Zeilen mit großen Buchstaben bis hin zu eng beschriebenen mehrseitigen Briefen, die in Falladas winzigster Schrift verfasst wurden und ohne Lupe kaum zu entziffern sind – einer Schriftform übrigens, wie er sie zum Ende seines Lebens noch einmal verwendet hat. Die Briefe sind ausnahmslos an seine vermutlich erste große Liebe, Anne Marie Seyerlen gerichtet. Sie ist die Ehefrau des Schriftstellers, Kunsthistorikers und Lebenskünstlers Egmont Seyerlen. Da die Dänin die deutsche Schrift nicht lesen konnte, schrieb Ditzen seine Briefe in lateinischen Buchstaben, selten nur fiel er in seine alte Schreibweise zurück. An der Echtheit der Briefe besteht kein Zweifel, denn sowohl Schriftvergleiche aus dem Hans-Fallada-Archiv als auch die Briefinhalte beweisen die Authentizität der Dokumente. Die Briefe schließen eine beklagte Lücke: Sie geben Auskunft über Hans Falladas erste Berliner Jahre und die damit verbundene Schaffensperiode, vor allem die seines ersten Romans *Der junge Goedeschal.*[2]

Mit den Briefen kann jetzt zumindest die Zeit von Mai 1917 bis Mitte 1919 relativ genau zurückverfolgt werden. Ferner befanden sich in dem Fundus noch einige Briefe aus der Zeit von Juli 1919 bis Ende September 1921, die teilweise in mehrmonatigen Abständen geschrieben wurden und überwiegend Hilferufe nach Geld waren. Sie kamen aus verschiedenen Orten. Nach dem 30.9.1921 bricht der Briefkontakt ab. Anne Marie Seyerlen wird ihn erst zehn Jahre später wieder aufnehmen. Der Briefwechsel endet für immer am 19.4.1934.

Zur Auswertung übergeben wurden die Briefe von der aus zweiter Ehe stammenden Tochter Anne Marie Seyerlens, Christine Steiner. Ihr sei ganz herzlich dafür gedankt, und nicht nur dafür. Christine Steiner war zwischen den Jahren 1998 und 2004 zu mehreren Gesprächen bereit, beantwortete immer wieder geduldig Fragen, korrigierte Fehler. Sie ergänzte Informationen durch Insiderkenntnisse und übersetzte zahlreiche von Fallada in den Briefen verwendete dänische Worte. Vor allem der Hilfsbereitschaft von Christine Steiner ist es zu verdanken, dass dieses – die Fallada-Forschung ergänzende Werk – entstehen konnte. Was sie als Forschungsvorlage übergab, waren neben den Originalbriefen ein vermutlich von Fallada stammendes Typoskript eines Theaterstückes in Versform ohne Titel, eine elfseitige Novelle *Die sieben Nächte des Guglielmo Pascoli* und – abgesehen von lyrischen Passagen innerhalb seiner Briefe – ein Gedicht bzw. Lied: *Das Würfellied.* Zusätzlich stellte sie Fotos von Hans Fallada, seinem Sohn Ulrich sowie von Anne Marie und Egmont Seyerlen zur Verfügung. Die 1924 geborene Christine Steiner hat Hans Fallada nie persönlich kennen gelernt.

Mit den vorliegenden Briefen konnten nunmehr etliche Fragen beantwortet, wichtige Hinweise verfolgt und Fehlinterpretationen bisheriger Fallada-Forschung berichtigt werden. Vor allem aber konnte belegt werden, dass Handlungsmuster, Eigenheiten und Selbsteinschätzung von Rudolf Ditzen bereits in den Jahren 1917 bis 1919 so manifest sind, dass sie für einen Großteil der folgenden Lebensjahre unverändert beibehalten werden. Wie tiefgreifend und entgegen seiner späteren öffentlichen Aussagen die Verbindung mit Anne Marie Seyerlen für Fallada war, zeigt sich darin, dass er um 1939 eine mit ihm befreundete, lange anonym gebliebene junge Schriftstellerin offensichtlich veranlasste, als Pseudonym *Annemarie Steiner* zu wählen, jenen Namen, den Anne Marie Seyerlen nach ihrer zweiten Eheschließung trug.[3]

In diesem Buch werden bei weitem nicht alle 154 Dokumente herangezogen, sondern eine Auswahl, die geeignet scheint, die Persönlichkeit von Hans Fallada zu beleuchten. Die Briefe von Anne Marie Seyerlen aus dieser Zeit sind offensichtlich nicht erhalten. Das ist bedauerlich, denn sie hätten vermutlich etliche Fragen klären können, die ohne Kontext der Briefempfängerin unbeantwortet bleiben müssen.

Die Registratur und zeitliche Einordnung der Briefe erwies sich mitunter als schwierig. Vor allem in Krisensituationen neigte Fallada dazu, seine Schreiben weder zu datieren, noch einen Ort anzugeben. Von den 154 Briefen waren 22, also 14 Prozent, undatiert. Einige Briefe konnten nachdatiert werden, sei es aufgrund der Anrede, des Briefumschlags, manchmal aufgrund der Unterschrift von Fallada, der seine Briefe mit mannigfaltigen Signaturen versah, dies aber jeweils in Serie; manchmal auch durch inhaltliche Rückschlüsse oder in den Briefen erwähnte historische Ereignisse.

Sehr kompliziert wurde die Nachdatierung durch die Nummerierungen sowohl von Anne Marie Seyerlen als auch später von ihrer Tochter Christine. Anne Marie Seyerlen hatte leider nur anfangs mit breiter Füllfederschrift eine Registratur eingeführt: 29. R.D. bedeutete zum Beispiel, dass dies in ihrer Zählung der 29. Brief von Rudolf Ditzen war. Gelegentlich stand diese Nummer hinten auf den Briefbögen, manchmal lediglich auf den Briefumschlägen, die allerdings mit insgesamt 66 Exemplaren nur unvollständig erhalten sind. In glücklichen Fällen konnte man durch die zu den Briefen passenden Briefumschläge per Poststempel auf das Datum rückschließen, häufig jedoch war der Poststempel nicht zu lesen. Die Tochter Christine nummerierte ihrerseits die Briefe annähernd nach Datum, da ihre Mutter eben nur lückenhaft eine Registratur auf Umschlag oder Brief geschrieben hatte. Dabei kam es vor allem durch die undatierten Briefe von Hans Fallada zwangsläufig zu Fehleinschätzungen, weil sie zunächst als zusätzlicher Bogen zu einem bereits registrierten Brief erschienen. Im Verlauf der Recherche stellte sich dann heraus, dass dies nicht so war. Die Registratur wurde korrigiert. Die Recherchen, die zur endgültigen Datierung im Rahmen dieses Buches führten, werden für den jeweiligen Brief in einer Anmerkung erläutert. Die 22 undatierten Briefe habe ich so weit wie möglich nach Datum gesichtet und eingeordnet. Ergänzend zu den beschriebenen Originaldokumenten wurden im Hans-Fallada-Archiv – damals noch in Feldberg/Eichholz – Dokumente eingesehen, um Handschriftenvergleiche anzustellen sowie Zusatzinformationen zu erhalten. Hierbei unterstützte mich die Archivarin Sabine Lange in dankenswerter Weise. Ihre Auskünfte und Hinweise haben mir sehr geholfen. Gedankt wird vor allem auch den beiden Söhnen von Hans Fallada, Ulrich und Achim Ditzen, die mir die Veröffentlichung der Briefe gestattet haben.

Weitere Dokumente wurden im Deutschen Literaturarchiv Marbach/Neckar eingesehen. Gedankt wird auch Ime Schwabe aus Bamberg, die bei der Transkription von Briefen und Dokumenten in Deutscher Schrift behilflich war und mir als Apothekerin wichtige Informationen zu Medikamenten und Rauschmitteln geben konnte.

Zur Transkription sei vermerkt: Auf Bitte von Christine Steiner werden die Freunde von Anne Marie Seyerlen und Hans Fallada nicht mit vollem Namen genannt, sondern lediglich mit ihren Vornahmen Toni und Hugo sowie dem Anfangsbuchstaben ihres Nachnamens B.; Rudolf Ditzen schreibt häufig Annemarie, nach Christine Steiner aber muss der Name als Doppelname Anne Marie auseinander geschrieben werden.

Die Rechtschreibung der Briefzitate wurde stillschweigend korrigiert.[1*]

Am Ende dieses Buches befindet sich eine Zeittafel mit einem kurz gefassten Lebenslauf von Hans Fallada, denn diese Arbeit soll keine Biografie sein, sondern die Ergänzung der umfassenden Biografie Hans Falladas um einen Lebensabschnitt.

1* Zu den im Text verwendeten Abkürzungen und Zeichen siehe Anhang.

Personen

Rudolf Ditzen,
gelernter Landwirt, zur Zeit des Geschehens wissenschaftlicher Hilfsangestellter bei der Kartoffelbau-Gesellschaft in Berlin.

Annemarie Seyerlen,
Ehefrau des Schriftstellers, Kunsthistorikers und Lebenskünstlers Egmont Seyerlen.

Egmont Seyerlen,
derselbe (fast als Phantom).

Toni und Hugo B.,
Fabrikantenehepaar aus Berlin, Freunde von Annemarie Seyerlen.

Lotte Fröhlich,
Bildhauerin, zur Zeit des Geschehens Antiquitätenhändlerin, Bekannte von Annemarie Seyerlen, vermutlich auch kurzfristige Geliebte von Rudolf Ditzen.

Wolfgang Parsenow,
Freund von Rudolf Ditzen, Sohn aus erster Ehe von Lotte Fröhlich.

Familie Ditzen,
bestehend aus dem Vater Wilhelm Ditzen, Reichsgerichtsrat; der Mutter Elisabeth Ditzen, seiner Ehefrau; den älteren Schwestern Elisabeth (Itzenplitz) im Verlauf der Handlung verheiratet mit Heinz Hörig, Physiker und Privatgelehrter; der Schwester Margarete (Dete), im Verlauf der Handlung verheiratet mit Fritz Bechert, Rechtsanwalt; dem jüngeren Bruder Ulrich Ditzen, Reserveleutnant und Medizinstudent; der Schwester des Vaters, Adelaide Ditzen (Tante Ada), hassgeliebte Förderin von Rudolf Ditzen.

Harald Knudsen,
Bruder von Annemarie Seyerlen, Chellist in Hamburg und London.

Hans-Georg von Beerfelde,
Vorgesetzter von Rudolf Ditzen bei der Berliner Kartoffelbau-Gesellschaft.

Willi Burlage,
Leipziger Schulfreund von Rudolf Ditzen, im Verlauf der Handlung Mediziner.

Dr. Arthur Tecklenburg,
Leiter der Heilanstalt für Nerven- und Gemütskranke in Tannenfeld, langjähriger Arzt von Rudolf Ditzen.

Johannes Kagelmacher,
Freund von Rudolf Ditzen, unorthodoxer Landwirt und Hobby-Astrologe.

1. Liebe gnädige Frau ...

Nehmen Sie dies als einen Gruß, einen Gruß, in den ich ein ganz klein wenig von dem Dank hineinlegen möchte, den ich gestern abend auf meinem Heimweg übermächtig fühlte. Wohl ist – alles bitter, auch der dunkle Himmel, die Baumspitzen darin und die vielen Sterne, aber es ist soviel Süßigkeit in dieser Bitternis, soviel Süßigkeit, wie sie hoffentlich diese Blumen ein wenig in Ihr Zimmer wehen werden. Und so lange noch Blumen da sind, die man fühlt ... [1]

Mit dieser Visitenkarte vom 25. Mai 1917 wird erstmals eine Verbindung dokumentiert, die das Leben beider Partner zutiefst erschüttern und verändern wird. Die artigen Worte schrieb der 23jährige Rudolf Ditzen an die fast zehn Jahre ältere Anne Marie Seyerlen. Die bislang erlebten Jahre des jungen Mannes wiegen schwer, er hat an Kummer, Krankheit, Sorgen und Verzweiflung mehr erlebt als andere Menschen in 80 Jahren. Dabei waren die Voraussetzungen seines Starts ins Leben ausgesprochen gut. Am 21. Juli 1893 als drittes Kind des Landrichters Wilhelm Ditzen und seiner Frau Elisabeth in Greifswald geboren, wurde der Neuankömmling als Stammhalter begrüßt. Seine Schwester Elisabeth war fünf Jahre älter und die zweite Schwester Margarethe drei. 1896 kam dann noch der Benjamin der Familie, Ulrich, auf die Welt. Die frühe Kindheit des Knaben Rudolf verlief problemlos im Kreis einer finanziell einigermaßen gesicherten, angesehenen Familie. Der Vater, dominant, ordnungsliebend, familienbezogen aber beruflich sehr ehrgeizig, war das akzeptierte Oberhaupt der kleinen Gemeinschaft. Sein und seiner Familie Tagesablauf waren streng eingeteilt. Die täglichen Mahlzeiten fanden immer zur gleichen Stunde und Minute statt, dauerten nie zu lange, waren aber auch nie zu kurz. Nach dem Mittagessen herrschte absolute Stille im Haus: Es wurde geruht. Vor dem Abendbrot fand der tägliche Spaziergang des Landrichters mit seiner Frau statt, nach dem Abendbrot spielten die Eltern genau eine Stunde lang Klavier zu vier Händen. Die Kinder hatten dem zuzuhören. Anschließend las Vater Ditzen seiner Familie aus einem Buch vor, von Wilhelm Raabe zum Beispiel

Anne Marie Seyerlen, 1919

oder Jean Paul. Der Vater war nicht nur ein Pedant. Er kümmerte sich rührend um seine Kinder, berichtete ihnen aus seinem Juristenleben und ließ sie teilnehmen an den richterlichen Entscheidungen. Er bereitete liebevoll den alljährlichen Urlaub vor, diskutierte mit ihnen die Wanderroute, zeigte ihnen die Wunder der Natur, veranstaltete komplizierte Ratespiele, deren Sieger mit kleinen Geschenken honoriert wurde. Er versuchte, seinen Kindern in Theorie und Praxis ein Vorbild zu sein. Das schloss auch ein, dass der Mensch schulischen und daraus resultierend beruflichen Erfolg anstreben müsse. Er zum Beispiel träumte seit seiner Jugend von dem Posten eines Reichsgerichtsrates, einer Berufsposition, die der des heutigen Bundesverfassungsrichters nahekommt. Jede Beförderung, jede Versetzung wurde nur akzeptiert, wenn sie ihn diesem Jugendziel näher brachte. Auf diesem Weg lag auch der Umzug nach Berlin nach der Beförderung zum Kammergerichtsrat.

1901 wurde sein Sohn Rudolf – wegen seiner schwachen Konstitution rund ein Jahr später als üblich – eingeschult. Hatte er bislang eine relativ problemlose Kindheit erlebt, so begann jetzt eine Phase der Unzulänglichkeiten, Krisen und Pein. Fünf Jahre lang besuchte er das Prinz-Heinrich-Gymnasium und wurde von Jahr zu Jahr mehr zum Prügelknaben von Lehrern und Schülern. Er war in ihren Augen eine ewige Heulsuse, er leistete nichts, konnte nichts, war falsch angezogen, hatte zu lange Haare und war zu schwächlich, um sich der Attacken seiner Mitschüler körperlich zu erwehren. Je bedrohlicher die Außenwelt auf ihn einwirkte, umso stärker verzog er sich nach innen. Er flüchtete in Tagträume, die ihn die grauenvolle Realität vergessen ließen. Er erzählte sich herrliche Geschichten, in denen er mutig, entschlossen und erfolgreich gegen alle Feinde und Widrigkeiten kämpfte. In der Wirklichkeit aber wurden seine schulischen Leistungen immer schlechter, die Hatz der Lehrer und Klassenkameraden auf ihn immer grausamer: Kaum eine Lateinstunde verging, in der er vom Lehrer nicht zum Weinen gebracht wurde, kaum eine Pause, wo der Mob der Mitschüler sich nicht seiner erinnerte und seine gemeinen Spielchen mit ihm veranstaltete. Erste pathologische Folgen dieses versteckten Kummers zeigten sich: Er entwickelte Zwangsideen. Er bildete sich ein, im Sessel seines Zimmers säße ein Doppelgänger und grinse ihn frech an. Ging er mit letztem Mut auf den Sessel zu, verschwand das Gespenst, aber an der kleinen Delle im Kissen war für ihn genau zu erkennen, dass es eben noch dort gesessen hatte. Rudolf blickte sich um, jetzt hockte der Doppelgänger am Fenster. Auch hier trat er ihm entgegen. Der Grinsende verschwand – die Gardine bewegte sich noch leicht von seinem Rückzug. Doch das war noch nicht alles. Zu verschiedenen Anlässen und völlig überraschend überfiel ihn eine unerklärliche Angst. Rudolf war plötzlich fest davon überzeugt, dass die Straßenbahn, in die er jetzt steigen müsste, um pünktlich zu Hause zu erscheinen, unterwegs beginnen würde zu brennen. Er bestieg sie nicht. Die Angst wiederholte sich bei der nächsten Bahn, der darauf folgenden und allen weiteren, bis es draußen stockfinster geworden war und er so spät nach Hause kam, dass die gesamte Familie bereits angstvoll überall nach ihm gefragt hatte. Er war außerstande, den Geschwistern, der Mutter, schon gar nicht diesem vorbildlichen Vater zu gestehen, was ihn quälte. Für ihn waren diese Erscheinungen bittere Realität, aber er wusste genau, dass ihm dies niemand geglaubt hätte. Erstmals wird er als Siebzehnjähriger seinem Hausarzt davon berichten und bei der Gelegenheit erfahren, dass es sich bei diesen Ängsten um Zwangsvorstellungen handelt, die man hätte therapieren können. Darüber schreiben konnte er sogar erst 1941: *So habe ich meine ganze Jugend hindurch – und noch manches Jahr danach – an diesen immer wiederkehrenden fixen Ideen gelitten, und habe doch damals nie mit einem Menschen darüber sprechen können.* (Fallada 1959: Damals, S. 42)[2] Das Martyrium gipfelte in einem Ausreißversuch. Zusammen mit einem Freund wurde die Flucht nach Hamburg – sie wollten als Schiffsjungen anheuern – geplant, vorbereitet und ... vorzeitig entdeckt. Eindringlich nach dem Grund befragt, wagte Rudolf zwar nichts über seine Zwangsideen zu berichten, aber zumindest die Quälereien in der Schule anzudeuten. Was der besorgte Vater dort erfuhr, empörte ihn zutiefst. Die Lehrer hielten seinen Sohn für grenzdebil und empfahlen anstelle des Gymnasiums eine Anstalt für geistig zurückgebliebene Kinder. Die Umschulung an ein anderes Gymnasium belegte die Unfähigkeit jener Pädagogen. Beim nächsten Schulzeugnis war Rudolf unter 32 Klassenkameraden der sechstbeste Schüler.

Die Karriere des Vaters wurde mit der ersehnten Ernennung zum Reichsgerichtsrat gekrönt und zog 1909 den Umzug nach Leipzig nach sich. Zeitgleich warf ein lebensgefährlicher Fahrradunfall seinen Sohn aus der Bahn: Eingeschlagene Zähne, klaffende Fleischwunden, mehrfache Knochenbrüche und schwere innere Verletzungen fesselten ihn für drei Monate ans Krankenhausbett. Er litt noch lange nach dem Unfall unter Schwindel- und Schmerzattacken, zog das eine Bein ein wenig nach. Und kaum soweit genesen, dass er wieder an den Aktivitäten seiner Altersgenossen teilnehmen konnte, kam er typhuskrank von einer Wandervogeltour nach Hause und musste erneut wochenlang das Bett hüten. Tanzstunden und damit unverfängliche Bekanntschaften mit Mädchen fielen wegen seiner Krankheiten und Behinderungen aus. Die Pubertät, die er selbst als „Gärung“ (Fallada 1959: Damals, S. 127) bezeichnete, brachte Rudolf Ditzen die bislang schärfste Lebenskrise. Begünstigt wurde diese Krise durch Prüderie und fehlende Aufklärung seitens der Eltern. Rudolf reagierte auf die Veränderungen seines Körpers irritiert, übellaunig und unberechenbar. In der Schule saß er jetzt matt und interesselos herum. Seine Geschwister und vor allem die Eltern litten unter seiner Verschlossenheit und der deutlich dokumentierten Ablehnung, noch mehr aber litt der Junge unter sich selbst. Die Zwangsideen kehrten zurück. Jetzt verspürte er ständig das Bedürfnis, Frauen zu überfallen oder sie wenigstens ein wenig zu beschädigen. Aus dem Wahn wurde Wirklichkeit: Man entlarvte ihn 1911 als Verfasser und Versender obszöner Briefe an ein Mädchen aus der Nachbarschaft. Ein angekündigter Selbstmord wurde verhindert, er selbst schrieb als einzige Äußerung nach diesem Skandal: *Ich muss fort aus Leipzig* auf einen Zettel, den er dem Vater zuschob (Binswanger 1911: Gutachten) [3]. Er wurde zu Verwandten nach Mariensee bei Hannover gebracht, war dort aber so hochgradig aufgeregt, dass die Eltern ihn ins Sanatorium schafften. Jetzt schlug seine diffuse Ablehnung in „förmlichen Hass auf die Eltern“ [4] um, denn er vermutete, dass man ihn loswerden und in eine Irrenanstalt bringen wolle. Die Diagnose des Sanatoriums-Arztes nennt eine „durch erbliche Belastung verstärkte traumatische Neurose mit eigentümlichen pathologischen Erscheinungen“ (Ebenda) als Grund für sein Handeln. Eine Krankheit, die ein Anstaltsaufenthalt möglicherweise gebessert, aber keineswegs geheilt hätte. Rudolf wurde nach seiner Weigerung, im Sanatorium zu bleiben, zu anderen Verwandten nach Schnepfenthal gebracht und wechselte von dort an das Gymnasium in Rudolstadt/Thüringen, wo er seine vielfach unterbrochene Schulzeit mit dem Abitur endlich abschließen wollte. Seine Wahl fiel auf Rudolstadt, weil dort ein jüngerer Freund, Hanns-Dietrich von Necker, dieselbe Schule besuchte. Dieser Hanns-Dietrich von Necker war sein einziger Vertrauter, er wusste um die Probleme und um eine häufig geäußerte Todessehnsucht des Älteren. Er konnte sie gut verstehen, weil er Ähnliches empfand. Die Freunde waren sich darüber einig, dass ihr Leben keine Zukunft habe, dass es zweck- und nutzlos sei. Bei Rudolf waren es neben den Depressionen vor allem die Zwangsgedanken, die er für unheilbar hielt, bei Necker eine allgemeine Schwermut. Beide beschlossen einen Doppelselbstmord, tarnten ihn aber für die Außenwelt, vor allem für die Eltern, als Duell. Am 17. Oktober 1911 traten die Freunde gegeneinander an und hoben ihre Waffen. Ditzen traf seinen Freund tödlich und versuchte anschließend, sich selbst zu erschießen. Er überlebte schwer verletzt und wurde von einem Bauern ins Krankenhaus gebracht. Das Gericht ließ den Vorwurf des Mordes fallen, da man Rudolf Ditzen zwar nicht für geisteskrank hielt, ihm für die Tatzeit aber den Unzurechenbarkeitsparagraphen 51 zubilligte. Aufgrund seiner schweren Verletzung und aufgrund der dokumentierten psychotischen Krankheitserscheinungen wurde er auf unbestimmte Zeit in eine geschlossene Anstalt eingewiesen.

Der achtzehnjährige Rudolf landete in der von der Familie ausgesuchten und finanzierten, noblen Heil- und Pflegeanstalt für Nerven- und Gemütskranke in Tannenfeld bei Nöbdenitz in Sachsen. Er kam in Begleitung seiner Tante, Adelaide Ditzen, der Schwester seines Vaters, die ihn täglich unterrichtete und ihm zur Seite stand. Sie war hochgebildet, ledig und hatte es sich zur Aufgabe gemacht, diesen Neffen zu fördern, wo immer er es zuließ. In der ersten Zeit ließ er es kaum zu und nervte seine Betreuerin mit Eskapaden, von denen schwer einzuschätzen war, ob sie ein Zeichen einer Krankheit oder ein Zeichen seines grundsätzlichen Widerstandes gegen die ihm aufgezwungene Situation war. Der Unterricht gestaltete sich auch deshalb schwierig, weil Rudolf jetzt seinen Berufswunsch gestand, den er seit Jahren hegte: Er wolle Schriftsteller werden und nichts anderes. Die Tante war klug genug, ihm diesen Traum nicht auszureden, aber sie wies darauf hin, dass man für einen solchen Beruf den Umgang mit der Sprache trainieren müsse. Dazu gehöre neben dem umfassenden Wissen über die nationale und internationale Literatur vor allem das Handwerkszeug zum Schreiben. So gelang es ihr langsam, Rudolf Sprachunterricht zu geben, Grammatik zu vermitteln und ihn zu Übersetzungsarbeiten vom Französischen ins Deutsche anzuregen. Etliche Briefe aus dieser Zeit an Verlage zeigen, dass der internierte Neffe zunehmend mitarbeitete und seine krankhaften Schübe offensichtlich immer seltener wurden.

1913, zwei Jahre nach dem tödlichen Duell, durfte Rudolf Ditzen die Heilanstalt verlassen. Der Berufswunsch Schriftsteller musste allerdings verschoben werden. Dringend geraten hatte der behandelnde Arzt Dr. Tecklenburg zu einer Landwirtschaftslehre, da frische Luft und körperliche Arbeit eindeutig positive Wirkungen auf Rudolf Ditzen hatten. Gleichfalls in Nöbdenitz befand sich Ditzens Lehrstelle, das Rittergut Schloß Posterstein. Die ersten Wochen musste er als Freigänger nachts immer in die Heilanstalt zurückkehren, aber nachdem auch diese vorsichtige Umstellung konfliktlos verlief, wurde er 1914 endgültig in die Freiheit entlassen. Er nutzte sie, um sich gegen den Rat seines Arztes, aber mit der Hilfe seines Vaters, als Freiwilliger zum Kriegsdienst zu melden. Nach mehreren Ablehnungen wurde er endlich angenommen – und nach elf Tagen als völlig wehruntauglich wieder entlassen. Er kehrte nach Posterstein zurück. Der Tante Ada gegenüber geäußerte Berufswunsch, Schriftsteller zu werden, war jedoch nicht vergessen: Er bot verschiedenen Verlagen Skizzen, Übersetzungen, sogar einen Roman an. Auch das Projekt blieb Wunschdenken und wurde nicht ausgeführt. Seine Landwirtschaftslehre beendete er Mitte August 1915 mit vorzüglichem Zeugnis und wechselte als nunmehr zweiter Inspektor auf das Bismarcksche Gut Heydebreck bei Plathe in Hinterpommern. Hier allerdings waren die Ernährung so schlecht und die Arbeitsbedingungen so hart, dass er auf ärztlichen Rat den Dienst quittierte und ab März 1916 für die Landwirtschaftskammer Stettin tätig wurde. Er hatte sich dort um

Saat und Dünger, um gezielte Pflanzaktionen, vor allem aber um Kartoffenanbau zu kümmern. Der tristen Provinzstadt Stettin entfloh er rasch. Bereits im November 1916 zog er nach Berlin. Dort wurde er, wieder versehen mit besten Arbeitszeugnissen, wissenschaftlicher Hilfsarbeiter bei der neu gegründeten Kartoffelbaugesellschaft. Seine Aufgabe war es, sich um gezielte Kartoffelzucht und das Verteilen der edlen Knolle im ganzen Deutschen Reich zu kümmern, da kriegsbedingt großer Mangel herrschte und sowohl Zucht als auch Verteilung generalstabsmäßig geplant und durchgeführt werden mussten. Ditzen reiste viel und wurde zu einem begehrten Spezialisten auf diesem Gebiet, vor allem aber hatte er in seinem Berliner Büro zu tun. [1*]

Berlin bot Ditzen weitaus mehr als nur eine anspruchsvolle und interessante Arbeit: Trotz des Krieges war die Stadt das kulturelle Zentrum im Deutschen Reich. Für Rudolf Ditzen waren die grauenvollen ersten Schuljahre hier nur noch flüchtige Erinnerung. Die Stadt offenbarte ihm alle Möglichkeiten und er nahm sie wahr. Er zog abends von Künstlerlokal zu Künstlerlokal, besuchte die Varietes, lernte viele nette Menschen kennen, ging mit ihnen aus, tanzte die Nächte durch, rauchte wie seit seinen Rudolstädter Schultagen unermesslich viele Zigaretten, trank mehr Alkohol als ihm bekam und geriet an legale wie illegale Spieltische. Endlich, endlich genoss er sein Leben in vollen Zügen. Hier überwachten ihn keine Ärzte, keine Lehrherren oder die Honoratioren einer überschaubaren Provinzstadt. Hier konnte er unbeobachtet und anonym eintauchen ins Großstadtmilieu. Und dabei bewältigte er die Aufgaben seines Berufes zur vollen Zufriedenheit seiner Vorgesetzten.

Seine beiden Schwestern waren bereits verheiratet, vielleicht war das der Grund, dass er Anfang 1917 seine Verlobung bekanntgab. Vermutlich hieß seine Verlobte Jagusch mit Nachnamen (vgl. Williams 2002: Leben, S. 66) [5]. Hedwig Jagusch,

---

1* Genaue Daten und nähere Einzelheiten des Lebens von Hans Fallada sind in meiner Biographie: *Cecilia von Studnitz: Es war wie ein Rausch, Hans Fallada und sein Leben,* Düsseldorf 1997 sowie der Zeittafel im Anhang dieses Buches zu entnehmen.

wir werden noch darauf zurückkommen. Sie war eine Frau aus einfachen Verhältnissen und arbeitete als Buchhalterin. Im Mai 1917, als Rudolf Ditzen Anne Marie Seyerlen kennenlernte, bestand die Verlobung noch.

An Anne Marie Seyerlen war die formvollendet geschriebene Visitenkarte vom 25.5.1917 gerichtet. Ihr Name hatte nicht auf der Visitenkarte gestanden, übrigens auch das Datum nicht, das hatte Anne Marie Seyerlen später oben rechts nachgetragen. Wir wissen von Christine Steiner, der Tochter Anne Marie Seyerlens, dass die Mutter jedes Dokument von Rudolf Ditzen aufhob, sei es ein langer Brief, eine knapp gehaltene Postkarte oder auch nur ein Handzettel, auf dem zwei Sätze standen.

Anne Marie Seyerlen wurde am 7. April 1885 als Anne Marie Knudsen in Askov/Jütland, dem Festlandsteil von Dänemark, geboren. Sie hatte noch zwei Brüder. Ihr Vater war dänischer Pastor. Als er sich von Anne Maries Mutter scheiden ließ, wechselte er auch den Beruf: Er veröffentlichte Romane, Kurzgeschichten und Lyrik, auch als Journalist arbeitete er. Zunächst beschickte er verschiedene Kultur-Zeitschriften, später arbeitete er bei der angesehenen dänischen Tageszeitung *Politiken.* Er schrieb seine Artikel für die Ressorts Politik und Feuilleton.

In zweiter Ehe kamen noch vier Töchter auf die Welt. Durch den Großvater mütterlicherseits erhielten alle Kinder die Möglichkeit, ein Instrument zu erlernen, und in Privatstunden wurden ihnen neben der Schule noch weitere Fremdsprachen beigebracht. Theater- und Konzertbesuche gehörten zum normalen Leben. Der einzige Unterschied zwischen den Geschwistern bestand darin, dass die Söhne möglichst einen Beruf lernten, der es ihnen ermöglichte, eine Familie zu ernähren. Die Mädchen hingegen benötigten dies nicht, denn es war seinerzeit für gutbürgerliche Kreise völlig unvorstellbar, dass eine verheiratete Frau berufstätig sein würde. Kaum vorstellbar war zugleich, dass die Töchter unverheiratet blieben, also stattete der Großvater sie mit einer möglichst attraktiven Allgemeinbildung aus – allerdings nur, wenn sie es selbst wollten. Als Anne Marie mit 15 Jahren das Gymnasium verließ, ergänzte der Großvater ihren mageren Schulabschluss mit verschärftem Privatunterricht in verschiedenen Sprachen, Literatur und in Musik. Er mietete ihr auf der kleinen dänischen Insel Christiansoe bei Bornholm für etliche Wochen ein Ferienhaus, damit sie dort in Ruhe die Werke William Shakespeares lesen könne. 1907 ging sie nach Berlin, um Gesang zu studieren. Doch das Studium schloss sie nicht ab, weil sie ihre große Liebe gefunden hatte. 1910 heiratete sie den 21jährigen Studenten der Ökonomie und der Kunstwissenschaft, Egmont Seyerlen. 1911 starb beider erstes Kind noch im Säuglingsalter, was das Elternpaar zutiefst erschütterte. Egmont und Anne Marie zogen für zwei Jahre nach Florenz, wo Egmont einerseits seine kunsthistorischen Studien fortsetzte, andererseits aber einen Roman schrieb.

Dieses Buch, *Die schmerzliche Scham – Geschichte eines Knaben um das Jahr 1900*, 1913 beim S. Fischer Verlag in Berlin erschienen, hatte durchschlagenden Erfolg. Binnen vier Wochen war die erste Auflage des sechshundert Seiten langen Pubertätsromans vergriffen, die zweite Auflage war allerdings 1924 immer noch unverkauft. Abgesehen von einer literarisch unbedeutenden Harlekinade und einigen geistreichen Essays war Seyerlens so furios begonnene literarische Karriere mit diesem Roman beendet. Was immer er in den folgenden Jahren veröffentlichte, blieb unbedeutend. Es waren entweder winzige Auszüge aus seinem Überraschungserfolg *Die schmerzliche Scham* oder aber knappe Essays und Aufsätze zu einem literarischen Thema, Feuilletonjournalismus eigentlich. Und nicht durch seinen schriftstellerischen Erfolg, sondern durch seine Freundschaft mit dem Schriftsteller Gottfried Benn blieb Egmont Seyerlen bis heute in den Annalen der Kulturszene: Beider Briefe und Notizzettelwechsel über Jahrzehnte hinweg sind ebenso geistvolle wie witzige Feuilletons. Seyerlens Hauptfach Kunstwissenschaft wurde zunehmend zweitrangig. Wichtiger wurde ihm sein zweites Studienfach, die Ökonomie. Seine betriebswirtschaftlichen Innovationen sollten später ebenso Furore machen wie sein Roman. (Vgl. Schuster 1992: Egmont Seyerlen)[6] Das aber sind alles Ereignisse, die sich lange nach den knapp drei Jahren abspielen, von denen das vorliegende Buch primär handelt. Zu diesem Zeitpunkt der Handlung galt Egmont Seyerlen noch als junger Erfolgsautor, als das zukünftige Licht am Himmel der Kultur, für

Anne Marie Knudsen, ca.1905

den sich sogar der damals schon berühmte Feuilletonist Alfred Kerr einsetzte.[1*]

Als 1914 der Erste Weltkrieg ausbrach, waren Seyerlens gerade in Dänemark bei Anne Maries Verwandten. Beide kehrten sofort nach Deutschland zurück. Egmont Seyerlen meldete sich als Freiwilliger bei der deutschen Armee und wurde zunächst in der Kaserne ausgebildet. Seine Frau Anne Marie blieb in Berlin in der gemeinsamen Wohnung, Händelstraße 12, zurück. Der kriegsbedingt aufkeimende Nationalismus isolierte sie: Jeder Ausländer, jede Ausländerin wurde von der Bevölkerung misstrauisch als potentieller Spion oder Spionin eingestuft, es gab böse Blicke in der Straßenbahn, weil die Leute trotz bester Deutschkenntnisse am Akzent die Ausländerin entlarvten, gallige Bemerkungen beim Milchmann, dass es in Dänemark doch bestimmt auch Butter zu kaufen gebe, wieso die Dänen denn im kriegsgeschüttelten Deutschland den Einheimischen die Butter wegkaufen müssten, harsche Auflagen und Briefe der Fremdenpolizei. Die Luft um Anne Marie Seyerlen herum wurde dünner. Hinzu kam, dass es Seyerlens finanziell in ihren ersten Ehejahren ausgesprochen schlecht ging, Egmont hatte noch nicht den lukrativen Absprung in die Ökonomie unternommen und beide lebten neben den Honoraren für seine Gelegenheitsartikel von den monatlichen Zuschüssen des Großvaters von Anne Marie. Da aber auch die beiden Brüder von Anne Marie am finanziellen Tropf des Großvaters hingen, wurden die monatlichen Raten aus Dänemark geringer. Die finanzielle Not wurde größer, als Egmont Seyerlen 1915 einrückte und mit seiner Einheit nach Rumänien geschickt wurde. Jetzt gab es nur noch seinen kargen Sold, denn Zeit für einen Nebenerwerb fand er momentan nicht. Anne Marie Seyerlen hatte nicht einmal genug Geld, um sich ausreichend zu ernähren. Eine Hilfsorganisation in Berlin vermittelte ihr die Adresse eines Antiquitätengeschäftes, in dem sie wertvolle Möbel ihrer Eltern und auch von Egmont verkaufen konnte. Dort lernte sie eine tolerante, bildschöne, fast mondäne

---

1* *Alfred Kerr*, d.i. Alfred Kempner (1867 - 1948), Theaterkritiker und Feuilletonist.

Frau kennen: Es war Lotte Fröhlich, die Gattin des Geschäftsinhabers. Eigentlich war sie Bildhauerin, doch da auch ihr Mann ebenso im Krieg war wie Wolfgang Parsenow, ihr erwachsener Sohn aus erster Ehe, führte sie jetzt den Laden. Anne Marie und Lotte freundeten sich an und durch Lotte Fröhlichs Vermittlung wiederum konnte Anne Marie Seyerlen einem reichen Kunden vom Kurfürstendamm 241, Hugo B., Sprachunterricht geben. Damit hatte sie endlich wenigstens eine kleine, aber regelmäßige Einnahme. Sie freundete sich sowohl mit Hugo B. als auch mit seiner Frau Toni so eng an, dass das Ehepaar vorschlug, Anne Marie Seyerlen möge so lange bei ihnen wohnen, bis Egmont aus dem Krieg zurückkäme.[2*] Anfang 1916 nahm sie diesen Vorschlag an. Sie wurde beliebtes und von allen akzeptiertes Familienmitglied am Kurfürstendamm. Die Kinder von Toni und Hugo B. freuten sich über dänische Spaßreime und Schlaflieder, Toni erwies sich als mütterliche Freundin und Hugo bewährte sich weiterhin als lernwilliger Sprachschüler. Das große Haus der B.s war kultureller Treffpunkt gebildeter Bürger. Zu den regelmäßigen Besuchern gehörten zum Beispiel der Schriftsteller Albrecht Schaeffer[3*] und der Maler Oskar Kokoschka[4*]. Einmal pro Woche wurden jeweils zwanzig notleidende Künstler zum Mittagessen eingeladen.

Anne Marie Seyerlen und Lotte Fröhlich hatten viele Gemeinsamkeiten. Sie entstammten der gleichen Gesellschaftsschicht, wenn ihre Väter auch völlig verschiedene Berufe hatten: Hoher Berufsoffizier bei Lotte Fröhlich, ehemaliger Pastor und aufgestiegener Schriftsteller/Journalist bei Anne Marie Seyerlen. Aber der Bildungslevel der beiden Frauen war gleich, das Interesse an kulturellen Themen und – die Einsamkeit. Beide Frauen vermissten ihre Ehemänner, ohne die man als Frau kaum irgendwo hingehen konnte, nicht ins Theater,

---

2* Wenn nicht anders vermerkt, stammen die über meine 1997 erschienene Biografie hinausgehenden Informationen über Anne Marie Seyerlen und ihre Umgebung von Christine Steiner, ihrer Tochter aus zweiter Ehe.

3* *Albrecht Schaeffer* (1885 - 1950), Übersetzer, Essayist, Schriftsteller.

4* *Oskar Kokoschka* (1886 - 1980), Maler und Grafiker.

nicht ins Konzert, schon gar nicht auf Feste und Bälle. So fand das kleine Fest eben bei Lotte Fröhlich statt. Man arrangierte Kammerkonzerte, veranstaltete Leseabende, inszenierte Theaterstücke. Hier tat sich besonders ein blutjunger, schmalbrüstiger Mann – es war Rudolf Ditzen – hervor, der kleine Stücke für die Privatgesellschaft schrieb und die einzelnen Szenen leidenschaftlich vortrug. Eigentlich waren die Stückchen reichlich banal, so zum Beispiel eine märchenhafte Posse in Versform von einer Prinzessin Tausendschön aus dem Lande Nimmermehr, aber er machte sich so viel Arbeit mit seinen Textvorlagen, dass alle Anwesenden bereitwillig die für sie vorgesehenen Rollen übernahmen.[5*] Für ihn waren diese Stückchen nichts als Fingerübungen. Hauptsächlich fühlte er sich zum Lyriker berufen und schrieb anspruchsvolle Gedichte, die aber bislang kein Verlag hatte drucken wollen. Seinen Broterwerb als Spezialist für Kartoffeln nahm er zwar ernst, aber nicht wichtig. Er hielt diese Tätigkeit für nur vorübergehend, denn er träumte nunmehr vor allem von der Karriere eines Dichters. Etliche Verlage hatten von ihm das Angebot für eine Lyriksammlung erhalten, doch die meisten lehnten ab. Der Paul Cassirer-Verlag wollte sich nicht einmal das Gedichtmanuskript ansehen, weil er augenblicklich – man befände sich ja im Krieg – nicht in der Lage sei, neue Bücher erscheinen zu lassen. Somit ging das Manuskript am 28.4.1917 an Rudolf Ditzen, wohnhaft Akazienstraße 19, in Berlin-Schöneberg zurück.[7] Die Bruno Cassirer Verlagsbuchhandlung in Berlin konnte wegen der Einberufung des Inhabers Bruno Cassirer keinerlei Publikationen vornehmen und verzichtete gleichfalls im März auf das Angebot.[8] Ditzen ließ offensichtlich nichts unversucht, mit seinem Manuskript zu überzeugen, denn die Absage eines Berliner Verlages war eindeutig: Das Gedichtmanuskript wolle man sich gerne

5* Dieses Theaterstück – erhalten sind vier Akte – ist eine 28seitige Schreibmaschinenkopie auf Durchschlagpapier. Vermutlich fehlt der letzte Akt oder aber eine Schlussszene. Auch ein Deckblatt und damit ein Titel sind nicht vorhanden. RD hat auf die erste Seite mit der Hand geschrieben: *Exemplar Fröhlich*, aber auch als künftiger Schriftsteller: *Originalmanuskript* und *Gegen Honorar*. Auf der letzten Seite steht in der Handschrift von Anne Marie Seyerlen: „Von Fallada = Ditzen“.

einmal ansehen, aber „eine Vorlesung anzuhören, ist mir leider nicht möglich, da ich einmal prinzipiell mir keine Sachen vorlesen lasse, andererseits aber mit Arbeit überhäuft bin."[9] Überheblich und flapsig reagierte Herwarth Walden, Herausgeber der Monatszeitschrift *Der Sturm.* Er fand es überflüssig, Rudolf Ditzen namentlich anzusprechen und schrieb: „Sehr geehrter Herr, Sie finden oben meine Sprechzeiten verzeichnet. Senden Sie mir aber Ihre Manuskripte ruhig ein. Sie bekommen sofort Bescheid. Ich muss Sie aber gleich darauf aufmerksam machen, dass *Der Sturm* einzelne Beiträge nicht veröffentlicht, sondern nur Beiträge eines geschlossenen Kreises ständiger Mitarbeiter. Aber vielleicht eignen Sie sich zu einem ständigen Mitarbeiter, was ich vorher nicht wissen kann. Hochachtungsvoll Herwarth Walden."[10] Doch Rudolf Ditzen kann auch hoffen: Der Georg Müller-Verlag in München bittet ihn am 24.4.1917 um das Gedicht-Manuskript.[11]

Dieser junge Mann weckte bei Anne Marie Seyerlen in allem, was er tat, zunächst einfach nur Mitleid. Er war so durchsichtig, so dünn, so empfindsam und so angreifbar. Bei jedem Hauch von Aggression von einem der Gäste zog er sich verschreckt zurück, war nicht in der Lage, frech und verwegen zu kontern. Er verstummte sprachlos, wehrlos und hatte es mit seinen gebosselten Theaterverschen doch so gut gemeint. Anne Marie Seyerlen ahnte bei Rudolf Ditzen die Schwermut und große Traurigkeit, die er trotz seiner munteren Gelegenheitsdichtungen und trotz seiner exzessiven Teilnahme an allen möglichen Berliner Amüsements mit sich herumtrug. Sie konnte diese Schwermut schon deshalb nachempfinden, weil es auch ihr zu jener Zeit ebenfalls sehr schlecht ging. 1916 war ihre Mutter gestorben, im Januar 1917 auch der Vater. Zur Trauer um die geliebten Menschen kam jetzt noch die Existenzangst hinzu: Es würde keine monatliche Unterstützung aus Dänemark mehr geben, nie mehr. Egmont war noch nicht einmal Fahnenjunker, bezog also den kleinstmöglichen Sold. Zudem hatte sie seit Wochen nichts mehr von ihrem ins Kriegsgebiet abkommandierten Mann gehört. Bei aller Fürsorglichkeit von Toni B., die finanzielle Abhängigkeit von der großzügigen Freundin deprimierte Anne Marie.

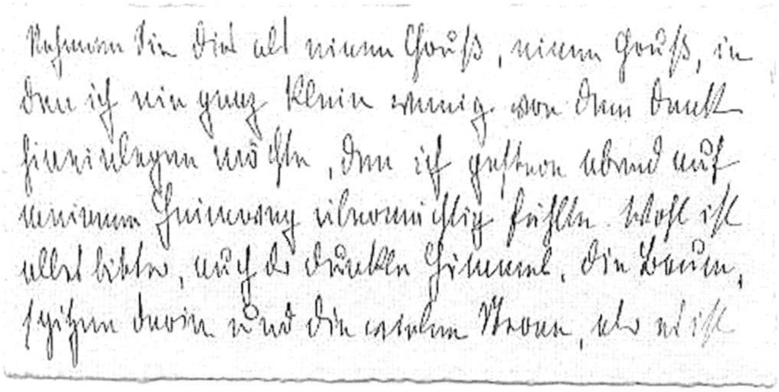

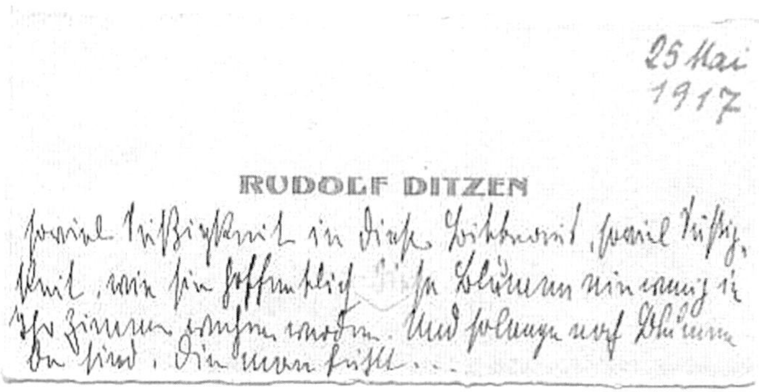

Dies ist das erste schriftliche Dokument des Briefwechsels zwischen Anne Marie Seyerlen und Rudolf Ditzen. Die Visitenkarte steckte offensichtlich an einem Strauß Blumen, den Ditzen am 25.Mai 1917 – so der handschriftliche Vermerk von Anne Marie Seyerlen – für sie abgegeben hatte.

Zwei Tage nach dem Blumengruß mit Visitenkarte schreibt Ditzen, der seine Eltern in Leipzig besucht, erneut an Anne Marie Seyerlen:

Leipzig, den 27. Mai 1917

Liebe gnädige Frau,

es gab eine Zeit in unserer Bekanntschaft, wenige Tage, ach nur die Stimmung von einigen Stunden, da schien mir das 'gnädige Frau' gar nicht mehr für Sie zu passen und ich hätte Sie so gerne mit irgend einem anderen näheren, ‚herz'-licheren Namen genannt. Und ich war Ihnen eigentlich böse, dass Sie das nicht fühlten und dass es mit der ‚gnädigen Frau' sein Bewenden haben sollte. Aber dann kam alles andere und heute möchte ich Sie nie mehr anders nennen. Wissen Sie, so: das gnädige Frau, das ‚Frau' und das ‚gnädig' liegt darin nicht viel Freundschaft und Herabneigen und Muttersein und Helfen und Kameradschaft. Es liegt darin die Linie, in der sich die Troubadoure, die ganz ungesprochen und beiseite liebten, vor ihrer Frau neigten. Aber dann kommt noch mehr, dann kommt das ‚liebe', das ist ja nur ein Unterton, der nicht mitgespielt wird, der nur ganz leise klingt, das ist das Neigen über Hände, die sehr stark sind und sehr rein, das sind Abende, in denen der Himmel ganz hoch und sehr hell und feierlich ist, und es drinnen weint und weint, wie lauter Tränenvorhänge rauscht es durch die Brust, aber nicht ziellos, sondern man weint in fremde Hände, ach, so nahe Hände, die beinahe die eigenen sein könnten. Beinahe – Immerhin sind in dem ‚liebe' auch noch viele Bäume und irgendein Dreh-orgellied an einem Sommertag. [...]

Als ich Ihnen am Freitag die Hand gab, da wusste ich: jetzt wird das Leben irgendwie anders. Der Blickwinkel hat sich verschoben. Ich bin nicht mehr der Aussätzige, der Outcast, und ich stehe jetzt mit anderen in einer Reihe, mit einigen wenigen anderen gehöre ich zu der Liga jener.

Der Abend gestern mit meinem Freund war schön. Was da geredet ist, in den Kies eines Sandweges, in das Rauschen von ein paar Bäumen hinein, die sich fürchteten, das wird Kreise

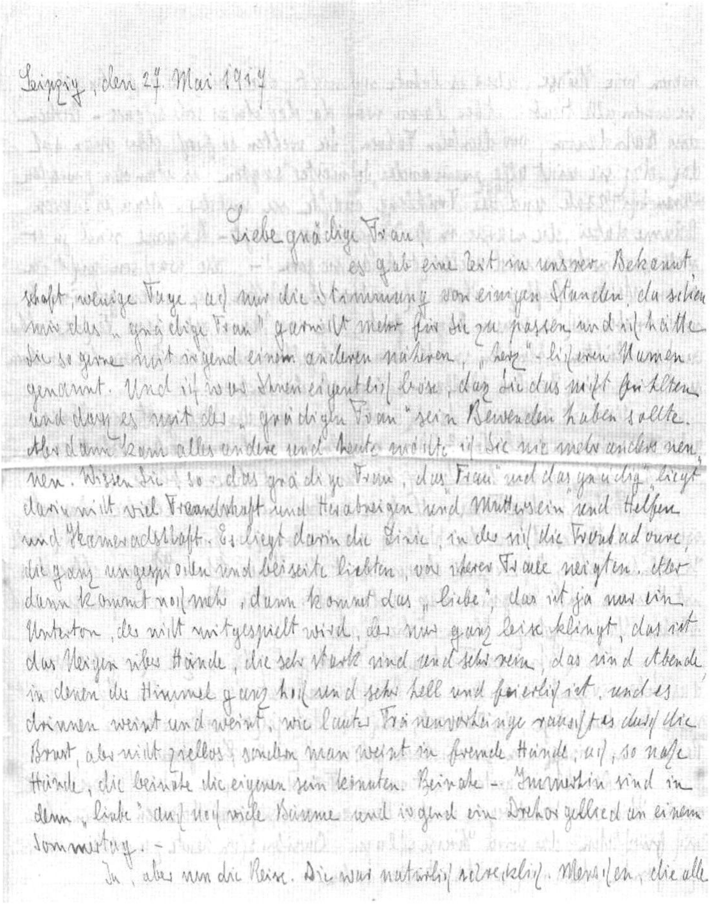

Leipzig, den 27. Mai 1917

Liebe gnädige Frau,

es gab eine Zeit in unsrer Bekanntschaft, wenige Tage, ach nur die Stimmung von einigen Stunden, da schien mir das „gnädige Frau“ garnicht mehr für Sie zu passen und ich hätte Sie so gerne mit irgend einem anderen näheren, „herz“-licheren Namen genannt. Und ich war Ihnen eigentlich böse, daß Sie das nicht fühlten und daß es mit der „gnädigen Frau“ sein Bewenden haben sollte. Aber dann kam alles anders und heute möchte ich Sie nie mehr anders nennen. Wissen Sie, so das gnädige Frau, das „Frau“ und das „gnädig“, liegt darin nicht viel Freundschaft und Herabneigen und Muttersein und Helfen und Kameradschaft. Es liegt darin die Linie, in der sich die [illegible], die ganz ungesprochen und beiseite lieben, von ihren Frauen neigten. Aber dann kommt noch mehr, dann kommt das „liebe“, das ist ja nur ein Unterton, der nicht mitgespielt wird, der nur ganz leise klingt, das ist das Neigen über Hände, die sehr stark sind und sehr rein, das sind Abende in denen der Himmel ganz hoch und sehr hell und friedlich ist, und es drinnen weint und weint, wie lautes Tränenverschlingen rauscht es durch die Brust, aber nicht ziellos, sondern man weint in fremde Hände, ach, so nahe Hände, die beinahe die eigenen sein könnten. Beinahe – Immerhin sind in dem „liebe“ auch noch viele Bäume und irgend ein Drehorgellied an einem Sommertag. –

Ja, aber nun die Reise. Die war natürlich schrecklich. Menschen, die alle

Letzte Seite des Briefes vom 27. Mai 1917. Ditzen schreibt ab jetzt lateinisch, da Anne Marie Seyerlen als Dänin die deutsche Schrift nur schwer lesen konnte.

schlagen. Darüber schon heute zu reden, wäre zu frühe, aber noch nichts ist entschieden.

Gott, müssen wir denn entscheiden? In unsern Händen wachsen unsre Schicksale und werden voll und reif und tropfen von uns ab. Irgend wann wird der Wind die Segel meiner Barke füllen und wird mich treiben. Wir Spielzeug, wir süßen sinnlos sinnigen Spielzeuge.

Dass ich neulich abend die Worte sagen konnte vom Sinn des Lebens nur (?) von unserm eigenen Tode, das war ja nicht Zufall. Der Wind, der mich zu Ihnen getrieben hat, der mich sprechen ließ in einer Stunde, da sich alles wandelte, er wird mich weiter treiben. Und was ist: Leiden? Es sind die Wurzeln, aus denen unsre Rosen wachsen sollen. [...]

Ich darf es Ihnen heute sagen, [...] seit ich weiß, dass es Sie gibt, ist die Welt sehr anders geworden. Wir werden uns noch sehr ineinander einspielen müssen, aber ich habe doch jetzt einen Menschen, der den Willen dazu hat und der auch diesen Brief so liest wie er gelesen werden muß. Das letzte, das ist nicht nur Feststellung, das ist Bitte. Und diese Bitte kommt noch aus der Unsicherheit. Die müssen Sie mir noch lange verzeihen, denn ich bin zu lange Outcast gewesen: Und ich weiß jetzt erst, was man verlieren kann.

Liebe gnädige Frau,
ich bin Ihr Ditzen

Und dann, eines müssen Sie mir noch verzeihen, ich habe einmal gesagt: Sie seien Irene. Nein, Irene ist nur eine ganz entfernte Verwandte und Sie haben wohl nichts gemeinsam als die Linie, in der Sie den Nacken neigen und eine Rose zum Mund heben. --- [12]

Bei dem erwähnten Freund handelt es sich um den Schulfreund Willi Burlage. Er bleibt lebenslang ein Vertrauter von Rudolf Ditzen. Was da *„Kreise schlagen"* wird, könnte die erhoffte Veröffentlichung eines ersten Lyrikbandes sein, denn Willi Burlage ist für seinen schüchternen Freund aktiv geworden und hat ein

Konvolut von dessen Gedichten dem Kurt-Wolf-Verlag in seiner Heimatstadt Leipzig angeboten. Doch freundlich dankt am 31. Mai 1917 auch jener Verlag, denn er könne nicht einmal die gegenwärtigen Verpflichtungen erfüllen.[13] Der Zeitpunkt, Lyrik zu verkaufen, ist allerdings auch denkbar schlecht gewählt. Die Deutschen befinden sich im dritten Kriegswinter, man nennt ihn auch den Kohlrübenwinter, weil dieses fade Gemüse immerhin zu haben ist und bessere Lebensmittel ersetzen muss, denn die Nahrungsmittel werden rationiert. Pro Monat stehen jedem Berliner zwei Eier, 80 Gramm Butter, ein halbes Pfund Fleisch und zweieinhalb Kilo Kartoffeln zu. Kaffee sowieso, aber auch Seife ist rationiert. Die Lebensverhältnisse werden immer angespannter. Kleidung und Schuhe gibt es nur noch gegen Bezugsscheine, wenn es sie überhaupt gibt. Manchmal hat man zwar die Bezugsscheine, aber die Läden haben keine Schuhe zu verkaufen. Im April 1917, als Ditzen die meisten Absagen der Verlage erhält, demonstrieren rund 300.000 Berliner Arbeiter gegen eine weitere Reduzierung des Lebensstandards. (Vgl. Materna/ Ribbe 1997: Geschichte, S. 162 f.) [14]

Am 2. Juni 1917 schreibt Rudolf Ditzen zum vierten Mal, zwischen den Briefen liegen zwar nur wenige Tage, aber offensichtlich persönliche und intensive Treffen. Doch die Distanz bleibt, man siezt sich und Ditzen, inzwischen aus Leipzig zurückgekehrt, redet Anne Marie Seyerlen nach wie vor mit *„Liebe gnädige Frau"* an.

[...] ich bin ganz unglücklich und habe eher keine Ruhe, als bis ich Ihre Verzeihung habe. Es war gestern abend so schön und so wundervoll und Sie waren so sehr lieb und gut zu mir, – ach! wie gut und lieb, das weiß ich so recht erst seit heute – und da muß ich mit meiner dummen Redensart von den Confidencen [6*] *kommen, einer Redensart, die alles dumm machte, was so lieb und schön war. Das Böseste ist es ja, dass es nicht nur eine dumme Redensart war, sondern dass ich Ihnen sehr weh damit getan habe. Dass ich das heut nacht*

6* *Confidencen* = engl.: Vertrauen.

nicht fühlte! Und nun bitte ich und bettle solange, bis Sie mir am Telefon sagen: Ditzen, es ist gut (aber es muß auch wirklich gut sein und nicht mehr weh tun). Ach, ich möchte es Ihnen ja immer so gerne zeigen, wie sehr lieb ich Sie habe, und nun mußte ich auf meinen schönsten Abend – denn es war der schönste – einen solchen Schluß setzen.

Liebe gnädige Frau,

es tut mir so sehr weh, Ihnen weh getan zu haben. Ich möchte Ihnen die Hand geben können, da würden Sie fühlen, wie leid mir alles tut. Ich möchte Ihnen so gern ein paar Rosen schicken, aber jetzt sind die Läden noch nicht auf und, wenn sies sind, muß ich im Geschäft sein. Und später haben sie keinen Zweck. Aber Sie fühlen es auch so, dass ich ausstreichen und gut machen möchte. – Heut nacht habe ich von Ihnen – was Wunder? – geträumt. Aber ich weiß nur noch, dass Sie immer sagten: Ditzen, Sie sind zu jung, und ich war sehr wütend auf Sie. Also auch da keine Versöhnung.

Ich will es nicht wieder tun Ihr R. Ditzen.[15]

Für Rudolf Ditzen scheint bereits jetzt klar zu sein, dass die Begegnung mit Anne Marie Seyerlen für ihn sehr wichtig wird, Anne Marie Seyerlen hingegen scheint ihn in seiner Euphorie zu dämpfen, sie hat offensichtlich im Laufe des gemeinsamen Abends den Altersunterschied von zehn Jahren erwähnt oder hat er nur davon geträumt?

Von Anne Marie Seyerlen gibt es kaum schriftliche Zeugnisse aus dieser Zeit. Es existiert allerdings der Entwurf oder die Kopie eines Briefes, den sie dem ersten Biografen von Hans Fallada, Jürgen Manthey[16] 1963 hatte schreiben wollen, denn sie war empört über Mantheys Darstellung ihrer Rolle und auch von der Charakteristik Falladas. Wir wissen nicht, ob sie diesen Brief abgeschickt hat. „Der Ditzen tat mir leid und ich traf ihn oft bei Frau Fröhlich, der es ebenso ging. Wir gingen oft stundenlang spazieren und er erzählte nicht nur all das [...] über seine Kindheit und Jugend, der Zeit in den Anstalten und alles nachher. Und wie konnte er erzählen! Es war grauenhaft. Und ich, die einsam und bedrückt war, hatte nur Mitleid mit ihm und ließ ihn sprechen, sprechen und war froh, jemandem damit helfen zu können.“ [7*]

Aber zurück zum Jahr 1917. Der Brief vom 4. Juni von Rudolf Ditzen an Anne Marie Seyerlen verwirrt den Leser ein wenig:

Liebe, liebe gnädige Frau,

eben gab ich Ihnen das Versprechen, Sie um 1/2 7 Uhr abzuholen. Als ich es gab, wusste ich, dass ich log. Ich kann nicht, kann einfach nicht. Ich muß jetzt ganz allein sein, ich bin so wund und entzwei und so – gemein, ich darf keinen Menschen sehen. Und vor allem Sie nicht. Denn in jedem Wort, dass ich zu Ihnen reden würde, hinter jedem Wort würde ein maßloses endloses Weinen sitzen und es würde mir doch schließlich hinausfahren und dann wäre alles vorbei. Glauben Sie mir, gnädige Frau, Sie tun mir den größesten Freundschaftsdienst, wenn Sie jetzt fern bleiben. Ich muß jetzt stark werden und das kann ich nur, wenn ich allein bin. Bitte, bitte, seien auch Sie stark. Ich denke ja immerzu an Sie, hätte ich gestern nicht an Sie gedacht, ich hätte das nie ertragen. Rufen Sie mich auch nicht mehr an. Ich kann nicht. Und dann – es wird alles so bald anders.

Glauben Sie, dass ich Sie sehr, sehr lieb habe, und dass ich nur deshalb aufrecht stehe. (Oho!) und kämpfe, weil ich weiß, Sie sind da.

Ihr (nun allein Ihr) Rudolf Ditzen. [17]

Es ist schwer nachzuvollziehen, warum Ditzens Stimmung so trostlos ist. Er scheint endlich auf einen Menschen getroffen zu sein, dem er das ganze Elend seiner unglücklichen Jugend erzählen kann, dies offensichtlich verbunden mit Klage, Fassungs-

---

7* Dieser Brief wurde CvS vorgelesen, als sie am 14.3.1998 das erste Interview mit der Tochter von Anne Marie Seyerlen, Christine Steiner führte. Das Interview wurde ebenso aufgezeichnet, wie alle weiteren Gespräche mit Christine Steiner.

losigkeit und zugleich erlösendem Weinen über die noch immer blutenden Wunden, die ihm in seinem bislang so dramatisch verlaufenden Leben geschlagen worden waren. Dass beide unbedingt stark sein sollen, könnte darauf zurückzuführen sein, dass sich beide näher gekommen sind, als es nach Anne Marie Seyerlens Vorstellung gut ist. Sie hat ihm womöglich ihrerseits eine gewisse Sympathie bekundet. Ihre Ehe mit Egmont besteht seit sieben Jahren. Eventuell hat sie Rudolf Ditzen gebeten, auf diese Ehe bei seinen Gefühlsäußerungen Rücksicht zu nehmen, letztlich an ihn und sich zugleich appelliert, aufkommenden Gefühlen füreinander keinen Raum zu geben. Rätselhaft allerdings bleibt, warum Ditzen sich als *gemein* hinstellt, vielleicht, weil er trotz ihrer Bitte seine Gefühle zu ihr bekennt.
Noch am selben Tag schreibt er einen weiteren Brief und fügt ihm einige Manuskriptblätter bei. Der Brief bietet vielleicht eine Erklärung für seine trostlose Stimmung. Ditzen hat begonnen, seine Jugend niederzuschreiben. Anne Marie Seyerlen hat ihm dies geraten, weil seine unbewältigte Vergangenheit und seine traumatischen Jugenderlebnisse noch sichtlich auf ihm lasten, ihn geradezu lähmen. Sein Versuch, hier in Berlin durch völlige Loslösung von seiner Vergangenheit zu einem selbstbestimmten, eigenständigen Leben zu kommen, kann nur gelingen, wenn er die Gespenster seiner Erinnerung bannt. Er muss für sich alles noch einmal erleben, indem er es aufschreibt. Er tut dies auf wiederholten Ratschlag von Anne Marie Seyerlen.[8*] Ob diese ersten Versuche der Vergangenheitsbewältigung als Erzählung, Novelle oder Roman konzipiert sind, wissen wir nicht. Aber zum ersten Mal schreibt er seine Erinnerungen nieder und es fällt ihm schwer.

Liebe gnädige Frau,

bewerten Sie die wenigen Blätter, die ich Ihnen in der Anlage schicke, nicht literarisch. Wenn ich sie schreibe, denke

---

8* Christine Steiner im Interview mit CvS: „Die Sache mit dem Schreiben, das war eine Idee meiner Mutter. Nicht aus Ehrgeiz, sondern sie meinte, man schreibt sich frei, aber eben nicht in Gedichtform, sondern in Prosa. Sie interessierte sich sehr für Psychologie, und sie meinte, man darf nicht herumgehen mit etwas, sich quälen, man muß es aufschreiben, um es loszuwerden."

Rudolf Ditzen als Gymnasiast in Rudolstadt, ca. 1911

ich nicht daran, dass es eine Literatur gibt, ich muß sie schreiben, weil ich leide. Ich kann ja nicht reden, ich bin ein so ungeschickter Taps. Und dass ich sie Ihnen und nur Ihnen schicke, das ist darum, damit Sie einsehen, ich komme jetzt nicht zu Ihnen, weil ich nicht zu Ihnen reden will, sondern weil ich nicht kommen kann. Sie können ja so gut lesen, lesen Sie auch diesmal wieder recht.

Freilich, wie weit ich jeden Abend in den wenigen Stunden nach Feierabend bis zum Essen kommen werde, weiß ich noch nicht. Ich bin so ungeschickt auf der Schreibmaschine! Und das Manuskript ist deutsch und ganz unleserlich geschrieben. Heute Nacht werde ich weiter daran schreiben. Man kann seine Schmerzen nur überwinden, wenn man sich ganz tief in sie hineinwühlt und sich von allem abschließt.

Auf baldiges Wiedersehen
Ihr Ditzen. [18]

Sein nächster Brief, drei Tage später, lässt vermuten, dass beide sich inzwischen persönlich getroffen – und intensiv miteinander gesprochen haben. Anne Maries Reaktion auf Ditzens wenige Manuskriptblätter ist wohl so eindeutig und verständnisvoll, dass Vertrauen, Nähe und Zuneigung wachsen, die bisherige Distanz des *Sie* dem vertraulichen *Du* weicht.

Liebe Ania,

Du bist ein sehr liebes Mädel! Du hast mir den schönsten Brief geschrieben, den mir ein Mensch nur schreiben konnte, Du mit Deinen Rosen, und viel mehr. Denn Briefe habe ich schon viele bekommen, Rosen hat mir aber noch keiner und auch keine! geschenkt. Und so will ich es denn auch symbolisch fassen und als Bekräftigung eines Wendepunktes ansehen. Ich werde mich ganz an den Gedanken gewöhnen, dass ich Dich habe und dass Du mit mir sorgst und mir hilfst. – Und die Rosen waren so schön! Schon als ich in das dunkle Zimmer kam, ahnte ich sie auf meinem Tisch. Doch als dann die Kerze brannte - das Gas war natürlich längst abgestellt, – hatten sie außen beinahe gelbe Blätter, während der Kern purpurrot glühte. Also noch einmal: Dank (und nicht nur für die Rosen). – Leider kann ich Dich heute nicht anrufen. Ich bin nicht zum Dienst gegangen, weil ich eine etwas schlechte Nacht hinter mir hatte. Aber weiter

nichts als Herz, das andere spielt ja keine Rolle mehr, das hast Du mir abgenommen. So bleibe ich denn faul im Bett. – Schlimm ist nur, dass ich nun nicht sofort erfahre, was aus unserer Leipziger Reise wird. Diese Spannung ist böse zu ertragen und beinahe wäre ich, um ihr aus dem Weg zu gehen, doch ins Geschäft gekommen. Aber vielleicht bekomme ich einen Rohrpostbrief mit Nachrichten. ? – Und was machst Du nun [...] Hoffentlich hast Du heute andere Augen als gestern.
Dieser Brief ist dumm. Aber ich kann mich nicht recht zusammennehmen, mein Herz ist [...] dumm. Ich bin
Dein Ditzen. [19]

Die *Liebe gnädige Frau* taucht als Anrede in den Briefen nie mehr auf. Die Beziehung erhält damit eine neue Qualität.

2. Ich bin Dein Junge

Die Verbindung wird intensiv. Dies gilt für beide Teile. Für Rudolf Ditzen ist die Bekanntschaft mit Anne Marie Seyerlen sehr wichtig. Er entdeckt in ihr eine verständnisvolle Zuhörerin, die mit ihm fühlt und zugleich kreativ anregt. Doch auch ihr tut das Werben und Schwärmen dieses jungen Mannes gut. Ihre Ehe ist nicht so krisenfrei, wie sie offensichtlich vorgibt. Zwischen ihr und Seyerlen war es vorübergehend sogar zu einer kurzfristigen Trennung gekommen, aber dann hatte man doch wieder zusammengefunden. Aber 1917 gab es erneut eine Krise. Den Ausschlag gab der Tod des Vaters im Januar 1917.[1*] Doch auch diese Klippe wurde überwunden und zurück blieb die große Sehnsucht nach dem im Krieg befindlichen Mann. Jetzt, im Frühsommer 1917, tut ihr der hochsensible und mitleidende junge Mann Rudolf Ditzen gut. Man scheint sich täglich entweder zu sehen oder zumindest am Telefon zu sprechen. Geplant ist eine kurze Reise nach Leipzig: Rudolf Ditzen ist offensichtlich gesundheitlich angeschlagen, so wird es möglich, dass Anne Marie Seyerlen ihn als Aufsicht und Krankenschwester begleiten kann, ohne vor anderen Menschen den Verdacht einer Liaison zu erwecken. Rudolf Ditzen hat die Bahnfahrkarte besorgt und schickt sie ihr in den Kurfürstendamm 241, denn Anne Marie Seyerlen wohnt nach wie vor bei den B.s.

Liebe Mi,

anbei das gewünschte Billet, das Dich – ach so unerwünscht! – in den Strudel leichtfertiger Sonntagslustbarkeiten ziehen wird. Diese – verzeihe! – leichtfertige Auffassung unserer Reise hat mich tief betrübt. Ich sehe sie als eine Erholungsreise an, bei der Du als mildfertige Krankenschwester Aufsicht und Trost spendest.

1* Christine Steiner: „Das war ein furchtbarer Schock für sie. Und da hat wohl auch die Ehe drunter gelitten, irgendwie war meine Mutter dadurch völlig blockiert, fühlte sich in ihrer großen Trauer allein gelassen und unverstanden. Sie liebte ihre Eltern abgöttisch und die Mutter war ja bereits 1916 gestorben."

[...] Heute abend werde ich nun doch nicht zu Lotte gehen. Ich will lieber an der Abschrift arbeiten, damit Du Deine Reiselektüre hast. Sie wird übrigens nicht allzu lang, dafür aber der süßeste (perverse) Zucker. Ich wäre Dir sehr dankbar, wenn Du an meinen Elaboraten eine recht ätzende Kritik üben würdest, ich vertrage die sehr gut, und bin überzeugt, dass ich daraus viel lernen würde. Du siehst, ich will Dich nach jeder Hinsicht hin ausnützen. [...] Lass es Dir gut gehen, Mi – (Heute kann ich Chamäleon Dich nur Mi nennen, so (absolut unerotisch) habe ich Dich lieb:

Dein ? (Ich weiß noch immer keinen Namen für mich) [1]

Mit Lotte ist die bereits erwähnte Lotte Fröhlich gemeint, wir werden noch auf sie zurückkommen. Diese geplante und durchgeführte Reise von beiden nach Leipzig ist ein Wendepunkt in der Beziehung. Wie Anne Marie Seyerlen später ihrer Tochter erzählte, ist es dort zu intimen Kontakten gekommen. Vermutlich war Anne Marie Seyerlen in einem Leipziger Hotel untergebracht, Rudolf Ditzen hingegen bei seiner Familie. Beide waren – wie der Vorbrief deutlich macht – getrennt gereist, um in Leipzig wieder zusammenzutreffen. Die Verbindung musste vor der Öffentlichkeit ja geheim gehalten werden, denn Rudolf Ditzen war noch verlobt und Anne Marie Seyerlen mit Egmont verheiratet. Der nächste Brief wird wieder von Berlin aus geschrieben, offensichtlich zur Rückkehr von Anne Marie Seyerlen, die ihm einen Brief geschrieben und von der Rückfahrt berichtet hatte.

Liebe, liebe Mi,

wenn es Dir vielleicht auch nicht recht ist, so muß ich Dir doch ein paar Worte schreiben, um Dir ‚Guten Morgen' zu sagen, wenn Du kommst. Und dann, dass es mir sehr gut geht und ich sehr glücklich bin, denn ein bisschen Gedanken hast Du Dir natürlich doch gemacht. Aber nein, das war nicht nötig, wenn eines an mir auszusetzen war, so ist es dies, dass meine Gedanken nicht recht an die Arbeit wollten. Aber trotzdem habe ich hinreichend geschafft und wenn morgen Mittag mein Bücherrevisor kommt, stehe ich glanzvoll da. – Liebe, liebe Mi, was ich Dir eigentlich schreiben möchte, das schreib ich Dir nicht, das sage ich Dir lieber einmal auf unserm nächsten Spaziergang. Ich glaube, Du hast auch keinen guten Einfluß auf mich, ich bin ein ganz kleiner dummer Junge geworden, möchte ständig die Hände über meinem Bauch falten, zum Himmel aufstaunen und stöhnen: Oh, ich bin so glücklich. Ich fürchte, in diesem Zustand werde ich rasch langweilig. – Also guten Morgen, Mi, schlafe Dich aus, und meine Telefonnummer weißt Du ja. – Dieser Brief ist dumm, aber ich kann jetzt nichts als dumm sein. Und dann wollte ich Dir ja auch nur guten Morgen sagen. Tausend Dank für Deinen Brief. Auch meine Rückfahrt war schön, zweite Klasse gar nicht besetzt, auch habe ich die ganze Zeit am Gangfenster gestanden und den Wind auf meinem Gesicht schlafen lassen. Den Klemmer hatte ich in der Tasche. Was man von Blum und Grün und ein bisschen Wolkenweiß ahnte und dazu noch träumte, war schön genug.

Ich bin Dein Du
Ich habe mit diesem Brief Angst vor Deinen klugen Augen! Bitte ! Bitte![2]

Mit diesem Brief setzt bei Ditzen ein Selbstbild und eine Rollenfestlegung ein, die er bei ihm besonders nahen Frauen lebenslang verwenden wird: Er bezeichnet sich als *Junge*, diese Selbstbezeichnung variiert wie auch in diesem Brief häufig mit *kleiner Junge, dummer Junge* und ähnlichen Attributen. Der *Junge* wird in seinem späteren Erfolgsroman *Kleiner Mann – was nun?* sogar zur Leitfigur.

Liebe, liebste Mi,
vielleicht sehen wir uns heute abend doch nicht, darum schreibe ich Dir. Denn ich mag Dich nicht allein lassen, allein mit den Sorgen, allein mit der grässlichen Lotte, allein mit Deinen Sorgen um Egmont. Nein, wenn ich Dir auch nur ein wenig helfen kann, will ich bei Dir sein, Du hast mich ja auch nicht allein gelassen. – Du hast mich gebeten, Mi, gut zu Dir zu sein und lieb an Dich zu denken, ach Mi – wenn es darauf ankäme, all diese Tage – sind (?) diese Ewigkeit, die wir uns nicht gesehen haben, wirklich nur drei Tage? – habe ich ja nichts getan als lieb an Dich gedacht. Und aus diesen beiden Tagen, die so unbegreiflich schön waren wie nie etwas in meinem Leben, ist mir eines in Erinnerung geblieben, werde ich eines nie vergessen: Du nahmst mich in Deinen Arm und sagtest: Du, Du bist mein!

Mi, da hast Du den Weg zu mir gefunden, da hast Du mir das gesagt, was noch nie ein Mensch zu mir gesagt, weil nie ein Mensch von mir gewollt hat: einem andern gehören sollen. Und nun bin ich Dein und Du musst mich nehmen wie ich bin: dumm und klug, grantig und wie ein Junge, zweifelnd, schlecht, immer wieder bedrückt, immer wieder mutlos. Aber am Ende bist Du immer wieder da. Ich will nicht fragen, ich will mich zwingen nicht daran zu denken, wohin das alles hinaus soll: ich [will] wirklich einmal ganz heute, ganz Dein sein. Was Du mir gegeben hast, das weißt Du ja nicht, das ahnst Du bloß, aber ich will Dir nie danken (?), denn nie könnte ich die Tiefe Deiner Gaben mit Worten ausmessen. – Liebe Mi, Du hast Sorgen. Was soll ich sagen: ich kann Dir nichts als das sagen: ich bin da und ich bin traurig, dass Du traurig bist, ich möchte Dir helfen können, ich möchte immer bei Dir sein mögen. Ach, wenn ich Dir heute abend nur meine Hand geben kann, so musst Du es erfühlen, dass ich immer bei Dir bin. Immer in Dir zu Hause. Ich denke an Deine Stimme, an Deine Bewegungen, irgend wann taucht ein Schimmer Deines Seins in mir auf und überschauert mich glücklich, froh. – Ach, Mi, ich weiß, ich kann Dir keine Trostbriefe schreiben, ich kann Dir nur sagen, dass ich bei Dir bin.

Immer bei Dir und am meistens des Nachts, wenn es dunkel ist, dann lege ich mein Leben neu zurecht und bringe es in Bezug auf Dich, dass es auch zu Dir passt und Deinem Tun. Denn man muß sich wert dessen zeigen, was man bekam. – Dieser Brief ist kein verliebter Brief, er ist nur ein sehnsüchtiger Brief und er möchte Dir etwas Liebe, Wärme und Gemeinsamkeit geben

mit Deinem Du [3]

Die *grässliche Lotte* Fröhlich hat vermutlich gleichfalls mit Rudolf Ditzen zumindest einen kleinen Flirt [2*], den er nunmehr aufkün-

2* Die Mutter habe ihr allerdings erzählt – so Christine Steiner – dass Lotte Fröhlich mit Ditzen nur aus reinem Mitleid verbunden war. Er habe das Verhältnis zu ihr wohl anders interpretiert, aber ihr gegenüber habe Lotte immer wieder den lediglich helfenden, mitfühlenden Aspekt ihrer Verbindung zu Ditzen betont.

digen will, was aus dem folgenden Brief vom 25.6.1917 hervorgeht. Er schreibt ihn übrigens aus der Bernburger Straße 15/16, dem Sitz der Kartoffelbaugesellschaft, für die er ja arbeitet:

Liebe, liebe Miami,
ad 1. Da wir uns so lange nicht gesehen haben, muß ich Dir doch wenigstens einmal wieder schreiben.

ad 2. Da Du so lange keinen Brief von mir bekamst, muß ich Dir endlich auch einmal wieder schreiben.

ad 3. Muß ich Dir sagen, dass ich Dich sehr lieb habe.

ad 4. Aber bemerken, dass es besser ist, wenn T.[3*] *diesen Brief nicht liest.*

ad 5. Habe ich meinem Herzen einen großen Stoß gegeben und an Lotte geschrieben. Eigentlich wollte ich Dir diesen Rückkehrbrief erst zur Begutachtung vorlegen, aber dann dachte ich doch, es ist besser so. Die Form spielt da kaum eine Rolle. Wenn Lotte nicht ganz idiotisch ist, muß sie fühlen, daß ich es ehrlich meine, ehrlich meine, Deinetwegen. Und nun will ich abwarten, was kommt. Ich habe mehr getan, als ich hätte tun sollen, aber Du hättest mich ja doch immer wieder geplagt.

ad 6. Muß ich Dir endlich einmal über einen Punkt schreiben, über den wir scheinbar noch viel zu wenig nachgedacht haben. Vor allem Du. Du hast gestern wieder über die ‚verflixte Erotik' gescholten, die uns alles verdürbe. Noch im Insektenpulver Bett habe ich mich darüber geärgert und im Einschlafen gesagt: ‚So ein Quatsch, Miami!'.

Und bei Tageslicht besehen, halte ich diesen Ausspruch voll noch ganz aufrecht. Es ist ein Quatsch, dass die Erotik in unserm Verhältnis zueinander verflucht sein sollte oder etwas verdürbe. Im Gegenteil. – Nun also: was wir beide sind, geworden sind, das sind und wurden wir zum größten Teil durch

---

3* Mit *T.* ist Toni B. gemeint.

unsre eigene Erotik. Unser geistiges, unser seelisches Sein ist durch sie und aus ihr gewachsen. Unsre stärksten Emotion[en] wachsen aus ihr. Nimm sie aus Deinem Leben heraus und Du bist nichts mehr. Du sagst natürlich, das sind alte Geschichten, das weißt Du lange, darin bist Du mit mir einig und ich soll mich nicht wichtig machen. Weiß ich alles, Miami (aber wenn ich diesen Namen schreibe, musst Du ihn laut lesen, auf dem Papier sieht er nicht gut aus, so indianer-hottentottenhaft). Aber es war ganz gut, das alles einmal zu wiederholen.

Es ist also ganz unmöglich, wenn wir aus unserer Freundschaft die Erotik ausschalten. Ganz abgesehen davon, dass jedes geistige und seelische Teilgeben und Nehmen schon etwas Erotisches ist, werden auch nie die physischeren Erotika, die schon im Händedruck, im gleichen Takte des Gehens, im Aneinanderlegen liegen, nicht auszumerzen sein. Wir sind eben keine Neutra, wir sind Frau und Mann (aber nicht verheiratet) und zwischen uns wird immer dieses zitternde Auf und Ab des Zweigeschlechtlichen sein, dieses Anziehen und Abstoßen, was eben schlechthin Erotik heißt.

Auch bis hierher gehst Du mit, nun aber sagst Du mit erhobenem Finger: das alles ist richtig, wir dürfen aber die Erotik nicht überhand nehmen lassen, dass sie alles andere unter sich erstickt Und das ist falsch, ist einfach Quatsch – für uns wenigstens. Und deswegen muß ich Dir schreiben. Also ---

Und da ich nun so weit gekommen bin, kann ich nicht weiter davon schreiben. Ich bin heute nicht ernsthaft genug, ich bin einfach zu 50% bodenlos vergnügt und zu 50 % verschlafen. Und ich freue mich auf Deinen Anruf. Wer soll da theoretisch über Erotik schreiben? Nein, nein, nein

Ich bin Dein Du [4]

Erstmals spricht Ditzen Anne Marie Seyerlen mit Miami an, die Bedeutung dieses Kosenamens ist ebenso unbekannt wie das bisher verwendete Mi [4*] Zum anderen spricht er gleichfalls ein Thema an, das problematisch bleiben wird, so lange die Verbin-

4* *Mi*, Miami. Auch im Dänischen gibt es laut Christine Steiner dafür kein Äquivalent.

dung zwischen den beiden besteht, die Erotik. Rudolf Ditzen diskutiert Anne Marie Seyerlens Vorstellung, dass die Erotik, bzw die überhand nehmende Erotik, die Beziehung zerstöre.[5*] Aber auch die Beziehung zur mütterlichen Freundin Toni B. war nicht ohne Schatten: Anne Marie Seyerlen litt trotz aller Dankbarkeit zeitweise unter der finanziellen Abhängigkeit von diesen reichen Menschen. Toni B. hatte in dieser Zeit zudem ernsthafte Probleme mit ihrem Ehemann Hugo, sodass Anne Marie Seyerlen unfreiwillig in den Familienstreit mit einbezogen wurde. Das belastete sie ungemein, zugleich war Toni B. aber einer der ganz wenigen Menschen, auf die sie sich hundertprozentig verlassen konnte. Das schloss allerdings nicht aus, dass Toni B. neugierig hin und wieder Briefe von Rudolf Ditzen an Anne Marie Seyerlen öffnete. Mit gründlich verwendetem papierenen Klebeband auf dem Umschlag versuchte Ditzen dies zu verhindern:

Liebste Miami,

nun kann ‚sie' den Brief wirklich nicht gut aufmachen, und wenn sie es doch tut, so soll sie der Teufel frikassieren und sie soll sich – wenn sie dies liest – so schämen, dass sie keinem anständigen Menschen mehr ins Auge sehen kann.[6*]*Aber freilich, welches Kraut wäre auf die Dauer gegen die Neugierde der Frauen – und auch der Männer, denn wir sind eigentlich noch viel neugieriger, wir zeigen es nur nicht so, weil wir uns dessen schämen –, welches Kraut wäre gegen das Laster dieser beiden gewachsen? [...] Ich will Dir eben schreiben können, wenn ich Stimmung hab (aber auch nur dann), und Du sollst doch auch nicht ganz leer sitzen bleiben. Mein Omar*[7*] *wird nun doch noch zu etwas gut sein. Ich werde Dich in nächster Zeit in Versen von*

5* Christine Steiner: „Und so erzählte es mir meine Mutter auch. Die Erotik hat bei ihr immer alles kaputt gemacht, auch in der Beziehung zu Fallada. Die erotische Phase war nur ganz, ganz kurz: In Leipzig und dann später noch mal in Timmendorf [...]"

6* Über *Menschen* befindet sich ein großer Tintenklecks, RD schreibt an den Rand: *Ich kann den bösen Klecks nicht weiter radieren, sonst gibt es ein Loch. Aber ists ein Wunder, dass man man bei solchen Briefstellen Kleckse macht?*

7* RD hatte bereits während seines Zwangsaufenthaltes im Sanatorium von Tannenfeld damit begonnen, die Verse des iranischen Klassikers Omar Chajjam aus einer englischen Übersetzung ins Deutsche zu übertragen. Diese Sinnsprüche von Omar dem Zeltmacher werden immer wieder in seinen Briefen erwähnt.

ihm ertränken. Aber die ersten 90, die ich Dir schicke, musst Du lesen und diesen famosen, anständigen, amoralischen Kerl auch lieb gewinnen. Denn das alles ist er wirklich. Ein Mensch. Und ein sehr schöner Mensch. Manchmal sehe ich ihn ganz braun mit einem krausen wolligen Barte in heißer Sonne sitzen. Und immer sind Blüten um ihn und Wein und in der Ferne stehen vielleicht ein paar Mädchen. Aber das Schönste ist, dass er bei Gras und Blüten grad so zu Haus ist wie im Himmel, ich finde viel mehr als Franziskus von Assisi. Und der hat doch so schön gesagt – und es dabei auch wirklich gefühlt: mein lieber Bruder, der Wind. Und das war es auch gestern Abend. Wir waren nicht nur zu Haus bei uns, sondern auch bei den Bäumen und dem Wind und dem Wasser und deswegen war es gut, still zu sitzen und daheim zu sein. (Liebst Du übrigens Bücher auch so sehr wie ich, dass Dir ein Mensch wie Omar ein rechter Freund werden könnte? Ich meine kein ausgeklügelter und zurecht sinnierter, sondern ein[e] liebe schöne Menschlichkeit, zu der man immer wieder gehen kann um Hilfe? Dann ist man nie allein. Aber freilich ist zu denken, dass mein einziger rechter Freund stets Omar war und wohl besonders darum --- wie mir jetzt einfällt, weil er in Jena [8] zu mir kam und in Tannenfeld immer bei mir war). Ja, ich war gestern abend sehr glücklich und als ich nach Haus ging, ganz langsam durch die völlig leeren Straßen, nur der Wind war bei mir, habe ich immerzu halblaut Verse vor mich hingesungen, wie sie mir grade in den Kopf kamen, ich konnte nur in Versen denken. Und das glückliche Leipzig war wieder ganz bei mir. Aber wie ich heute früh aufwachte, hatte ich die Verse doch alle wieder vergessen, bis auf einen, wenn ich ihn zusammen bekomme, will ich ihn Dir hier hinsetzen:*

Wir schliefen ein, so leise – leise –
Wir hörten in den Schlaf die Winde singen
Und weiße Sterne fielen leise
Auf unser Haupt wie Blüten von Syringen (?)

8* In Jena befand sich RD Ende 1911 nach dem Selbstmordduell von Rudolstadt zur Untersuchung seines Geisteszustandes. In der Nervenklinik für Gemütskranke, dem Sanatorium in Tannenfeld war er von 1912 bis 1913 interniert. Er lebte dort unter der Obhut seiner ihn unterstützenden Tante Ada, die ihn zu Übersetzungsarbeiten anregte.

Ach, der ist ja gar nicht schön und gestern Nacht war er es doch so sehr. Ganz Leipzig lachte in ihm. Ja, heute früh waren die Verse fort, aber es war doch sehr viel Sonne in mir und ich war sehr froh, ein Zuhause zu haben. Und doch auch betrübt. Denn Du hast keines. (wenn nicht in meinen Briefen ein bisschen zu Hause ist; das möchte es wohl sein, aber ob Du es wohl fühlst, dass ich jetzt beinahe ganz Du bin: So, wie wenn wir unsre Hände halten, so bin ich jetzt in Dir. (Im ‚Gehäuse unsrer Hände', das hast Du gestern abend wunderschön gesagt.) Ja, Du quälst Dich und bist allein und sehr oft sehr traurig und von Deinem bisschen Kraft, das Du selbst am allernötigsten hast, muß Du auch noch zwei Männern abgeben (Aber der eine zählt nicht ganz, nur halb, der ist nur ein kleiner Junge). Sieh, Du hilfst mir, hast mir immer so geholfen, schon durch Deine Anwesenheit, und ich soll Dir gar nicht helfen. [...]

Weißt Du, Mia Miami, die Welt ist so wunderschön und damit Du das ja nicht in irgendwelchem Dreck vergisst, schicke ich diesen Brief mit Rohrpost [9*] *ab. In der Kartoffelbau Gesellschaft scheint die Sonne, hoffentlich tut sie es nun auch bei Dir. Ich bin da*

Dein Du. [5]

Erste Auseinandersetzungen über den Grad der Erotik und die Erotik zwischen ihnen melden sich im Brief vom 1.7.1917 an, den er vermutlich im Kurfürstendamm bei den B.s hinterlegt. Es fällt auf, dass Rudolf Ditzen seine Handschrift um mehr als die Hälfte verkleinert und dies mit wenigen Ausnahmen beibehält:

9* Die Rohrpost gab es in Berlin bereits seit 1876. Briefe, Telegramme oder Karten wurden in Behältern aus Eisen, Leder, manchmal auch Papier von maximal 6 cm Durchmesser, per Preßluft oder durch Saugkraft durch ein Rohrsystem rasch befördert. Postämter, Banken, Warenhäuser und andere größere Firmen oder Verbände benutzten gerne dieses Transportsystem für den Innendienst. Da die B.s ein Warenhaus besaßen und an das System angeschlossen waren, konnte RD seine Briefe zu AS an den Kurfürstendamm schicken, denn vermutlich war auch die Kartoffelbaugesellschaft der Rohrpost angeschlossen.

Liebe, liebe Miami,

Du hast es ja nicht gewusst, aber Du hast es wohl geahnt, wie sehr ich Dich brauchte. Darum kamen Deine Blumen, darum kam Dein Brief, der in seinen zwei Worten trotz allem und allem bitterster Vorwurf ist. Vorwürfe von mir an mich. Als ich gestern Abend nach Haus ging, oh so langsam!, überlegte ich immer wieder, was diesem Abend gefehlt hat. Irgend etwas war nicht, wie es hätte sein sollen, irgend etwas fehlte. Alles war trübe und wies in seiner Trübheit auf die Zukunft. Ich habe es nicht gefunden, nur das eine weiß ich, dass es an mir lag, dass ich Dir etwas schuldig geblieben bin. Was? Du hast es ja auch gefühlt, zu Anfang wenigstens. Ich fühlte es erst hinterher. Und dann so Schlimmes. Nein, ich war nicht Dein ‚Kerer Du' [10*] *gewesen, ich bin nicht so bei Dir gewesen, wie ich es hätte sein müssen. Irgend etwas liess mich an Dir schuldig werden.*

Und das alles weist in die Zukunft. Ich weiß es ja nun schon: ein ruhiges Freundschaftsverhältnis, so wie ich es mir früher träumte, werde ich nie finden. Manchmal wenn ich bei Dir sitze, über Dich gebeugt, und nur in Dich hineinhorche, dann ist es da. Aber das sind nicht zählbare Bruchteile unseres Beisammenseins. Und dann ist immer wieder das in mir da, was mich daran hindert, ganz in Dich hineinzuklingen. Es ist ja nichts, das Annemarie Seyerlen und Rudolf Ditzen, diese [...] (?) zwei Ich's sein. Das ist etwas Konstruiertes, das nie halten würde, nicht über vierzehn Tage. Was wir suchen – und ich darf jetzt auch für Dich reden! – das ist das Zusammenklingen des Seelischen, das Ineinander, Zuhausesein.

(Und da ist alle Erotik nur (?) etwas breitliniger, wie ich und Du es jetzt auch fühlen (?) Gewiss, sie ist ein Bestandteil unserer Seelen, aber kein vorwiegender. Sie wird immer da sein, aber ein Wort oder ein Blick werden mehr sein als das Rein-Erotische aller Küsse. Und deswegen ist es nicht wahr, was Du gestern sagtest, dass ich in Dich ‚verliebt' bin, ich liebe Dich ja

---

10* *Nein, ich war nicht Dein ‚Kerer Du'* = dän.: Ich war nicht Dein Lieber Du. Alle folgenden Übersetzungen aus dem Dänischen stammen von Christine Steiner.

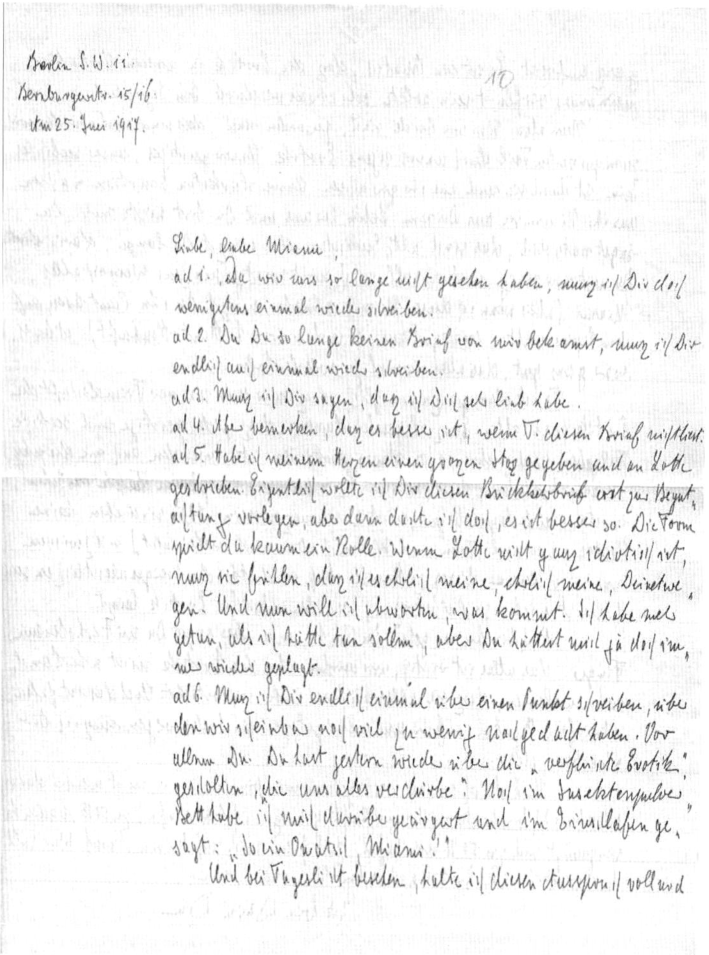
Berlin S.W. 11
Bernburgerstr. 15/16
Am 25. Juni 1917.

10

Liebe, liebe Mieni,
ad 1. Da wir uns so lange nicht gesehen haben, muss ich Dir doch wenigstens einmal wieder schreiben.
ad 2. Da Du so lange keinen Brief von mir bekommst, muss ich Dir endlich auch einmal wieder schreiben.
ad 3. Muss ich Dir sagen, dass ich Dich sehr lieb habe.
ad 4. Aber bemerken, dass es besser ist, wenn V. diesen Brief nicht liest.
ad 5. Habe ich meinem Herzen einen grossen Stoss gegeben und an Lotte geschrieben. Eigentlich wollte ich Dir diesen Brief erst zur Begutachtung vorlegen, aber dann dachte ich doch, es ist besser so. Die Form spielt da kaum eine Rolle. Wenn Lotte nicht ganz idiotisch ist, muss sie fühlen, dass ich es ehrlich meine, ehrlich meine, Deinetwegen. Und nun will ich abwarten, was kommt. Ich habe mal getan, als ich hätte tun sollen, aber Du hättest mich ja doch immer wieder geplagt.
ad 6. Muss ich Dir endlich einmal über einen Punkt schreiben, über den wir scheinbar noch viel zu wenig nachgedacht haben. Vor allem Du. Du hast gestern wieder über die „verfluchte Erotik" gescholten, „die uns alles verdirbt". Noch im Insektenpulver-Bett habe ich mich darüber geärgert und im Einschlafen gesagt: „So ein Unsinn, Mieni!"
Und bei Tageslicht besehen, halte ich diesen Ausspruch voll und

Auszug aus der ersten Seite des Briefes vom 25. Juni 1917. In der Bernburger Straße 15/16 befindet sich die Kartoffelbaugesellschaft, die im Oktober 1916 gegründet worden war.

nicht mit meiner Erotik, das hieße verliebt sein; ich liebe Dich mit meinem ganzen Sein. Dazu gehört gewiss die Erotik, aber sie ist nur ein Ton zwischen vielen. Ich habe Dich eben lieb. Da liegts und ich kann Dir nicht genug danken, dass ich das von Dir bekam: dieses Liebhaben.)

Ja, aber wir wollen ineinander zuhause sein. Und so bitter es ist, so muß ich es doch sagen, in mir ist ein Widerstand, der wehrt sich dagegen. Aber schon dies ist falsch gesagt und dies alles muss richtig gesagt werden, damit Du mich auch ja verstehst. Es ist kein Widerstand, es ist nichts Aktives. Wie soll ich es sagen? Vielleicht so. Es ist irgend ein schweres Gewicht, das in mir hängt, etwas Totes, Schweres, das hindert, das mich aus allen Innerlichkeiten in alle Äußerlichkeiten verlockt. Wir sprachen gestern davon, dass die Leipziger Tage nicht wieder kommen werden. Ach! Wie nebensächlich ist das Was dieser Tage. Was wir in ihnen fanden, war Einklang. Und ich habe eine namenlose Angst, dass der nicht wiederkommt oder besser schwächer wird und sich verflüchtigt. Immer wird dieses tote Bleigewicht da sein, wir werden zuerst nicht merken, dass etwas fehlt. Du wirst nur – wie gestern Abend – fühlen, dass etwas fehlt, dass ich Dir etwas schuldig bleibe, aber eines Tages wirst Du dastehen, hellwach, und verstehen, dass der Lille[11*]*, […] den Du lieb hattest, Dir lange entglitten ist, dass Du nur noch eine Schale hältst, aus der mein Kern lange verschwand. – (Ich habe vieles von Dir gelernt, ich glaube heute stark an meine Liebe für Dich, aber ich kann nicht an die Dauer unseres Beisammenseins glauben. Versteh mich recht, nicht an das Fehlen (?) meiner Liebe glaube ich, […] doch ich glaube, dass dieses Fremdwerden Dich mir entgleiten lässt. Immer fieberhafter werde ich Dich suchen, werde ich in Dich eindringen wollen, so wie ich Dich schon heute durch die Fernen von gestern Abend suche, aber immer mehr wirst Du mir entgleiten. Unsere Blicke werden sich nicht mehr verstehen.) –*

Dann bin ich wieder allein. Aber nicht das ist es, was ich fürchte, ich fürchte namenlos dieses langsame Entgleiten. Ich glaube beinahe, ein dauerndes Ineinandersein gibt es nicht. Ehe,

---

11* *Lille* = dän.: klein

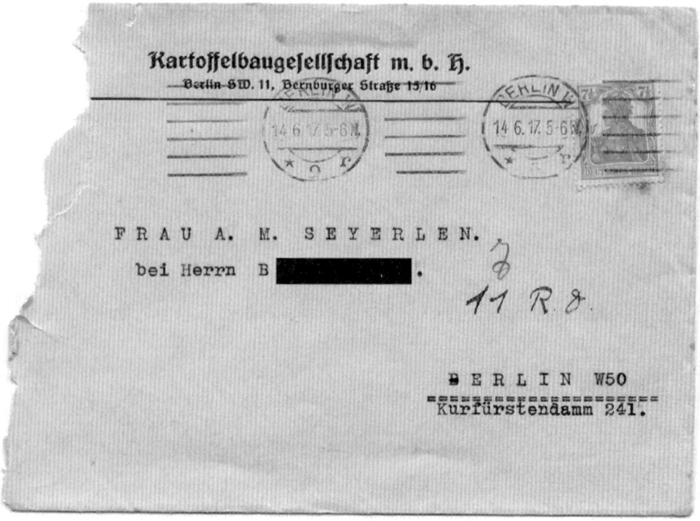

Briefumschlag der Kartoffelbaugesellschaft m. b. H. Berlin

die ist auch nichts anderes, als sich immer wieder suchen, sich immer wieder verlieren. Und wieder suchen und wieder verlieren.

Aber da ist alles anders. Das sind keine toten Gewalten, gegen die man machtlos ist, da sind Worte, mit denen man rechnen kann. Ich darf mit nichts rechnen. Irgendwann kommt ein Windstoß und fegt mir die armen Kartenhäuser alles Errechneten fort. So glaube ich auch, dass auch Du machtlos gegen D i e s sein wirst. Du bist ja überhaupt ganz anders als ich Dich zu Anfang sah. Du hast ja gar keinen bewussten, intelligenten, klugen Willen. Du hast keinen Verstandeswillen. Du bist völlig Natur. In Dir treibt ein großer starker Strom, und wie er Dich treibt, so ist es gut und recht. Der braucht keine Stauwehre und Brücke. Jeder Impuls, jede Tat, ist Dir gerecht, weil es aus Dir wuchs. Und wenn Dir hundertmal am Ende Dein Verstand sagen wird: ich habe ihm immer gesagt, ich will mich nicht von ihm trennen, ich darf es nicht, so wird Dir die Natur in Dir sagen, dieser Strom: Man füttert keine Läuse. (?) Und noch dazu eine aus lauter Erbkrankheiten (?). Fühlst Du das nicht? Aber das alles ist kein Vorwurf, ist keine Anklage. Ich schreibe Dir dies alles, damit Du siehst, ich sehe es kommen. Ich werde mich dagegen wehren. Wir werden noch viele Male nahe aneinander sein, aber wenn es dann kommt, dann soll Dich nichts halten. (Ich habe nie so stark mein Liebhaben für Dich gefühlt, wie grade jetzt. Mein Fenster steht offen, ganz in der Ferne läuten die Glocken. Ich weiß, ich bin jetzt bei Dir. Und seltsam, ich weiß, dass Dir all dies, was ich heute schreibe, kein bisschen weh tun wird. [...] Und muß man denn an ein glückliches Ende glauben? Ist das so nötig? Schon heute bin ich so anders, so reich durch Dich geworden). (Ach, ich habe Dich endlos lieb – ich weiß nicht wie, ich habe nie gewusst, dass dies so ist. Wie etwas ganz Dumpfes, Heißes, das in der Brust lodert. Und die Augen brennen. Die Glocken läuten noch immer. Fühlst Du, warum ich Dir das sage, grade dann, wenn ich Dich lieb habe?) Ich bin jetzt sehr glücklich. [...]

Und nun Miami, lebe wohl. Es war lieb, dass Du anriefst. Es ist schön, dass Nelken [12*] *auf meinem Zimmer stehen. Ich*

12* Das Wort *Rosen* wurde von Ditzen durchgestrichen und durch das Wort *Nelken* ersetzt.

will Dich weiter suchen in mir. Jetzt bin ich Dir ganz nahe. Ich möchte wohl ein großer Hund sein und den Kopf auf Deinen Schoss legen und in Deine Augen schauen. Du würdest mich streicheln. Ich habe Dich sehr lieb, vielleicht werde ich doch einmal

Dein Du

Oh, all die vielen großen Worte in diesem Brief. Aber sie sind gar nicht so groß, Du kannst sie recht lesen, halblaut ins Dunkle, über die Entfernung zu Dir hingesprochen. [...]

Liebe, liebe Miami, ich kann ja heute ein wenig reden, und wieder und wieder muß ich es Dir da sagen, dass ich Dich lieb habe. Ich sage es Dir deswegen immer wieder und wieder, damit Du, wenn einmal schwere Zeiten für Dich zu mir zu (?) kommen – und sie werden kommen, dieses nie vergisst, ich habe Dich lieb. Ach, ich sage es Dir ohne Grund, ich sage es Dir einfach, weil ich es sagen muss, ich habe Dich lieb. Ich habe Dich ganz anders lieb, als je Dich Menschen geliebt haben, ich habe Dich als das Sinnvollste, Schönste, Natürlichste lieb. Ach was, ich weiß ja nicht, als was ich Dich lieb habe, ich habe Dich eben nur lieb.

Dein Du. [6]

Die Schwester des Vaters von Rudolf, Adelaide Ditzen, von allen Verwandten immer nur Tante Ada genannt, spielt im Leben des Rudolf Ditzen eine wesentliche Rolle, indem sie ihn einerseits aufopferungsvoll fördert, andererseits aber auch diese Rolle leicht übertreibt und den Neffen bevormundet. Sie hat – wie bereits erwähnt – die meiste Zeit seines Zwangsaufenthaltes in den Sanatorien Jena und Tannenfeld zusammen mit ihm verbracht. Sie hat ihm Unterricht erteilt und viele Anregungen für sein künftiges Leben gegeben, das schon so früh drohte, völlig zu scheitern. Mit Dr. Tecklenburg, dem Leiter der Nervenklinik des Sanatoriums in Tannenfeld, wo Rudolf Ditzen interniert war, hält sie weiterhin freundschaftlichen Kontakt. Genaugenommen sind ihre Briefe aber Aufzeichnungen über den Neffen zum ärztlichen Gebrauch, dies auch noch lange nach Rudolf Ditzens endgültiger

Entlassung aus der geschlossenen Anstalt. Am 3.7.1917 schreibt sie zum Beispiel Dr. Tecklenburg, dass der Neffe glücklicherweise seine Verlobung wieder aufgelöst habe, was für das betreffende Mädchen nur gut sei. Vielleicht habe ihre dringende Warnung vor einer Heirat überhaupt aufgrund seiner Unberechenbarkeit ja doch auf ihn gewirkt.[7]

Es ist zu vermuten, dass die Warnung Tante Adas wohl kaum der Anlass war, die Verlobung zu lösen, sondern Rudolf Ditzens aufgeflammte Zuneigung zu Anne Marie Seyerlen.

Adelaide Ditzen, Tante Ada

3. Ich bin nicht der, den Du liebst

Nicht nur die Tante Ada, auch Rudolf Ditzen schätzt sich selbst als unberechenbar ein. Was die Tante nicht geschrieben hat, vielleicht um den Neffen zu schonen, formuliert der ungeschminkt in seinem Brief an Anne Marie Seyerlen. Er meint, er sei von Geburt an belastet, womöglich krank. Bereits in einem Brief vom 1.7.1917 hatte er von sich als einer Laus mit Erbkrankheiten gesprochen. In seinem Brief drei Tage später wird er noch deutlicher:

Liebste Miami, [...]

Ich habe es beinahe ganz vergessen, aber plötzlich kommt es wieder und ist da, nachts, dann sitze ich da und horche und bringe Erinnerung und plötzlich weiß ich alles: Ja, Du warst doch einmal anders, ehe Du Miami kanntest. Du warst klein in allem und jedem, kleinlich in Deinen Gefühlen, in Deinem Wollen, in Deiner Liebe, in Deiner Krankheit. Nie etwas Großes, Starkes, Dauerndes, immer nur etwas Schwächliches, Vorbeigehendes. Das alles ist nun fort. Du bist unmerklich ein anderer geworden, ganz schnell, so unmerklich und schnell, dass Du sogar vergaßest: Du warst einmal ein Anderer. Miami kennt nur den Neuen, liebt nur den Neuen. Aber Du, kennst Du Dich so wenig? Hast Du ganz vergessen, willst Du die Augen davor zumachen, das nichts (?) bei Dir dauert als Deine Schwäche? Dass Du jedem Deiner Gefühle misstrauen musst? Dass jede Liebe, jedes gute Wort immer nur für die Minute gilt und nie für die Zeit? Wie sehr glaubtest Du Jagusch [1*] *zu lieben, sie schien Dir unersetzlich und gar nicht zu entbehren, nun glaubst Du nicht einmal, dass Du sie je geliebt hast. Alles ist haltlos, alles flieht in Dir. Du kannst nichts greifen, mit nichts rechnen, auf nichts bauen. [...] Miami wird merken, dass sie eine Zeitlang mich über meine Engigkeit hinaushob, nun bin ich*

1* Bei der *Jagusch* handelt es sich eindeutig um die ehemalige Verlobte, da RD selbst, wenn auch viel später, dies in seinem Gefängnistagebuch unter dem Datum 30.6.1924 einträgt. (Vgl. Fallada 1998: Strafgefangener, Zelle 32, S. 68) sowie Brief vom 21.12.1917.

müde geworden, ich bin so müde, dass ich nichts sein will als klein, Schmutz, Nichts – ich werde ihr entgleiten und sie wird erkennen, sie hat einen anderen geliebt. – Und ich entgleite ihr. Ihre gar nicht auf mich, nur auf ein geträumtes, gesteigertes Bild von mir gerichtete Liebe wird von mir weg gehen. – Das alles sage ich mir immer wieder, muß ich Dir und mir immer wieder sagen, weil ich vor allem ehrlich sein will, ehrlich auch gegen Dich. Und dann kommt die Angst, die wahnsinnige, feige Angst, dass Du fortgehen wirst, für immer und bald. Denn ich weiß es ja, daran brauchst Du mich nicht zu mahnen, das weiß ich nur zu wohl, dass Du meine Heimat, mein Zuhaus bist. Das einzige, das ich je fand, das ich je finden werde. Denn seit ich Dich kenne, kenne ich keine anderen Frauen neben Dir. Du bist meine letzte und höchste Erfüllung. Und Du wirst gehen. Das weiß ich. Hier sehe ich Schwacher klarer als Du. Du wirst einmal den Mut zu Deinem Irrtum haben. Du wirst verstehen, dass Du Dich verschwendet hast. Mi, liebe, liebe Mi, glaube mir, Du täuschst Dich. Ich bin nicht der, den Du liebst. Bei mir ist alles haltlos und schwach, ewig wechselnd und krank. Und so viel Gemeines. Es ist Wahnsinn, dass ich Dir dies alles sage. Aber Du stehst mir so hoch und ich liebe Deine Liebe zu mir so, dass es mir weh tut, sie an mich verschwendet zu sehen. Ich bin sie wahrhaft nicht wert. [...][1]

Dieser eine Satz – *Ich bin nicht der, den Du liebst* – ist eine Schlüsselaussage. Rudolf Ditzen wäre gerne anders, als er offensichtlich ist – er wird dies immer wieder betonen und variieren. Aber er erfährt sich selbst primär als erbkrank, als geistig unnormal und als schwach. Er traut seiner momentanen Hochstimmung nicht, hält sie für vorübergehend, wie alles bei ihm vorübergehend zu sein scheint – außer seiner Schwachheit. Und zwei Tage später spricht er sogar von seiner Furcht, der Wahnsinn könnte noch einmal zu ihm zurück kommen, Vorboten glaubt er bereits zu sehen.[2] Er ist verzweifelt über sein gespaltenes Wesen: *Am Tage, im Leben, da bin ich roh und fasse zu und bin so wenig ich, dass es mich erschreckt, aber dann in meinen Briefen, Briefen für Dich, entlauf ich mir selber und da kann ich Dich küssen – ganz anders als sonst [...] Warum bin ich eigentlich nicht der, der ich sein müßte? Ich bin ja eigentlich ganz anders als ich bin [...] Alles das ist Maske, aber nicht angenommen und gewollt [...] Und diese Maske ist über mich gewachsen und ist stärker geworden als* ich.[3]

Seine Kindheitstraumata und Ängste kehren jetzt wieder zurück, wo er versucht, über sich selbst Klarheit zu gewinnen. Er wagt – auch rund vier Jahre nach seiner Entlassung aus der Nervenklinik und trotz erfolgreich abgeschlossener Berufsausbildung – noch immer nicht, sich selbst als geistig normal einzuschätzen. Er warnt Anne Marie Seyerlen vor sich und ist so uneins mit seinem Wesen, dass er sich selbst vor sich warnt!

Fast täglich schreibt Rudolf Ditzen jetzt an Anne Marie Seyerlen. Manchmal sind es seitenlange Briefe, in denen er von sich und seiner großen Liebe zu ihr spricht, manchmal geradezu atemlose Liebesschwüre von erstaunlicher Offenheit. Gerade diese Briefe irritieren. Inhaltlich sind sie sehr freizügig, manchmal geradezu pornographisch, zugleich berichtet Ditzen in derartigen Briefen von Visionen und Träumen. Von der Form her fallen diese Briefe durch eine winzige Schrift auf. Beides trifft meist zusammen: Gespenstische Visionen, nebulöse Träume sowie sexuell-intime Äußerungen und die winzige Schrift. Wir erwähnten bereits, dass Ditzen nach den ersten Briefen eine neue Schrift verwendete, die kleiner und zierlicher war, als die bisherige, ohnehin lateinisch, weil Anne Marie Seyerlen die sogenannte Deutsche Schrift ja nicht entziffern konnte. Aber mitunter – und dies eben bei den sexuell offenherzigen Schreiben – wird Ditzens Schrift so klein, dass sie im Original ohne Lupe kaum zu entziffern ist. Als ein Beispiel für derartige Briefe drucken wir das folgende Schreiben ungekürzt ab. Schriftbild und Briefinhalt könnten auf die Einwirkung von Morphium hindeuten. Wir wissen, dass Ditzen mit Sicherheit im Jahre 1918 schwer morphiumsüchtig war; es ist auch bekannt, dass eine derart feine, kleine Schrift kennzeichnend für das Schreiben im Morphium-Rausch ist. Doch nicht jeder, der dergestalt schreibt, ist zugleich Morphinist. So sind wir auf Vermutungen angewiesen. Es muss wiederholt werden: Es fällt auf, dass sich die abnorm kleine Schrift bei Ditzen oft deckt mit dem freizügigen Inhalt, gekoppelt an Visionen und Träume; in diesem Falle sind es die *offenen Augen eines Erschlagenen, dessen Gesicht aufwärts zum Himmel liegt, und in den starren, runden, glasigen Augäpfeln wandern die weißen Wolken, wehen die Birkenwipfel, schlagen Vögel mit ihren Flügeln – alle gespiegelt, alle da, alle tot.*[4]

Die meisten Biografen des Rudolf Ditzen/Hans Fallada gehen von einer Morphiumsucht frühestens ab Ende 1918/Anfang 1919 aus. Wenn unsere Vermutung zutrifft, hat er ab Juli 1917 [2*] zumindest hin und wieder Morphium konsumiert. Das war damals nicht sonderlich ungewöhnlich, zumal es in Künstlerkreisen als schick galt, Kokain zu schnupfen, manchmal auch Morphium zu spritzen. „Man weiß von Anne Marie Seyerlen, dass sie Morphium spritzte und Rudolf Ditzen auch da zum Gefährten machte" (Liersch 1993: Fallada, S. 120) behauptet einer der Biografen.[5] Als Beleg dafür gilt ihm die Schilderung der *Tinette* im Roman *Der eiserne Gustav*, den Hans Fallada 1938 veröffentlichen wird. Doch die Romanfigur Tinette hat sehr wenig mit dem angeblichen Vorbild Anne Marie Seyerlen zu tun, dies geht schon aus dem Kontext der Briefe von Rudolf Ditzen hervor und wird bestätigt durch die Erläuterungen ihrer Tochter Christine. Anne Marie Seyerlen war eben nicht die reiche, frivole, lebenslustige und männermordende Gefährtin des jungen Ditzen, sondern eine problembeladene von Skrupeln, Krankheit und Depressionen geplagte junge Frau, die zudem in finanziell erbärmlichsten Verhältnissen lebte. Dass ausgerechnet sie Morphinistin gewesen sei, hält ihre Tochter Christine für völlig ausgeschlossen.[3*] Andere Biografen meinten, der erwachsene Sohn von Lotte Fröhlich, Wolfgang Parsenow, habe den jungen Ditzen ans Morphium gebracht, er selbst war bereits süchtig. (Vgl. Williams 2002: Leben, S. 74f) Über eine Mitarbeiterin der Kartoffelbaugesellschaft kam Ditzen an das Gift zum Träumen [4*], dennoch: Wann und durch wen dies geschah, können wir nur

---

2* Anne Marie Seyerlen im Briefentwurf an Jürgen Manthey: „Das erste [...] halbe Jahr, wo ich ihn kannte, halte ich es für ausgeschlossen, dass er Morphinist war. Wann es dann kam, weiß ich nicht."

3* Christine Steiner: "Sie hat immer darauf geachtet, gesund nach Hinhede zu leben und wir als Kinder mussten das mitmachen, so mit Morgens eiskalt waschen und speziellen Mahlzeiten, grauenvoll! Sie konnte ja nicht einmal ein Glas Wein vertragen, obwohl der natürlich den Gästen angeboten wurde, aber sie hat sich dann völlig zurückgehalten. Wenn überhaupt, hat sie vielleicht ein oder zweimal Opium gegen Schmerzen von ihrem Arzt bekommen, sie war in der Zeit ja ziemlich oft krank, sie litt damals auch an einer chronischen Ohrenentzündung, aber Morphium? Niemals!"

4* So zumindest auch Anne Marie Seyerlen zu ihrer Tochter Christine. Diese Mitarbeiterin habe ihm das Morphium-Spritzen beigebracht.

vermuten. In seinem Brief vom 5.7.1917 spricht Ditzen vom Morphium, das kein sonderlich großes Laster sei. Zu diesem Zeitpunkt nimmt er die Gefahr einer Sucht wohl noch nicht ernst. Dieser Brief, der erstmals den Verdacht des Einflusses von Morphium bei Rudolf Ditzen aufkommen läßt, ist normal und befremdlich zugleich:

Berlin, am 5. Juli 1917

Liebste Miami,

es ist wunderschön, wenn man sich etwas recht vornimmt, wunderschön, wenn man ganz fest entschlossen ist, Dir nie wieder einen Brief zu schreiben. Und sich logisch beweist, dass man nie wieder einen schreiben darf, weil man dann als Persönlichkeit zu viel, so viel verlieren würde, dass man dann eben wirklich keinen mehr schicken darf. Ach Gott, wenn man eben nur nicht so gerne Briefe schriebe wie ich. Und namentlich an Dich. Ich rede mich dann auch richtig in Dich hinein, und wenn ich dann noch immer freilich kein Bild von Dir bekomme, so sehe ich Dich – gleichsam körperlos – vor mir. Das ist eben das Zuhause, sich ganz Hineinreden, ganz Hineinziehen in Dich. Sieh, wenn ich an Hedwig [5*] *schrieb (ich weiß, es ist Dir nicht recht, dass ich den Namen überhaupt nenne, aber ich glaube, ich gehöre zu der Art von Galeerensklaven, die sich immer wieder ihr Brandmal ansehen, um sich an ihre Schande zu erinnern. Das macht (?), sie stehen innerlich über ihrem Verbrechen, das war etwas Anorganisches, das mit ihrem eigentlichen Selbst kein Teil hatte. Aber doch sehen sie immer wieder auf diese eingebrannte Lilie, um sich zu erinnern: einmal war ich doch so. Das hat doch einmal Teil von mir gehabt und ist über mich gewachsen.) – ja, wenn ich also an Hedwig schrieb – und ich schrieb ihr manchmal gute Briefe – so habe ich doch nie das Gefühl dafür verloren, dass das eigentlich weggeworfen oder schlimmer noch: in die Luft gesagt war. Doch bei Dir, da rede ich wirklich für Dich und die Worte sind nicht ziellos ins Blaue gesagt, meine Briefe sind keine Vögel, die ich irgendwie los flat-*

5* *Hedwig* (Jagusch), RDs verabschiedete Verlobte. Vgl. hierzu auch den Brief vom 21.12.1917.

tern lasse, wo sie sich hinsetzen, ob sie sich hinsetzen, wer weiß das? – das sind keine Monologe, die ich am Ende nur mit mir führe, – nein, jedes Wort, jeder Ton, ach, der leiseste Unterton – sie alle wollen nur Dich, nur Dich und Dich. All diese Bataillone von kleinen, hässlichen, verwunderten (?) Buchstaben, sie marschieren auf Dich zu. Warum schreibe ich Dir – warum schreibe ich Dir – sagen wir einmal: heute? Habe ich Dir so viel Neues zu sagen? Ach nein, das ist es nicht, nein, vielleicht bin ich ein bisschen allein, bin wieder so losgetrennt von allen und allem, und will nur teilhaben an etwas Lebendigem – darum schreibe ich Dir. Denn Ihr, Ihr Glücklichen, die Ihr einen Haufen Menschen kennt, die alle teilnehmen oder Stunden töten helfen oder schwatzen oder Feste machen, Ihr wisst's ja gar nicht, oder doch, Ihr wisst's, aber Ihr könnts nicht einmal fühlend erahnen, was das ist, kein teilhaben, alle Stunden selbst töten müssen – diese lange graue Kette bis zum Dienstag oder die drei Monate, das sind 92 Tage, das sind 2208 Stunden, von denen man höchstens 600 schläft, – die Du in Konstantinopel[6*] *bist – niemals schwatzen hören. Ja, es ist ärgerlich: Geschwätz, aber es ist langweilig oder hässlich oder eklig – man hat doch zu tun, man zieht sein Gesicht in Falten, man lacht, man widerspricht – man tut. Man vergisst sich. Aber so – beziehungslos. Ganz allein in einem Zimmer, 3 Millionen Menschen im engen Bogen darum, die alle tun und Reflexe hervorrufen oder sind, ganz allein, so tot allein, habe ich jetzt gedacht, wie die offenen Augen eines Erschlagenen, dessen Gesicht aufwärts zum Himmel liegt, und in den starren, runden, glasigen Augäpfeln wandern die weißen Wolken, wehen die Birkenwipfel, schlagen Vögel mit ihren Flügeln – alle gespiegelt, alle da, alle tot. Und dann, dann ist Dein Kleid da und man kann sich hinein wühlen und kann Deine nahe Wärme spüren. Und dann kommen vielleicht Deine Hände und streicheln im Haar. – Aber man tut das nicht – man möchte sich ja nicht ganz verlieren, nicht ganz haltlos werden. Wenn man so weinen würde, lange, lange weinen, in Deine liebste Nähe hin-*

6* Diese geplante Reise von Anne Marie Seyerlen zu ihrem Mann Egmont, der in Konstantinopel stationiert war, zerschlug sich aus unbekannten Gründen. Die Stadt wurde 1930 in Istanbul umbenannt. Wir bleiben bei Konstatinopel, da dieser Name in den Briefen immer wieder auftaucht.

ein, man weinte ja das bisschen Widerstand ganz fort, man hätte sich völlig weggeschenkt und würde nun ganz Dein Kind. Aber man darf das nicht, dann wären ja Zeiten bis zum Dienstag oder Monate in Konstantinopel nicht möglich. Ein größeres Laster als Morphium, ein schlimmer, ätzender Trieb als alle rein körperliche Erotik wird dann dies sich Hineinwühlenwollen in Deine warme Nähe und bist Du dann nicht da, so wird man ratlos und weiß nicht aus noch ein und denkt, ach, ganz still nur bei jemand hocken und – verplempert sich. Dann wenn man ein bisschen angestoßen und ein wenig morbid und ein wenig schwul ist, so wartet ja doch nur der Schmutz unten auf einen und man wundert sich, dass man noch nicht drin ist oder dass man noch nicht syphilitisch ist, irgendetwas ganz Weggeworfenes, viel schlimmer als beim Onanieren. Denn da hasst man nur seine Hände und ein paar Muskeln, die teilhaben an dieser Lust – aber dann, dann ist man so schmutzig, dass man sich aufschneiden möchte. Doch das auch nur in den ersten Tagen. Ja, und deswegen darf ich nicht weinen bei Dir, so denke ich es mir wenigstens, Miami, denn man tut und lässt solche Dinge ja nicht aus Überlegung sondern aus irgendeinem Trieb. Und dann können die Augen auch noch so brennen, man kann es nicht. Und deshalb vielleicht schreibe ich. Da kann ich den Kopf in Deinen Schoss legen und kann weinen. Und glaube nicht, dass ich Deine Hände und Deine nahe Wärme nicht fühle. Jetzt bist Du sehr nah bei mir. Aber dann, wenn wir wieder beisammen sind, geht das alles doch nicht recht, man kann es mit einem Lächeln abtun oder ganz vergessen haben. Und es ist doch da. Es ist so da, wie Du bei mir bist, ich sehe Dich nie, und doch würde ich nie den Duft Deines Haares vergessen [...] oder Deine Hand, Deinen Mund – Dein Mund war gestern abend einmal sehr schön, als Du meine Lippen mit denen von Amenophis [7] verglichst. – Oder Deine Brust. Das alles ist dann doch immer da und bindet fester und zählt mit, es ist ja so wahr, was Du sagst, dass wir nun (?) zueinander gehören und ich doch nicht loskomme von Dir und immer wieder zurück komme. Und was ich dagegen sage, das*

7* *Amenophis* hießen altägyptische Könige, es ist unklar, auf welchen von ihnen sich der Vergleich bezieht.

ist vielleicht nichts als die Angst, dass der Wahnsinn einmal doch kommt, denn er kann ja wieder kommen, und wenn es nur das ist, dass ich Dir weh tun muß wie gestern Abend zum Schluss. Warum muß ich das, warum muss ich quälen und schlecht sein und geschmacklos? Denn ich bin es im Grunde nicht. Ach, im letzten Ende bin ich doch auch nichts anderes als Jochen [8*]*, ein gefangenes Tier, das in mir selbst herumläuft und dem geholfen sein möchte und dass sich an Kniee schmiegen will. Aber es schlägt doch immer mit der Tatze und ist letzthin lächerlich tragisch, tragisch lächerlich wie ein gefangener Tiger, der endlos, endlos auf seinen weichen Sohlen auf und abläuft, auf und ab, und die Gitterstangen gehen doch nicht fort. Und vielleicht – wenn ich nun weiter denke, denn Du vergisst doch nicht, dass ich all dies in Beziehung auf Dich sage? Du bist ja in jedem Wort darin. – Vielleicht ist es das, was ich bei Dir suche – und dann hast Du ganz recht, dass Du den Jochen in mir zum Sprechen bringst. Eine Zeitlang habe ich mich gewundert über Dich. Du hattest nur von Deinem Vater erzählt, wie es ihn zum Ende so böse quälte und Du nahmest ‚ihm' manches ‚ab' Und auch mir gegenüber sprachst Du vom ‚Abnehmen'. Damals wunderte ich mich, dass Du Dir alles so einfach dachtest und gewissermaßen nach einer Schablone arbeiten wolltest, jetzt glaube ich beinahe, du hast das Richtige damals gefühlt – denn wissen konntest Du es nicht, wie man solche Dinge überhaupt nicht weiß – Du hast geahnt, dass es auch bei mir ein Abnehmen ist. – Und freilich – aber das kann Dich ja kaum verwundern nach all dem was hinter mir liegt – ich kann es nicht verstehen, dass Du ‚abnehmen' willst. Wirklich ‚willst'. Sieh, ich habe Christus nie verstanden, nie das Sterben für andere und was viel schwerer ist, das Leben für andere verstanden. Ich lebe ja nur für mich und alles was ich tue und will und mag und meine ganze Liebe für Dich – die ist ja im letzten Ende nur für mich. Und deswegen kam ich Dir da nicht nach, dass Du Dir auflädst und trägst und duldest und leidest nur für mich. Ja, die Liebe --- aber auch da kam ich nicht mit. Denn ich schenke nicht in der Liebe, ich will nur*

---

8 * Es ist nicht zu ermitteln, auf wen oder was sich der Vergleich mit *Jochen* bezieht.

geschenkt haben. Gewiss – Miami, verstandesgemäß und sozusagen aus der Theorie ‚verstehe' ich diese Dinge alle wohl. Aber das hat ja in unserm Verhältnis keine Geltung. Hier gilt es zu fühlen. Und das kann ich nicht. Es ist nicht wahr, es ist tausendmal nicht wahr, dass ich Dich klein sehe. Ich sehe Dich sehr groß, aber wohl zu groß für mich. Mein Fühlen ist zu klein. Ich denke an (P)ippo (?) Spano[9*]*. Gewiss, das alles passt eigentlich nicht für uns. Aber es ist ein Ton darin, der wahr ist – auch für uns. Zu klein im Fühlen. – Aber vielleicht ist es ganz falsch von mir, dass ich all diese Dinge seziere und darüber nachdenke. Vielleicht sollte ich all dies wachsen lassen in der Sonne und treiben im Winde. Es wird ja doch zu einem Ziele kommen. Aber Du weißt ja jetzt, dass ich all dies schreiben und sagen muss, um bei Dir zu sein und um nicht allein zu sein. Und ob es für morgen wahr ist – was macht das? Ich fühle es heute und ich fühle es für Dich. Und noch eins: die Erotik. Sieh, Miami, ich werde Dich immer begehren. Ich werde Dich immer haben wollen. Und ich weiß, aus allen Rückschlägen – ach! reden wir nicht davon (?)! – und aus allen Enttäuschungen und aus allen Verweigerungen wird immer wieder das Gefühl emporsteigen, dass ich auch körperlich mit Dir eins sein möchte. Siehst Du, in der Theorie weiß ich ja, dass das nicht sein kann. Denn so wie Du in allem ganz bist, so bist Du es auch ganz besonders darin. Und wenn Du mir ganz gehören könntest – körperlich –, dass der Kontakt da wäre und der Rhythmus, so gehörtest Du mir auch ganz seelisch, und daran glaube ich nicht. In der Theorie. Aber in Praxi werde ich Dich eben doch immer suchen und Dich lieb haben – und rein körperlich. Das ist ja bei Dir ganz besonders gar nicht zu trennen, denn Dein Seelisches ist ja so ganz organisch aus dem Körperlichen gewachsen. Zwischen beiden laufen so viel Fäden, die gar nicht zerrissen werden können, wenn Du Dich nicht ganz verlörst (?). Aber Du bist ja vernünftig und, wie Du sagst, hast Du vor allem Erotischen keine Angst mehr. Ich auch nicht. Ich werde immer bestimmt (?) auf irgendeine Stunde hoffend [...]. Ich werde Dich jedesmal begehren, wenn ich Dich sehe, und immer Furcht haben, dass sich mein Begehren in einer Wieder-*

9* Es bleibt unbekannt, auf wen oder was sich RD hier beruft.

holung des Geschehens erfüllen könnte. Aber das wiegt alles nicht schwer. Das muß sein und wenn es manchmal ein wenig quält, so ist es doch doppelt [...] (?) bei Dir zu sein. Darum brauchst Du Dich nicht zu sorgen. – Und nun bin ich müde. Ich wollte Dir noch viel schreiben. Aber das alles würde falsch, wenn ich es jetzt sagte. Vielleicht verlogen. Vielleicht ist für Dich überhaupt sehr viel Verlogenes in dem Brief. (Siehst Du, nun habe ich Dir schon wieder weh getan). Und da habe ich eine Bitte. Wenn wir am Dienstagabend im Rheingold sitzen und sind sehr nah beisammen, dann erzählst Du mir, was verlogen in mir ist und warum Du zweimal hinter mich gesehen hast. Du verstehst mich recht, [...] (?) aber ich glaube, wenn Du es mir sagst, könnte es mir helfen. Ich habe so viel überlegt und ich habe nichts gefunden, in der ganzen letzten Zeit nicht, in dem ich bei Dir verlogen gewesen wäre. Vielleicht habe ich manchmal poussiert (?) und geschauspielert, aber das ist doch auch nur ein Stück von mir. Das ist doch auch in mir gewachsen und nicht unecht. Ich habe ein wenig Angst davor, was Du zu diesem Brief sagst. Er hätte ganz anders sein müssen. Aber vielleicht war ich schon zu Anfang müde. Und doch, Miami, ich bin sehr bei Dir und habe Dich sehr lieb. Sonst hätte ich wirklich nicht geschrieben. Ich habe Dich lieb.

Dein Lille. [6 / 10*]

Anne Marie Seyerlens offensichtlich geäußerte Kritik, dass er ewig nur von sich und seiner Liebe zu ihr spreche, beantwortet er mit neuen Liebesbeteuerungen:

Ich kann ja nicht anders. Ich habe keinen Menschen, mit dem ich darüber reden kann und darf. Und ich kann doch nicht immer allein damit sitzen, mit diesem Schönsten, das ich erlebte [...] Und weil nur Du da bist, so muss ich eben zu Dir davon sprechen, immer wieder. Und manchmal muss ich auch reden zu Dir, um die Zweifel tot zu bekommen und das Trübe aus Getrenntsein. [7]

Ohnehin sei sein ganzer Alltag völlig wertlos, wenn er nicht einen Bezug auf sie hätte:

---

10 * *Dein Lille* = dän.: Dein Kleiner

Du würdest lächeln, wie sehr Du bis ins Kleinste heute schon mein Tun bestimmst. Jeden Schritt – morgens fängt es an. Was für Strümpfe? Ach, die und die, heute darf ich sie ja tragen, denn heute sehe ich Miami nicht. (Denn ‚aufgetragen' müssen sie doch werden. Ich bin nämlich Bürger.) Welche Arbeit ist im Geschäft zu tun? Erst dies und das, damit nachher Zeit ist für einen Brief an Miami. Wann wird sie anrufen? Und so geht es fort vom Morgen bis zum Abend, und schließt mit dem Gedanken: Werde ich Miami morgen sehen? (Du musst nicht glauben, dass, wenn ich ‚Miami' oft schreibe, ich den Ton für diesen Namen verliere, es klingt immer ganz nah und ganz Du: ‚Miami – Miami') Ach, ich weiß, dieser Brief heute wird matt und besser wär's - denn schreiben muss ich ihn, um Dir nahe zu sein –, ihn gar nicht abzusenden, aber lies ihn immerhin, Du weißt es ja am Besten, dass es auch ein Mattsein gibt, ein schlecht und recht bürgerliches Einspinnen ins Liebhaben, ganz Bourgeois, ein ‚gemütlich' davon Plaudern, indem alle Sensationen und Aufregungen, alle heißen Umarmungen und Küsse ganz weit weg sind, und noch am Horizont wie ferne, ferne Gewitterwolken stehen. (Es wird doch nichts aus dem Gewitter! ‚Frühestens morgen'. Und morgen ist ja noch so weit weg!) Dann träume ich in diesen Windstillen der Leidenschaft davon, ruhig bei Dir zu sitzen und zu plaudern, alles Heiße, Rasche und manchmal Laute weit weg und alles wohltemperiert und beinahe still.[8]

Beide planen eine vierzehntägige Reise nach Timmendorf an der Ostsee, eine Reise, die am 23. Juli beginnen soll. Man wird auch hier wieder getrennt fahren, zudem in Timmendorf getrennt wohnen und sich täglich lediglich ein, zwei Stunden sehen. Schon diese Aussicht beflügelt Rudolf Ditzen. Der Ehemann von Anne Marie Seyerlen, Egmont, wird erwähnt. Offensichtlich hat Anne Marie Rudolf Ditzen klar gemacht, dass sie nicht vorhabe, sich scheiden zu lassen. Und er beruhigt sie:

[…] das liegt so fest in Dir begründet, das kann bei Dir nie vergessen werden, dass Du verheiratet bist. Es war damals wirklich falsch von Dir gedacht, dass ich je auf Egmont würde eifersüchtig sein können. Das Versprechen hätte ich Dir wirklich nicht geben brauchen. Denn sieh, davor hätte ich Angst, eine wahnsinnige Angst, Dich zu heiraten. Dann wäre – ach! schon

vorher, [...] (?) alles kaputt, was Du aufgebaut hast. Ich würde meines vergessenen Körpers denken (?), es würde mir wieder einfallen, wie entzwei und verbraucht der ist, dass jede gesunde Frau Verachtung für ihn haben muß. Aber das wäre erst in zweiter Linie. Am Wichtigsten wäre, dass ich wieder die Angst bekäme, Du könntest hinter mich schauen, denn Du liebst ja einen Anderen [11*]*, nicht wahr? – und könntest plötzlich merken, wie wenig ich bin. Ach, und dann all das andere, das man besser nicht wieder ausgräbt. Nein – es ist schon sehr gut, dass man das nicht zu bedenken braucht, nicht ernstlich zu bedenken braucht, dies Heiraten müssen. So ist's schon besser. Aber dann ist's eben eine Unmöglichkeit, eifersüchtig zu sein, eifersüchtig auf etwas, das man nicht will? Unmöglich!* [9]

In dieser Hinsicht macht sich Ditzen etwas vor, wir werden es noch sehen, aber formal gibt er in seinen Briefen dem abwesenden Egmont stets den Vorrang. Ditzen schickt Anne Marie, seiner wirklich großen Liebe, zumindest in Gedanken jene Worte, die eigentlich *nur Egmont sagen darf (denn er allein hat das ganze Recht)* [10]. Noch am selben Tag schreibt er einen weiteren, unkomplizierten Liebesbrief, in dem Anne Marie Seyerlen zur Königin erhoben wird, *in einem anderen, in einem unpersönlicherem Sinn als Egmont es sagt. Denn Du bist für ihn ‚seine Königin'. Aber in Wahrheit bist Du es über mich und ihn hinaus, bist Königin schlechthin.* [11] Auf diesen Brief reagiert Anne Marie Seyerlen offensichtlich ebenso gereizt wie irritiert [12*] und Rudolf Ditzen gerät in Panik:

Liebe, liebste Miami,

nur ein paar Worte, ich will Dich auch nicht quälen. Du bist ja selber so gehetzt und nervös und nun muß ich Dir ja auch noch kommen. Aber der gestrige Abend, die Nacht waren zu

---

11* Hier bezieht sich RD wieder auf seine Behauptung, dass Anne Marie Seyerlen ein positives Konstrukt ihrer Fantasie liebt, nicht aber den unzulänglichen, kranken und schwachen RD der Realität.

12* Christine Steiner: „Meine Mutter hat mir erzählt, dass sie das mit der *Königin* immer ganz wahnsinnig gemacht hat. Sie wollte sich weder von Egmont noch von Ditzen verklären lassen, sondern so genommen werden, wie sie in Wirklichkeit war."

schlimm. Immer wieder dachte ich, wusste ich es nach dem Telefongespräch: ‚Sie ist Deiner überdrüssig. Nun ist alles vorbei. Sie ist Deiner müde geworden'. Mi, wenn es so ist, so sei ehrlich und sage es mir, das ist besser als alles Hinauszögern. Ich bitte Dich darum. Wenn Du es machen kannst, komm noch heute abend.

Ich muß Dich sehen.
Dein Du.

Und ich habe Dich doch so lieb. Ich will ja gerne leiden, aber ich muß Dich weiter lieb haben dürfen. [12]

Aber die Unstimmigkeit hält nicht lange an, denn zehn Tage später schreibt Ditzen einen unkomplizierten langen Liebesbrief zur Abreise von Anne Marie Seyerlen, offensichtlich nach Timmendorf, wie aus dem Kontext hervorgeht. Ditzen schreibt aus seiner Wohnung in Berlin-Schöneberg, er wird also nach ihr nach Timmendorf fahren. Wieder ist dies ein Brief, der stutzig macht: Er ist sehr offen, ein wenig diffus, teilweise sehr sexuell. Drei Viertel der ersten Seite sind in der für Anne Marie Seyerlen unleserlichen Deutschen Schrift verfasst, dann wird sie lateinisch und von Seite zu Seite immer kleiner. Auch hier also ist zumindest denkbar, dass Ditzen eventuell unter Morphium-Einfluss stand. Die Reise – ursprünglich für den 23.7.1917 geplant – scheint sich verzögert zu haben und sehr viel kürzer zu dauern, als vorgesehen.

Liebste, liebe Miami,

jetzt bist Du nun schon auf dem Bahnhof, in fünf Minuten zieht Dein Zug los und Du fährst ins Land. Ich fühle es wohl: jetzt denkst Du an mich. Aber vielleicht noch mehr, wenn der Zug fährt, wenn die letzten Ausläufer Berlins versinken und es ist nur noch Grün und Morgenfrische, Blau und sehr viel Sonne da. Auch ich bin dann bei Dir. Ich sehe Dich zurückgelehnt zum Fenster hinausschauen ohne innere Beziehungen zu der vorbei gleitenden Landschaft oder über die Seiten von Manon [13*] *hinwegträumen über dieses Buch eines*

13* *Manon* Lescaut und Chevalier Grieux ist ein Roman von Abbé Prévost d'Exiles, erstmals erschienen 1731. Auf die Romangestalten bezieht sich Ditzen häufig in seinen Briefen.

Einsamen, der die trübe Stille seiner Einsamkeit noch durch das viel losgelöstere Lächeln eines Bildes steigerte. Ja, ich bin bei Dir und wenn ich nun meinen Blick auf Deinem abwesend unbeobachteten Gesicht (verzeihe, dass ich wieder gedankenlos Deutsch schrieb!) ruhen lasse, geschieht es vielleicht wieder wie gestern abend in der Untergrundbahn, als ich plötzlich Dein Gesicht entdeckte. Vielleicht habe ich es gekannt, als ich Dich zum ersten Male bei Lotte [14*] *sah, aber das glaube ich nicht einmal, ich weiß es beinahe bestimmt, dass ich auch da schon Dein inneres Gesicht sah. Jedoch gestern abend, als ich ganz zufällig auf Dich sah, begriff ich plötzlich, dass Du für die anderen ganz anders aussiehst als für mich. Das Gesicht, das ich da plötzlich an Dir sah, hat mit dem Gesicht, das Miami hat, gar nichts zu tun. Vielleicht – wenn man genau hinsah, bemerkte man etwas fremdes in den Augen. Etwas von dem inneren Gesicht. Aber nun verstand ich Willi* [15*] *und all die anderen, für die Du keine Offenbarung bist. Irgendeine Frau mit dunklen und vielleicht schönen Augen. Aber nichts Absonderliches. Ich war ja gestern abend zu müde und so kam es, dass ich gar nicht merkte, als sich plötzlich wieder die Gesichter vertauschten und Du nun wieder mein Gesicht trugest. Ich rede so lange davon, weil es mich ganz tief erschütterte. Ich habe das nie gewusst, nie geahnt, dass man sehen kann, einfach organisch sehen, anders als die Mitmenschen. Unsere Augen sind doch nichts als ein Spiegel, der getreulich das ganz konsequent spiegelt, was da ist. Und zwar bei allen gleich. Ich meine damit: das Tatsächliche sehen wir doch alle vollkommen gleich. Und nun ist das nicht so. Ich sehe, sehe rein organisch, in mir spiegelt sich ganz bildmäßig etwas ganz anders! (Du verstehst mich recht: das Sehen ist überall das Gleiche, das Ausdeuten, das Auffassen des Gesehenen ist natürlich überall verschieden. So dachte ich: die Grundlagen sind überall gleich. Und nun sind sie es nicht). Du begreifst: ich fühlte plötzlich, dass zwischen uns das Organisch Wahre, das verstandesgemäß Richtige gar nicht gilt. Dass hier über die Grenzen der*

14* Gemeint ist *Lotte* Fröhlich.
15* Der Freund *Willi* Burlage lernte Anne Marie Seyerlen im Zuge der Leipzig-Reise kennen.

Natur hinaus der Weg ins Seelische, ins Verworrenste und ins Allerheiligste geht. Und nun, da ich dies andere Gesicht sah, kommen all Deine alten lieben (?) wieder. Ich weiß es ja schon lange, dass ich nie etwas so Schönes wie Dich in Leipzig sah. Du hast ja über mich gelacht und von Einbildung geredet, neulich einmal, aber Du weißt ja ebenso gut wie ich, dass das nichts ändern kann. Du bist da so wie ich Dich sehe und wirst immer da sein. Und so sehe ich Dich auch jetzt. Das Gesicht zurückgelehnt, schaust Du in das Blühen der Landschaft. Und doch bist Du bei mir. Ich weiß nicht wie Du aussiehst und doch sehe ich Dich von ferne verschwimmend. Immer wieder, wenn Dein Bild klarer aus den Nebeln hervortritt, entgleitet es mir, ehe ich es noch ganz sah. Und so fühle ich es wieder, dass mein Kopf, mein Gehirn nichts von Dir weiß. Doch meine Lippen kennen Dich und meine Hand weiß noch von Deinem Nacken, jede Deiner Bewegungen atmet noch in mir. Ich bin ganz voll von Dir. Ich kann nichts mehr tun als Dich denken, Dich lieben, Du sein – Aus der Ferne – oh, gar so fern! – leuchten die Leipziger Tage. Ich weiß ja nun, dass sie nicht wiederkommen werden. Aber noch heute, immer werde ich glücklich sein, weil ich sie erleben durfte. Über mich hinausgehoben versank ich in Dir. Ich weiß nicht mehr, wer ich war. Damals, in diesen Tagen. Als Deine Augen ganz nah bei mir waren und Dein Mund – ach! ich darf nicht zu viel daran denken. Meine Sehnsucht, in Dir zu sein, ist schon so (?) zu groß. Manchmal vergesse ich sie. Sie versinkt. (?) Aber doch ist sie immer da, immer lebendig, immer ein Teil von mir. Ach, wenn Du heute da wärest, ich möchte gar nicht reden. Ich möchte meinen Kopf in Deinen Schoss legen und ganz still sein. Und ich würde fühlen, dass das kranke Nichts, das ‚ich' heißt (?), verströmt und versinkt. Weißt Du, so ganz habe ich dies Gefühl Dir gegenüber wie ich es ganz selten hatte, wenn ich stundenlang in der Sonne lag, ganz nahe brauste endlos das Meer. Und dann war nur weißer Sand da. Aber meine Augen waren zu und ich war nichts mehr, mein erwärmter Körper lag irgendwo im Sand und hatte mir nichts zu sagen, meine Hände lagen ganz weit weg und da war nur Sonne, Sonne auf den Lippen, auf den Wangen, Sonne auf der Stirn, nichts als Sonne. Und in die Sonne, in das ewig gleiche Rauschen des Wassers hinein verströmte ich, nichts mehr war ich und alles war Welt, ein großer, unzertrennlich geschlossener Ring. So liege ich in Deinem Schoss, *so ertrinke ich in Deinen Augen, so bin ich in Dir. Eingefügt in den Ring Deines Lebens, unzertrennlich, nicht daraus wegzunehmen, Dein. Ich liebe Deine Hände und Deinen Mund und Deine Augen. Ich liebe die kleinste [...] (?), die süßeste Gebärde an Dir. Da ist kein Baum, der schön ist, der nicht Du ist. Das wolkenlos besonnte Himmelsblau spricht nur von Dir. – Ach! ich bin heute zu krank und zu schwach, zu elend, zu sehr Körper, verkommener Körper, um Dir sagen zu können, wie ich Dich liebe. Wie stark, wie weit über alle Grenzen eines Ich hinaus. Und doch, ich möchte es Dir heute sagen, ich muss es Dir sagen, denn ich habe Angst, dass es einmal zu spät sein könnte. Vielleicht bist Du eines Tages nicht mehr da und nie hast Du's dann ganz erfühlt, wie sehr ich Dir gehörte. Ich liebe Dich so sehr, so weit über alle Erotik hinaus. Ach, Deine Küsse, Deine Umarmungen, Deine Nähe, Dein Arm, – sie alle sind nicht mehr als kleine Zeichen, leise Andeutungen dessen, was Du bist. Das sind die kleinen Wellen, die den Sand des Strandes hinauflaufen. Doch dahinter liegst Du. Deine unendlichen Flächen liebe ich. – Ach, ich bin mutlos, ich bin so krank, dass ich nicht ganz Du sein kann. Gar nicht erotisch. Sondern ich möchte mich wegwerfen können, alles Ererbte, alles Gewordene, alles Erdachte, ich möchte die Wege gehen, die Du einst gingst, bis auf die kleine einsame Insel Christiansoe*[16*]*, die wie ein verlorener Stein im Meer liegt, und mit jedem Schritt verlöre ich mehr von mir und würde mehr Du. Dein ganzes Leben müßte ich nachleben. Jede Freude, die Du bekamst, jede Träne, die Du weintest, jede Einsamkeit, in die Du gingst. Die Bücher, die Du lasest, müßte ich wiederlesen, und da träumen, wo Du träumtest.(?) Dann würde ich vielleicht ein wenig Du werden. Aber so ist alles hoffnungslos, so weißt Du nicht einmal, wie ich Dich lieb habe und wie sehr gerne ich wirklich Dein Du sein möchte. Ach, ich bin es nicht, ich möchte es ja nur sein – Dein Du.*[13]

Die Zettel und Kurzbriefe aus Timmendorf selbst sind zumeist undatiert, konnten aber aufgrund ihres Inhaltes nachdatiert werden. Der erste Brief wirkt auch eher wie eine handschriftliche Notiz an die Ferienadresse von Anne Marie Seyerlen. Ditzen ist

---

16* *Christiansoe* heißt die kleine Insel in der Nähe von Bornholm, wo der Großvater von Anne Marie Seyerlen ihr ein Ferienhaus gemietet hatte, damit sie dort in Ruhe den gesamten Shakespeare lesen könne.

offensichtlich später in Timmendorf eingetroffen und schreibt mit Bleistift rasch eine Nachricht, die er vermutlich hinterlegt, da sie schon schläft.

Meine Miami, ich will morgen einen Frühspaziergang machen und bin deswegen schon zeitig in die Baba gegangen. Es ist auch darum schon besser, dass wir uns heute Abend nicht mehr sehen und sprechen, weil Du endlich einmal lange und gut schlafen musst. Tätest Du das, würde ich mich sehr, sehr freuen. Um 1/2 9 Uhr bin ich wieder da und hole Dich zum Kaffeetrinken ab. – Heute Abend machte ich einen sehr schönen Spaziergang an der See. Es war sehr still und ganz ohne Menschen. Du armes Gehetztes Du ! Es liebt Dich sehr, sehr

Dein Du.[14]

Die nächste Nachricht ist ebenso rasch hingeworfen und nur zwei Zeilen lang: Morgens um 9,20 Uhr geht Ditzen rasch in den Frühstücksraum (?) und ist in fünf Minuten wieder da.[15]

Es ist erstaunlich, dass Anne Marie Seyerlen auch die kleinste Zwei-Zeilen-Notiz aufgehoben hat. Entweder sie hat die Größe des späteren Schriftstellers Hans Fallada frühzeitig erkannt und das Gefühl gehabt, Zeugnis ablegen zu wollen über einen bedeutenden Menschen oder aber – und das ist wahrscheinlicher – sie war ebenso stolz wie gerührt von der Liebe und Verehrung dieses jungen, unglücklichen Mannes. Und natürlich musste diese Form von Verehrung ihr gut getan haben in einer Zeit, in der sie alleine war, in starker Abhängigkeit von ihren reichen Freunden lebte und auch nicht genau wusste, wie sich nach der Rückkehr ihres Ehemannes Egmont beider Ehe weiter gestalten würde.

Am 4.8.1917 ist Rudolf Ditzen bereits wieder in Stettin für seine Kartoffelbaugesellschaft tätig und telegrafiert gegen 10 Uhr morgens nach Timmendorf: *Herzneurose, also nichts als Nervenschmerzen, gehe Montag in Dienst, viele, viele Grüße Du* [16]

Am 5.8. bestätigt er seinerseits ein Telegramm von Anne Marie Seyerlen, das ihre Rückkehr nach Berlin ankündigt. Damit ist beider Urlaub beendet, der doch so großzügig auf 14 Tage geplant war. Sein Ablauf wird aus Briefen vom August 1917

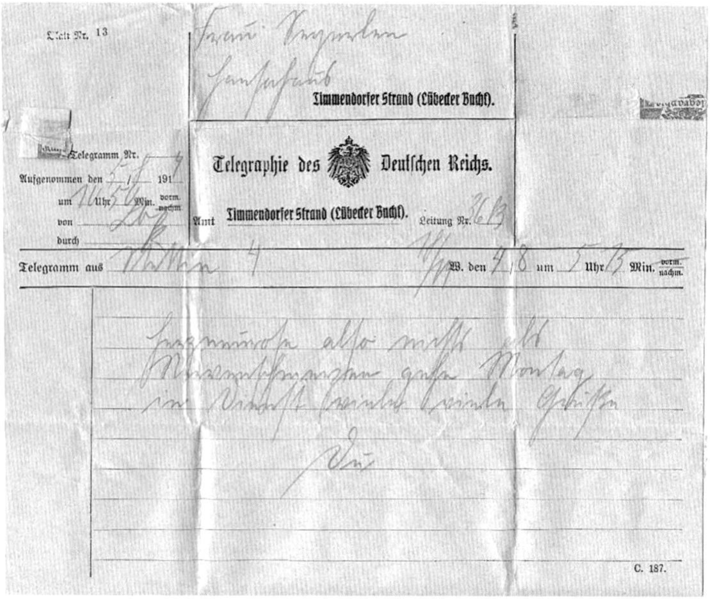

Timmendorfer Strand (Lübecker Bucht).

Telegramm Nr.

Aufgenommen den 191

um Uhr Min. vorm. nachm.

von

durch

Telegraphie des Deutschen Reichs.

Amt Timmendorfer Strand (Lübecker Bucht). Leitung Nr.

Telegramm aus W. den um Uhr Min. vorm. nachm.

C. 187.

Beruhigendes Telegramm von Rudolf Ditzen an Anne Marie Seyerlen. Ditzen war vor Anne Marie Seyerlen vom gemeinsamen Urlaubsort Timmendorfer Strand nach Berlin zurück gekehrt. Für die Kartoffelbaugesellschaft war er zum Zeitpunkt des Telegramms nach Stettin gefahren.

deutlich. In Timmendorf ist es erneut zu intimen Beziehungen gekommen, die sich unterschiedlich auswirken. Rudolf Ditzen gerät augenblicklich wieder in eine Phase des größten Glücks, Anne Marie Seyerlen hingegen bekommt offensichtlich vor den Konsequenzen dieser Intimitäten Angst [17*], hinzu kommt noch, dass die Nachrichten von ihrem Ehemann Egmont aus Konstantinopel offensichtlich negativ sind. Was genau diese Nachrichten beinhalteten, wissen wir nicht, es kann sein, dass sie sich auf die Ehe bezogen. Rudolf Ditzen, der noch immer in Stettin ist, versucht ihr beizustehen:

Stettin, am 5.8.17.

Meine Miami,

Dein Telegramm erreichte mich grade rechtzeitig, um mich von einem Ausflug nach Finkenwalde zu meiner Tante abzuhalten. Statt dessen werde ich nun in zwei Stunden Berlinwärts fahren und auf nur jede mögliche Weise versuchen, Dich heute abend noch zu erwischen. Andernfalls stehe ich morgen den ganzen Vormittag bis 3 Uhr Nachmittags zu Deiner Verfügung. Ich werde Dich dann Montag früh um 10 Uhr anläuten. – Es ist gut, dass Du nach Berlin kommst. Ich weiß erst jetzt, ich hatte es ja wieder vergessen, wie schwer Du zu leiden hast. Und so schön die Timmendorfer Tage waren, so fühlte ich es schwer, als ich Egmonts Brief las, wie oberflächlich ich Dich nur (?) lieb gehabt habe, ich habe Dein Lachen und Deine Liebe zu mir, Dein Nahesein geliebt, aber all das andere hatte ich vergessen. Darum bitte ich Dich um Verzeihung. Ich will ja vor allem Dein Freund sein und wenn ich Dir auch in nichts helfen kann, so will ich doch mit Dir leiden dürfen.

Ich bin Dein Du

Schon einen Tag später liegt der nächste, lange Brief für Anne Marie Seyerlen in ihrem Zimmer bei den B.s im Kurfürsten-

---

17* Christine Steiner: „Ich habe meine Mutter gefragt, ob es zwischen ihr und Ditzen zu Intimitäten gekommen ist und sie hat gesagt: „Nur ganz, ganz kurz, in der ersten Zeit unserer Beziehung, damals in Leipzig und dann noch einmal in Timmendorf. Aber die verdammte Erotik hat alles – nicht nur mit ihm – zerstört."

damm, in winzigster Schrift, sexuell sehr offenherzig, ein wenig wirr. Ditzen erinnert darin an viele Einzelheiten des Timmendorf-Urlaubs. Er weiß, dass nur er dort glücklich war und keine Rücksicht auf ihre Sorgen nahm. Die Größe ihrer beider Liebe bestehe im Leiden, nicht im gemeinsamen Glück. Sie möge sich jetzt um Egmont kümmern, er, Ditzen, wolle nichts anderes sein als ihr Hund und seinen Kopf in ihren Schoß legen dürfen. [18]

Noch einen Tag später, am 7.8.1917, der nächste Brief, wieder seitenlang, wieder in Winzschrift. Einerseits ist es ein rührender Liebesbrief mit Timmendorfer Reminiszenzen, andererseits der Bericht über Träume [19]. Dann eine kurze Pause bis zum 13.8. Jetzt stimmt er Anne Marie Seyerlen zu, dass die Erotik auch ihn stets von der reinen Liebe und einem stillen, richtigen Weg ablenke.

Berlin-Schöneberg am 13.8.17.

Du Liebe, Liebe, Liebe Du,

warum ist es denn so, dass ich Dich immer am stärksten und feierlichsten liebe, wenn ich Dir fern bin? Gestern nacht, als die Tür zu Deiner Wohnung endgültig zugeklappt war, nichts mehr da war als die leere Treppe, da war es wieder so stark wie je in mir, dass ich Dein bin, dass über alle Not, über alle Sorgen hinaus dies eine bleibt, immer stärker, immer festlicher: Dein – Dein – Dein. Und dann fühle ich es so bitter, dass ich Dich ganz anders liebe, als ich Dir je werde sagen und zeigen können, ganz anders. Und ich meine, dass Du recht hast, dass sehr und sehr die Erotik daran schuld ist, dass ich immer wieder von jenem rechten und stillen Wege abgelenkt werde, über dem nur die eine feierliche Sonne scheint: Dich anbeten. Oh, ich weiß es jetzt wieder – wenn wir immer zusammen leben würden, den ganzen Tag, so würde die Erotik ihren Platz bekommen, der ihr gebührt, ein schöner Schmuck unserer Liebe, aber eben nur ein Schmuck. Und es würden viele Stunden sein, in denen wir viel näher aneinandergeschmiegt die Gemeinsamkeit unsrer (?) Herzschläge, unserer Seelen spüren, viele Stunden, geweiht durch das Einssein unseres körperlichen Sich-Liebhabens, die darüber hinauswachsend uns das seelische Einssein bringen. […]

Egmont wird in seiner Vorrangstellung zwar erwähnt, aber in den niedergelegten Gedanken rasch wieder verlassen, um die eigene Rolle selbstquälerisch herabzusetzen:

> *Du darfst nicht glauben, dass in diesen Träumen Egmont fehlte. Denn ich vergesse nie, dass er viel mehr und viel weiter Dein und namentlich Du sein b[ist] als ich. [...]*
>
> *Wenn ich Dich wie gestern Nachmittag sehe, gebeugt über den alten Koffer und überhaucht (?) von dem aus ihm hervor wehenden Aroma eines bunteren und ganz anderen Lebens, so weiß ich, es kann wohl kommen, dass auch ich nichts für Dich sein werde, als ein verschlossenes Paket Briefe in einem alten Koffer. (Denn Deine jetzt noch flüchtigen (?) Pläne zielen doch dahin.)*

Doch dann trumpft er auf und spielt auf beider intime Einheit, die gemeinsame Nacht an:

> *Und dann denke ich zuweilen des fünfundzwanzigsten* [18*] *Juli in Timmendorf. Und ich meine (?) dann, dass es vielleicht nicht so schlimm gewesen wäre, ein Kind von mir in Dir zu wissen. Denn bist Du es nicht gewesen, durch die ich das Leben ohne Furcht lieben lernte? Vielleicht könnte, von Deinem wärmeren Blut genährt, ein Kind unter Deiner Hand aufwachsen, das viel von mir trägt, aber alles stärker, reiner, auf Dich hin bezogen, auf Dich hin erschlossen. Und nach manchen Sorgen würdest Du vielleicht doch dies Bild von mir und Dir, dieses höhere Einssein, das ich stets ersehne und nie erreiche, lieb gewinnen und dann doch gerne empfangen haben.*[20]

Diesem fast listenreichen Brief von Sich-Herabsetzen und Auftrumpfen zugleich folgt ein Schreibverbot von Anne Marie Seyerlen. Ditzen reagiert nicht entsetzt, nicht empört, nicht aggressiv, sondern zerknirscht und voller Selbstmitleid. Er bindet Egmont mit ein in die Riege der unverstanden Leidenden:

18* Hier irrt sich RD im Datum. Wie aus den Briefen hervorgeht, ist Anne Marie Seyerlen erst am 27.7. in den Zug nach Timmendorf gestiegen und am 5.8.1917 von dort zurückgekehrt.

Am 14. August.17.

Du Miami,

nun darf ich Dir also nicht einmal mehr schreiben. – Ach, Du weißt nicht, wie sehr ich das brauche, dies einmal am frühen Tage sich ganz in Dich versenken, einmal fern von mir zu sein und ein ganz klein wenig Du. [...] So sehe ich Dich denn, fern und mit blassem, schmalen Mund leiden. Du wartest auf Briefe von Egmont, und kaum hat man aufgeatmet, so kommt ein neues Leid und wieder sind Sorgen, Nervosität, Aufregungen da. Und ich stehe dabei, mit einer mitleidigen Maske, ich sehe Dich leiden und kann Dir nicht helfen. [...] Und – nicht einmal Egmont kann ich zürnen, dass er Dir so viel auferlegt. Jener Ausbruch in Timmendorf, als ich gegen ihn redete, er war erlogen. [...] Egmont – mag er Dir früher anders gewesen sein, mehr Mann, mehr Kamerad, heute ist er wie ich der hülfeflehende – mein Bruder. Ich verstehe ihn so. Ich sehe ihn einsam, gequält und demütig, ohnmächtig anrasend gegen den toten Zwang der Entfernung mit Worten, ich sehe ihn, wie all sein Fleiß, seine Kraft, all sein Herz und seine Seele nur darauf hinzielt, Dich ihm nahe zu bringen. Oh, seine billigen kleinen Worte für Dich am Anfang und Schluß seiner Briefe! Du liest sie nicht wie er sie schreibt, (?) nicht, wie sehr er [s]ich ganz vor Dir ausschüttet, ganz zu Deinen Füßen sich hinwirft, wenn er ‚Min Dronning'[19*] *schreibt? Kleine Formeln, kleine, arme, tote Worte, sind sie nicht seine einzigen Erinnerungen an die Tage, in denen er bei Dir war, in Dir, nun neunzehn Monate her – verstehe ich das nicht? – Worte, nichts als Töne, die in glücklicheren Tagen gesungen wurden und deren nisser*[20*] *und wehmütiger Klang heute immer noch eine Brücke schlägt. Und diese Brücke – ist sie nicht das Einzige, was ihn noch mit der Welt verbindet? [...] Ich sehe ihn leiden und Dich – und immer stehe ich im Winkel dabei, kraftlos, möchte helfen und bin schwach. Aber so, so über dies Papier gebeugt, fühle ich doch, dass ich Dein Kind bin, Dein, weil ich mit Dir leiden darf.*

19* *Min Dronning* = dän.: Meine Königin

20* *nisser* = dän.: Zwerg, gemeint ist vielleicht ein winziger, zwergenhafter Klang, aber häufig verwendet RD die dänischen Vokabeln – wie auch hier – fehlerhaft.

Auf Seite 4 wurde der Brief mit neuem Datum versehen und besteht nur aus drei Sätzen. Im dritten Satz wiederholt Ditzen abermals, dass Anne Marie Seyerlen keine Ahnung hat, wie er wirklich ist. Er unterzeichnet lediglich mit *D*, das für Du, Dein oder auch D[itzen] stehen kann, letzteres eine Unterschriftsform, die er immer bei als endgültig vermuteten Abschiedsgrüßen wählt.

Am 15. August 17.

Glaubst Du, Miami,

dies alles ist so leicht für mich zu ertragen? Ich weiß wohl, grade bei mir, grade so, wie ich dies schreibe, klingt alles wie Rechenschaft (?). Aber ich bin nicht Dein Kind, das Du dir konstruiertest, ich habe Dich lieb, so sehr [...] (?) D

Trotz substantieller Aussagen wirkt der lange Brief wirr, die Buchstaben sind recht klein geschrieben, ein Abschluss fehlt. Merkwürdig, dass sich Ditzen – kaum dass Anne Marie Seyerlen ihm das Briefeschreiben an sie untersagt hat, für seinen Konkurrenten Egmont einsetzt, aber vielleicht wollte er damit seine offensichtlichen, persönlichen Angriffe auf ihn während des Timmendorf-Urlaubs abschwächen und hierdurch Anne Marie Seyerlen bewegen, das ausgesprochene Schreibverbot zurückzunehmen? Es spricht einiges dafür, denn die meisten Briefpassagen Ditzens über Egmont lassen durchblicken, dass Anne Marie sich gegen jede Stellungnahme zu ihrer Verbindung mit Egmont Seyerlen verwahrt hat.

4. Ein Leben zu dritt in Mesopotamien

Das Schreibverbot bleibt nicht lange gültig: Bereits einen Tag nach jenem Brief, in dem er das Verbot beklagt, schreibt Ditzen schon wieder an Anne Marie, dann am 17.8.1917 gleich zweimal und am 18.8. ebenfalls zwei Briefe. Begünstigt wird der Gesinnungswandel bei Anne Marie Seyerlen offensichtlich dadurch, dass Ditzen an der Ruhr erkrankt ist und einem kranken Menschen verbietet man nichts.[1*] Anne Marie Seyerlen hat den Kranken inzwischen in seiner Wohnung in der Akazienstraße besucht, den ersten Krankenbericht unterschreibt Ditzen wieder mit *Dein Junge*[1] und bittet sie, zunächst wegen der Ansteckungsgefahr von weiteren Besuchen abzusehen, doch schon einen Tag später nimmt er das wieder zurück und bittet dringend um ihren Besuch. Offensichtlich hat das Zerwürfnis über Egmont bei Ditzen zumindest den Gedanken an eine Trennung hervorgerufen. Er will sich von seiner Kartoffelbaugesellschaft an die Geschäftsstelle in Stettin, vielleicht sogar zurück zur Landwirtschaftskammer versetzen lassen, wenn ihm auch davor graut: *Ich sehe meine langen Abende in Stettin, nichts als Sehnen nach Dir und so todtraurig.*[2] Am Nachmittag desselben Tages hat er ein Telegramm von Anne Marie bekommen, dass sie ihn tatsächlich nicht besuchen wird: *Freilich – traurig war ich doch und dachte, wenigstens hereinkommen hätte sie doch können.* [3] Dann wieder der Gedanke an eine Versetzung nach Stettin, vieles spricht dafür: *Alles lockt mich. Ich fühle, wie meine Arbeitskraft hier verkommt. Dort weiß man, wer ich bin.* [2*] *Mein Leben wird voll sein von Bewegung [...] Meine Nächte noch werden von den Tagesgeschäften angefüllt sein.*[4] Aber Ditzen fürchtet eine solche Versetzung auch, man könnte sich fremd werden durch die langen

---

1* Christine Steiner: „Meine Mutter hatte einen großen Fehler: Sie war einfach zu mitleidig und zu hilfsbereit. Nie konnte sie es ertragen, dass es anderen schlecht ging, allen hat sie geholfen, wirklich allen, auch wenn es ihr selbst noch so dreckig ging."

2* RD hatte vom März bis November 1916 bei der Landwirtschaftskammer in Stettin gearbeitet und ging anschließend zur neu gegründeten Kartoffelbaugesellschaft in Berlin.

Pausen. Der wirkliche Grund aber dürfte sein, dass er sich Sorgen macht, was geschehen könnte, wenn Egmont auf Urlaub käme. Am 18.8. vormittags ist er schon wieder positiv gestimmt. Er ist zum ersten Mal aufgestanden und hat Anne Maries Empfindungen für Egmont noch einmal überdacht. Aber der Wind treibe ihn, Ditzen, trotzdem immer wieder zu Anne Marie. Der nächste Brief vom gleichen Tag ist ein Schreiben voller Seligkeit bis hin zu unbeabsichtigt komischen Formulierungen, wenn z. B. *das Leben nichts als so ein ferner Autohupenruf durch Baumstämme hindurch* ist. Er ist einfach nur glücklich über Anne Marie Seyerlens verständnisvolle Reaktion auf all die von ihm angeschnittenen Probleme:

Berlin-Schöneberg. Am 18. Aug. 17
5 Uhr nachm.

Du liebe, liebe Mi Du,

nun ist Dein Brief da. Warum bist Du mit Deinen Briefen grad bei mir so ängstlich? Allen anderen Leuten schreibst Du und hast keine Angst um die Worte und nun grad bei mir? Meinst Du, ich verstehe Dich so schlecht? Und schreiben wir uns denn Worte? Lesen wir denn Sätze? Ach, Du liebe, liebe Miami, ich weiß ja, was Du sagst, und ich habe Dich so lieb für Deinen Brief, so sehr, sehr lieb! Weiß ich nicht, was darin ist? Und bin ich denn so ein dummer Peter, dass ich's nicht spür? Nein, Du, Du, Du Liebe, ich mag Deinen Brief so sehr, sehr gern leiden und will auch alles tun, was Du willst. Das war ein Gruß, wie er lieber nicht sein konnte und meine ganze liebe Miami ist darin eingefangen. Ich küsse Dich viele, viele Male darum. – Ich weiß auch drum, dass es ganz zwecklos ist, um die Stettiner Sache viel zu schreiben, darüber müssen wir uns sprechen können, wieder einmal abends im Tiergarten auf einer Bank. Und – ach, was hab ich für Blödsinn geschrieben, manchmal in diesen Tagen, wie kannst Du je Episode sein, wenn ich an die Abende denke, da wir am Kanal sassen und drüben waren die feierlichen Gänge der Bäume mit den kugelrunden Gaslaternenkreisen und es war so geheimnisvoll und still dahinter. Und ich hab immer gemeint und mein es noch, einmal komm ich doch mit Dir in dies Land der feierlichen Baumgänge mit dem hohen, dunklen

Himmel darüber. Und wenn wir dann Hand in Hand die von Hecken gegürteten Wege gehen, dann ist alles andere Leben nichts als so ein ferner Autohupenruf durch die Baumstämme hindurch und schon vorbei und nie wahrhaft gewesen. Ach, was ist denn alle Intelligenz ohne Güte, ohne Liebe. Ist dies nicht das Schönste, klug sein und sich beschränken, nur eines wollen: dies andere Du und dazu die tröstlichen Bewegungen der Bäume und die Blumen und die Sterne. – Und dies Episode? Oh Du liebe, liebste, allerliebste Miami, wie kann ich Dich verlieren, so lange es noch Bäume gibt, die immer sagen: Du und Abende so dunkel, die immer von Erinnern sprechen und aus dem Dunkel bricht wie eine weiße Kallablüte Dein geöffneter Arm. Und es sind Beete da von langgestielten Tulpen und Rosenhecken und gelbe Häuser mit grünen Markisen ganz in Sonne und weite Blicke über Land und das baumbebänderte Schillern eines geschlängelten Flusses und Heben und Neigen der Felder und Korn und alles ist Du. Und ich sehe Dich wieder nach Saalfeld (?) fahren und Du grüßt für mich die bebuschten Hügelkuppen, die sich in den Himmel wohlig hineinrunden und sie singen Du. Habe ich nicht das beste Teil erwählt, da ich mich ganz wegschenkte, allen Ehrgeiz, alles Plänemachen, alles Anderswollen fortgab und mich ganz in Dir beschränkte? Nun ist die Welt tausendfach reich geworden und es gibt meinen Mund, Deinen und Dein Lachen und Dein Haar und Deine Stimme. Ich liebe Dich, oh ich liebe Dich so sehr über alles dies hinaus. Heute sehe ich nur Bilder, ich sehe Bahntrassen, die sich in begraste Hügelwände hineinschneiden und drüben sind größere, weitere und seligere Länder, die ich alle mit Dir schaue und wieder kommt Firenze mit seiner Zypressenallee, die glücklich beschwingt in den Himmel läuft. In den Bäumen hängen lauter kleine weiße, selige Lampions aus den Küssen der Liebenden und an den Eingängen türmen sich die spielenden weißen Leiber der Götter. Ich liebe Dich, ich liebe Dich, morgen ist Sonntag, sei froh darum, auch wenn wir uns nicht sehen, ich bin Dein und nichts als Dein und nichts als Dein[6]

Am Nachmittag des darauffolgenden Tages folgt für Ditzen die kalte Dusche. Wie so häufig, wenn er überschwänglich und euphorisch von seiner Liebe zu Anne Marie schreibt, weicht sie zurück, weist ihn ab. Zugleich – das geht aus dem folgenden

Brief hervor – nimmt sie ihm übel, dass er sich zumindest räumlich von ihr trennen will, um nach Stettin zu gehen. Seine Reaktion auf dieses ständige Hin- oder Her ist traurig und bitter:

Liebe Miami,

Du hast recht, ich kann das Schreiben nicht lassen. Ich muß Dir heute noch einige wenige Worte sagen, die mir doch sehr am Herzen liegen. Wir haben uns in Vielem falsch verstanden und ich sehe wohl Deinen ehrlichen Willen, durch die Aussprache heute früh, das alles wieder ins rechte Licht zu rükken. Ich glaube nicht, dass es gelungen ist. Ich für meine Person habe das traurige Gefühl, als ob vieles entzwei ging. Ich werde Dich von jetzt mit anderen Augen sehen, sehen müssen, aus einem Inneren Muß heraus. Ich werde suchen, wann Du Dich gibst, wie Dir zu Mut ist, und wann Du meinst, Dich verbergen zu müssen, das Dronning Gesicht [3*] *aufsetzen zu müssen, weil „es uns nicht gut ist, Dich schwach zu sehen." Ob dies mein Gefühl richtig, berechtigt, ungerecht ist, darüber zu streiten ist zwecklos. Es ist da. Ich werde Dich also nicht mehr unbefangen sehen können. Das ist traurig. – Und noch eins. Du sagst: „Ich will nach Stettin." Das ist falsch. Ich will nicht – ich muß. Irgendetwas treibt mich – liest Du das nicht aus meinen Briefen, aus meinem ständigen Schwanken heraus? Du kannst und wirst sagen: „Es ist billig und feige, die Verantwortung auf einen Zwang hinzuschieben" – Ich weiß mir nicht zu helfen – ich suche in mir, ich finde die brennendste Angst, von Dir fortzugehen – aber ich gehe. Warum ? --- Der Vorwurf, gegen meine Liebe zu Dir, fortgehen zu können, ist bitter aber gerecht. Ich verstehe meine Liebe so (und Du verstehst und möchtest sie im Grunde auch so) dass meine Liebe entscheidet. Mäßigung, Teilen darf es nicht geben. Das wäre niedrig, wäre nicht Liebe. Nicht die Liebe, die ich zu Dir zu haben vorgebe. Ich habe diese wahre Liebe und gehe doch. Ich kann mir nicht helfen. Und hierin sehe ich klarer als Du: „Wir werden uns anders wiedersehen. Du sicher." Ja, wenn Du ein Kind von mir hättest! (Ich wünsche es beinahe. Aber das ist nichts). – So ist noch vielerlei, noch viel Ungeklärtes, was in mir lebt. Der heutige Vormittag hat vieles*

3* *Dronning-Gesicht* = dän.: Das Königinnen-Gesicht.

geändert. Aber lies diesen Brief nicht falsch! Es liegt kein Vorwurf darin. Auch keine Rechtfertigung für mich. Ich will Dich nur in mich hineinschauen lassen. Denn ich will Dir nicht fremd werden. Ich will bei Dir bleiben als

Dein Du. [7]

Einen Tag später revidiert Ditzen wiederum seinen Brief. Jetzt ist er es, der Anne Marie Seyerlen durch seine unterschiedlichen Stimmungen irritiert:

Du liebe Miami,

ich bin müde und ein wenig traurig. Auch Deine Rosen sind schon welk. Ich habe Dir gestern einen bösen, einen ungerechten Brief geschrieben. Und einen unwahren. Denn was zählt all dies ausgeklügelte dem gegenüber, dass ich Dich liebe? Ich mag mir ja noch so viel ausdenken, wie ich Dir gegenüber stehen werde, es ist am Ende doch immer nur dies eine: Ich habe Dich lieb. Wir sollten doch nie versuchen, unsre Gefühle in der Hand zu behalten, sie regeln zu wollen, wir sollten uns nie vornehmen, ich will gut und lieb sein, schließlich treiben wir doch im Wind. Wir sollten auch nicht lang darüber nachdenken, was Sinn und Un-Sinn in all dem ist, wir sollten unsere Liebe dahin nehmen. In meinem Bett, so müde, und jetzt am Tisch, so müde, fühle ich nur das eine: dass ich Dein bin. Wie dem Galeerensklaven für sein ganzes Leben die Lilien des Königs in die Schulter gebrannt sind, so ist auch mein ewiges Leiden: ich liebe Dich. [8]

Am 21. August 1917 schreibt Ditzen erneut, diesmal – wenn unsere bereits geäußerte Vermutung zutrifft – einen eindeutigen Drogenbrief: Die Schrift ist mikrobenhaft klein, in der Schrifthöhe zum Vorbrief um 2/3 zusammengeschrumpft, sehr eng, aber bis auf ganz wenige Ausnahmen sehr deutlich. Er verwendet im Vorbrief eine grobe, große Feder, hier eine sehr feine. Eine sonst bei Ditzen übliche Anrede an seine Briefpartnerin fehlt. Der Inhalt ist streckenweise sehr intim, zugleich eine Fiktion, ein Traum.

Man sollte diesen Brief halblaut und fast ohne Betonung so lesen, wie er ihn vermutlich schreibend herunter gehastet hat, dann ahnt man seine Empfindungen, versteht, was er da schil-

Rudolf Ditzen 1916 in Leipzig

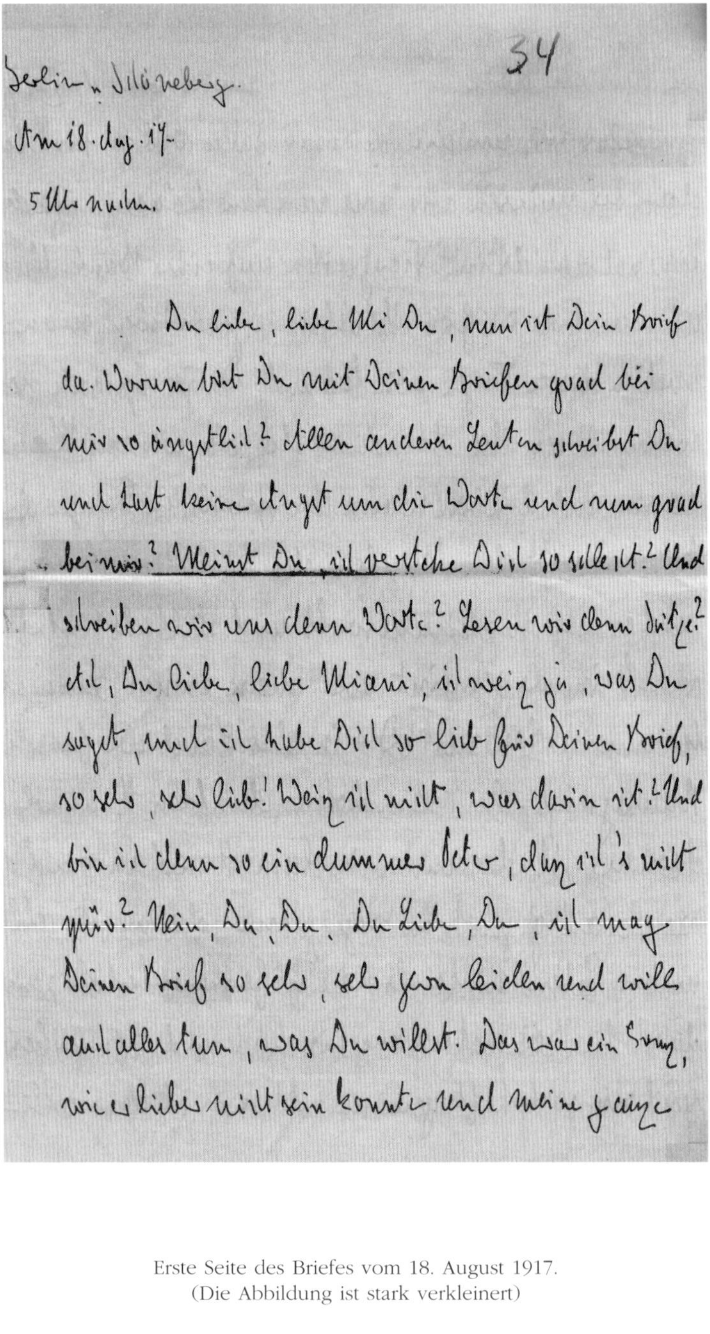
34

Berlin-Schöneberg.
Am 18. Aug. 17.
5 Uhr nachm.

Du liebe, liebe Mi Du, nun ist Dein Brief da. Warum bist Du mit Deinen Briefen grad bei mir so ängstlich? Allen anderen Leuten schreibst Du und hast keine Angst um die Worte und nun grad bei mir? Meinst Du, ich verstehe Dich so schlecht? Und schreiben wir uns denn Worte? Lesen wir denn Sätze? Ach, Du liebe, liebe Miami, ich weiß ja, was Du sagst, und ich habe Dich so lieb für Deinen Brief, so sehr, sehr lieb! Weiß ich nicht, was darin ist? Und bin ich denn so ein dummer Peter, daß ich's nicht spür? Nein, Du, Du. Du Liebe, Du, ich mag Deinen Brief so sehr, sehr gern leiden und will auch alles tun, was Du willst. Das war ein Brief, wie er lieber nicht sein konnte und meine ganze

Erste Seite des Briefes vom 18. August 1917.
(Die Abbildung ist stark verkleinert)

dert: Einen Traum, gekoppelt an sein Trauma: Seine Familie und das damit verbundene Erbe.

So war es heute Nacht: Es ist gut, dass Du noch gekommen bist, Miami. Ich wusste, dass Du kommen würdest, denn ich habe Dir viel zu sagen. Nein, wir wollen kein Licht machen, wir wollen auch nicht die Kerze anzünden. Setze Dich in den Lehnstuhl, dort, gegen das halbe Fenster. So sehe ich nichts von Dir als ein[en] schattenhaften Umriss, den ich kaum ahne, und ich rede nicht zu Dir, sondern ins Dunkle. Sähe ich Dein Gesicht, es möchte sein, dass von dem Flimmern Deiner Augen betört, vom Zucken Deines Mundes verführt, mein Mund andere Worte sagen würde, als er sagen muss. Ich rede ins Dunkel hinaus zur Nacht, zu irgendetwas hin, das mich hören muß. – Rede ich nicht zu meiner Mutter? Verstand ich nicht einmal, in einer seltenen und ganz losgelösten Minute, dass ich wahrhaft Dein Kind bin? Ich bin zurückgekrochen in Dich, in Deinem Bauche liegend, hast Du mich mit Deinem Herzblut genährt (?). Deine Gedanken strömten in mich und die ganze Welt versank vor dem einen: dem Deinsein. Seitdem bin ich Dein Kind: alle Gebärde, Gedanken und Taten gehören allein Dir. Ich gieße sie in die Nacht hinein für Dich aus. Sei ganz still, nicht einmal Deine Kleider dürfen rascheln, es darf nichts da sein als der Ton meiner Stimme und der Gesang meiner Gedanken, die purpurn in meinen Schläfen klopfen. Sie stürzen vor Dich hin wie besiegte Empörer. Aber [...] (?) deren, deren Gebärden weisen von Dir fort. Ihr leidvolles Antlitz bleibt gleitend im schwarzen Samt dieser Nacht und wird auch Dich leiden machen. Bist Du nicht meine Mutter? Musst Du nicht um mich leiden? Nein, ich spreche ja nicht zu Dir – ich spreche in die Nacht, in das Nichts – spräche ich zu Dir, ich müßte vor Dich hinfallen, mein Gesicht in die Höhlung zwischen Deinen schlanken Schenkeln schmiegen und weinen, immerzu rastlos weinen. Ich spreche in das Nichts, und nicht ich bin es, der spricht, sondern mein Blut ist's, mein Blut, das Deines wurde. Ich rede, sei still: –

Alles, was gestern Nachmittag zu Dir von mir gesagt ward, war wahr. Aber plötzlich, während ich diese Worte sprach, wusste ich: nun sind sie nicht mehr wahr. Ich erkannte, dass ich mich getäuscht hatte, und ich wusste, dass ich Dich nicht länger

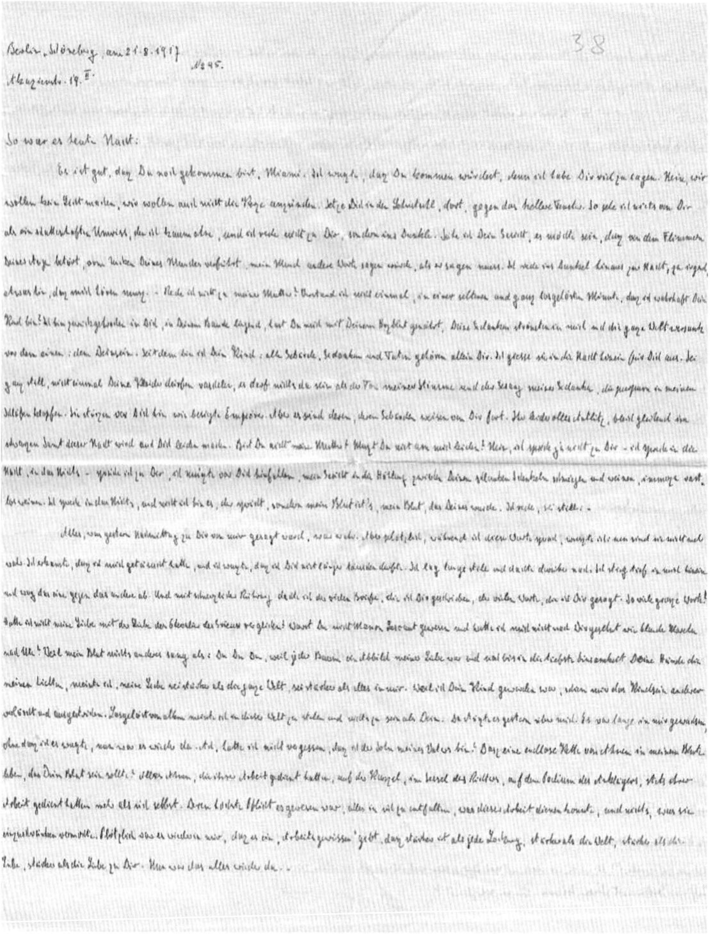

Erste Seite (Ausschnitt) des Briefes vom 21.8.1917, der in Inhalt und Schrift vermuten lässt, dass Rudolf Ditzen ihn unter Drogeneinfluss schrieb.

täuschen durfte. Ich lag lange still und dachte darüber nach. Ich stieg tief in mich hinein und wog das eine gegen das andere ab. Und mit schmerzlicher Rührung dachte ich der vielen Briefe, die ich Dir geschrieben, der vielen Worte, die ich Dir gesagt. So viele große Worte! Hatte ich nicht meine Liebe mit der Liebe des Chevalier des Grieux verglichen? Warst Du nicht Manon Lescaut gewesen und hatte ich mich nicht nach Dir gesehnt wie Claude Marehn [4*] *nach Ute? Weil mein Blut nichts anderes sang als: Du, Du, Du, weil jeder Baum ein Abbild meiner Liebe war und [...](?) bis in die tiefste Einsamkeit Deine Hände die meinen liebten, meinte ich, meine Liebe sei stärker als die ganze Welt, sei stärker als alles in mir. Weil ich Dein Kind geworden war, schien mir das Kindsein anderer verlöscht und ausgestrichen. Losgelöst von allem meinte ich in dieser Welt zu stehen und nichts zu sein als Dein. Da stürzte es gestern über mich. Es war lange in mir gewachsen, ohne dass ich es wusste, nun war es wieder da. Ach, hatte ich nicht vergessen, dass ich der Sohn meines Vaters bin? Dass eine endlose Kette von Ahnen in meinem Blute leben, das Dein Blut sein sollte? Alles Ahnen, die ihrer Arbeit gedient hatten, auf der Kanzel, im Sessel des Richters, auf dem Podium des Anklägers, stets der Arbeit gedient hatten mehr als sich selbst. Deren höchste Pflicht es gewesen war, alles in sich zu entfalten, was dieser Arbeit dienen konnte, und nichts, was sie einzuschränken vermochte. Plötzlich war es wieder in mir, dass es ein ‚Arbeitsgewissen' gibt, das stärker ist als jede Lockung, stärker als die Welt, stärker als die Liebe, stärker als die Liebe zu Dir. Nun war das alles wieder da. –*

Bei Gott, bis zu dem Augenblick, da Störmer [5*] *zu mir sprach, dachte ich nie daran, von Dir fortzugehen. Du warst ein Teil meines Lebens und der Kostbarere. Etwas hatte mich getrieben, zu kündigen. Aber es gab ja so viel andere Stellen, alle nahe bei Dir und alle angefüllt mit Arbeit. Noch als Störmer sprach, klammerte ich mich an das Eine: nicht fort von Dir! Nur nicht fort von Dir! Du hast mich gerettet, wenn es wenig war, aus Verflachung, ach nein: Du hast mich gerettet aus Sünde, Sünde*

4* Vgl. Fußnote zu Manon Lescaut in Kapitel 3.
5* *Störmer* ist der ehemalige Vorgesetzte von RD in der Landwirtschaftskammer Stettin, bei der er von März bis November 1916 arbeitete. Störmer hat RD offensichtlich vorgeschlagen, wieder in Stettin zu arbeiten.

wider mich und Hedwig, und das Ende wäre gewesen, sie oder ich, wohl beide – tot. Sollen die köstlichen Stunden verloren sein, da ich, von Deiner Hand geleitet, in die leichten (?) Wege einer reineren und sonnigeren Seele tauchte, sollen sie gewesen sein? Nein, ich will bei Dir bleiben, immer, immer, alles, was ich bin, alles, was wert in mir ist zu leben, hältst Du in Deiner Hand. Soll das alles untergehen? Aber dann tauchte Stettin auf – wieder sah ich meine vielen hellen Büroräume, vor den Fenstern sind Gärten und die Bäume haben grüne Blätter. In allen Zimmern sitzen die Mädchen und mein Kopf ist es, der ihre Welt lenkt. Die Briefe türmen sich auf und die Arbeit wächst. Die Stunden fliegen. Aus den Hörrohren der Telefone springt mich in Hunderten von Zahlen das Leben an, heiß, wild, listig, verschlagen. Es kommen die langen Nächte – oh! so andere Nächte – da unter dem weißen Schimmer der elektrischen Lampen endlose Kolonnen von Zahlen auf mich zu marschieren, sinnlos, ungegliedert, sich überstürzend. Ich packe sie an und ordne sie. Sie verwandeln sich in abgereifte Kartoffelfelder, auf denen im lauten raschen Herbstwind das Kartoffelkraut raschelt. Die Frauen rutschen auf der Erde und in den aufgeschlagenen Warden (?) liegen die Knollen, die auf die knarrenden Wagen gebracht werden. Die Klappen rasseln. Auf den Bahnhöfen stehen die roten gedeckten Bahnwagen, in die kollernd die ersten Knollen hineinfallen. Sie füllen sich. Endlose Züge wandern von Osten nach Westen, in die entlegendsten Dörfer, deren Name erst gestern in mein Ohr fiel, schlagen die Wellenringe meiner Arbeit. Meine kurzen Träume sind voll von Kombinationen. –

Und in den Tagen, die nun kamen, kämpften diese beiden Welten miteinander. Oben war alles still, aber, wenn ich mein Ohr neigte, hörte ich ganz unten in mir das Geräusch ihres Kampfes. Und andere Bilder kamen hinzu. Ich sah die arbeitslosen Abende und die endlosen Sonntage, vor denen ich mich so fürchte, dass ich aus meinem Bett nicht aufstehen mag, als sei ich dort vor der Qual meiner Gedanken sicher. Ich fühle jetzt die ätzende Bitternis auf meiner Zunge, wenn ich Deiner warmen Nähe, die einmal war, war, gedenke. Ich sehe den trostlosen Schritt, der immer auf und ab die enge Kargheit eines Zimmers sprengen möchte – um zu Dir zu kommen. Ich fühle schon an meinen Schläfen den sengenden Hauch glühendster Reue. Die endlosen Abende, in denen die zitternde Hand von einem Buch zum andern greift und in keinem können die Augen ausruhen. Ich fühle ätzend den Durst nach Genüssen, die vergessen machen, aber, wie kann es – nach Dir – einen Genuss geben, der vergessen macht? – Und ich fühle den Kampf, den ich gegen die lächelnden, verachtenden Blicke der anderen kämpfen muss, die meinen Irrweg mit Hedwig kennen. Ich höre ihre verdeckten, beißenden Anspielungen. Die beobachtenden Blicke meiner Mädchen liegen auf mir. Und ich sehe auch ihren Blick: den tränenglühenden, trügerischen (?) Blick aus ihren Augen: warum hast Du mir das getan. Ich sehe den Blick feigen, raschen Hasses ihrer Verwandten. Und sehender als je fühle ich: ich bin allein. Aber nicht einmal zu Dir kann ich flüchten. Denn wenn ich auch Dein bin und Dein bleibe, ein Riss ging durch unsere Liebe. Wissen wir nicht beide, was Liebe ist, was Liebe sein sollte? Liebe – muss das nicht das Ausschließliche sein, dieses, das da spricht: „Du sollst keine Götter haben neben mir?“ Fühlen wir nicht beide, dass das allein Liebe ist, was stärker als alles andere glänzend wie eine ewige Sonne am Himmel steht. Geprüft und zu leicht befunden. Werde ich nicht immer dasitzen mit dem hässlichen Mal meiner Schwäche auf der Brust und in Deinem Herzen immer der Gedanke weiterbrennen: „Er hat mich doch verraten!“? Ach, werden wir überhaupt noch Liebend[e] sein, nicht vielmehr nur noch solche, die sich einmal geliebt haben? Wann werden wir je den Atem, die reine Luft einer Leidenschaft atmen können, die an sich glaubt?

So kämpfte es in mir bis zum gestrigen Nachmittag. Dann kamst Du zu mir und Deine Nähe war bei mir. Und ich sprach Dir von der Zerrissenheit in meinem Innern und von dem Schwanken, dass ich das eine wolle und auch das andere, und keine ohne das andere möge, und doch wählen müsse. Dass ich zu schwach sei zum Tragen der Verantwortung und dass ein anderer mir die Verantwortung abnehmen müsse. Und ich bat Dich, dass Du entscheiden mögest. Und wie ich das tat, ward es plötzlich in meinem Innern ganz klar, dass alles schon entschieden war. Dass es nichts mehr zu entscheiden gab. Dass ich von Dir gehen würde, müßte, trotz aller Schmerzen, trotz des Verrats zu meiner Arbeit. Dass das Blut meiner Väter stärker war als das Blut, das von Deinem Herzen in mich geströmt war. Dies ist furchtbar. Es ist wie ein Gericht über mich abgehalten worden und nun bin ich verworfen. Ich war so matt und klein, elend und grau, als ich

Dich kennen lernte. Du gabst meinem Leben die starken Töne, die lachenden Farben. Ich wurde über mich hinausgehoben und durfte nun an Deiner Seite gehen. Ich lernte an etwas Starkes und Ganzes glauben – an die Leidenschaft, an die Liebe. Die Liebe. Nun, da ich Dich kannte, wehte mich der Atem der Bücher anders an. An Deine Seite geschmiegt, in die starke Kraft Deines Lebens gestützt, begriff ich das Wegwerfen alles Wertlosen, des ganzen Lebens – um der Liebe willen. Ich lernte durch Dich *an mich glauben. Wo stehe ich nun? Ich fühle, dass die alten Ketten fest waren. Deine zärtlichen Hände haben ihren Druck erleichtert, dass ich die Last nicht mehr spürte, nun ziehen (?) sie wieder zurück und ich bin klein und schwach wie nur je. Oh, diese arme Liebe, Du, Miami. –*

Ich weiß, was Du fühlst und denkst, ich weiß, dass Dein Mitleid stärker ist als Dein Groll, Deine Liebe sieghafter (?) als mein Verrat. Aber ich ahne, dass Du in Dir schwer verletzt blutest, blutest aus Deiner Liebe. Auch Du hattest gemeint, dass dies Dich-Lieben stärker sein müsse als alles. Und nun gehe ich, ein wenig verachtet, ein wenig bemitleidet und doch noch immer geliebt von Dir. Es hat Stunden gegeben, da meinte ich in diesen Tagen, leichter als diese Verachtung, leichter als dieses Mitleid noch müsse der Tod für mich sein. Was ich an Großem, Starkem, Schönem erleben kann – Du hast es mir gegeben. Was übrig bleibt ist Grau. Aber dann wusste ich wieder, es ist nicht nur Grau. Es gibt noch die Hoffnung. Ich schwöre Dir (ach! die großen Worte), dies ist meine Hoffnung, dies ist meine Sehnsucht und mein festes Erwarten, dass Du mich wieder an Deine Seite rufst. Dass ich dann arbeiten kann in Deiner Nähe und wieder bei Dir sein. Vielleicht wird dann alles anders sein. Aber dass ich bei Dir sein kann, das schon ist gut und schön und alles wert. Warum ich dann erst heute gehe? Ach! Fragen ist so leicht – spielt man nicht immer mit uns!

Dieses eine weiß ich: Du wirst immer <u>der</u> helle Stern am Himmel für mich sein. Immer meine Sehnsucht, mein Glück, mein Stolz. Was Du mir gabst, was Du mir ins Herz eingepflanztest, wird wachsen. Dass ich gehe, ist seltsam. Ich habe nie geglaubt, dass wir so auf Irrwegen leben und lieben. Dass wir so sehr wissen, welche Irrwege wir gehen wollen und sie dennoch gehen. – Du bist traurig? Ach, wäre ich bei Dir, könnte ich Deine Hände küssen! Du *müsstest es spüren, dass ich Dich nicht verraten will, dass ich Dich verraten muß, dass ich trotz allem und allem bin und bleibe*

Dein Du. Komme bald! [9]

Die Aussage dieses Traumbriefes ist unter Berücksichtigung seiner bisherigen Äußerungen überraschend: Er gibt vor, alles, auch das Private seiner Arbeit für die Landwirtschaft unterzuordnen. Offensichtlich versucht er Anne Marie Seyerlen davon zu überzeugen, dass ein Wechseln nach Stettin aus Gründen der Arbeitszufriedenheit erfolgen muss. Wir wagen es, daran zu zweifeln, und vermuten, dass Ditzen wegen der Konkurrenzsituation zum Ehemann von Anne Marie dem Verhältnis zu ihr keine Chance mehr einräumt; zu vehement hat – und das geht aus seinen Briefen hervor – Anne Marie Seyerlen die Priorität ihrer Ehe betont. Das erwähnte Schreibverbot scheint ebenfalls eine Reaktion auf seinen glutvollen Liebesbrief unmittelbar vor diesem Verbot zu sein. Sowohl in seinen Besitzansprüchen als auch in der Intensität seiner Zuneigung wird Rudolf Ditzen von Anne Marie immer wieder gebremst. So scheint er durch die räumliche Entfernung eine elegante Trennung von ihr herbeiführen zu wollen.

Übrigens: Nicht nur anfangs Anne Marie Seyerlen, nicht nur ihre Tochter, auch Ditzen scheint seine Briefe nummeriert zu haben, offensichtlich für sich, in einem geheimen Register, das nur für ihn bestimmt war. Hier in diesem Brief steht in seiner Schrift: Nr. 45.[6*] Die Nummerierung wird auch drei Tage später beim nächsten Brief fortgesetzt. Anne Marie will Ditzen weder sehen noch möchte sie mit ihm telefonieren, sie hat sich offensichtlich krank gemeldet und ist in trostloser Stimmung. Ditzen ist jetzt nicht mehr nur ihr Junge, sondern er macht sich noch kleiner, er sieht

6* Anne Marie Seyerlens Zählung fand zu diesem Zeitpunkt nicht mehr statt. Die Zählung ihrer Tochter, die allerdings aus Versehen einige Briefe nicht nummerierte, war bei diesem Schreiben vom 21.8.1917 bei Nr. 36 angelangt. Dass RD überraschend Brief Nr. 45 registriert – er wird später noch einmal für drei Wochen lang offiziell seine Registratur anführen, sonst aber nie – deutet darauf hin, dass einige der undatierten Schreiben in seine Zählung mit einfließen.

sich seit Mitte Juli immer häufiger in der Rolle als ihr Kind, das in sie hineinwächst; und als Kind und Schüler zugleich sieht er sich außerstande, sie zu trösten und ihr zu helfen: *Fühlst Du nicht, wie Dein Kranksein, Dein Leiden ein schreiender Vorwurf für mich ist, der mich zu Boden drückt. Du sollst Dir kein neues Bild meiner Liebe machen, Du darfst nicht.*[10] Offensichtlich zweifelt sie – da er nach Stettin gehen will – an seiner Liebe.

Fünf Tage später ist alles wieder im Lot. Ditzen wird Berlin nicht verlassen und fragt sich, wie er überhaupt daran denken konnte, mehr noch, in einer Klammer liefert er den Beleg für unsere These nach, dass eben nicht die Freude an neuen Arbeitsaufgaben, sondern sein Wunsch nach einer Trennung von Anne Marie Seyerlen ausschlaggebend für den Stettiner Umzugsplan war: *Es war Wahnsinn, von Dir fortzuwollen, nicht, dass es nicht zu ertragen gewesen wäre, alles ist zu ertragen, aber ich hätte dadurch Dich verloren und mit Dir – mich, das Beste von mir [...] Waren wir eigentlich je auseinander? Ich glaube nicht. Ich war krank und Du warst nervös [...]* [11], relativiert er am 29.8.1917.

Dieser 29.8.1917 ist wichtig, denn Rudolf Ditzen erwähnt erstmals Anne Marie gegenüber seinen Roman, *den du wünschest.* Offiziell laut Aktennotiz hat er ihn bereits fünf Tage vorher begonnen. (Vgl. Caspar 1993: Frühwerk, Bd.2, S. 473)[12] Er weiß allerdings, *dieses Schreiben ist nicht mehr als ein Versuch. Noch nichts Endgiltiges. Wenn ich etwas schreiben will, so muss es selbst gefestet sein, ich muß auf einem Standpunkt stehen, der unerschüttert in mir verankert ist [...] Also – keine Enttäuschung. Mein Roman wird – nichts. Aber Du sollst ihn dennoch lesen und ich will dennoch jeden Abend an ihm weiterarbeiten, wenige Zeilen schreiben ...* [13]

Am selben Tag bietet er dem Insel-Verlag seine Übersetzung von *Omar dem Zeltmacher* an, da der Verlag offensichtlich eine Neuausgabe plane. Seine Übersetzung – und das ist kühn geflunkert – sei „die einzige unter den mir bekannten deutschen Übersetzungen, (die) sich vollständig genau an das persische Versmaß anschließt“ [14] – denn gerade die von ihm verwendete englische Textgrundlage einer Übersetzung aus dem Persischen von Edward Fitzgerald war eine freie Nachdichtung dieser Verse (Vgl. Williams, 2002: Leben, S. 68).

Das glückliche Ende der Krise muss Ditzen beflügelt haben, denn gleichfalls am 29.8.1917 schreibt er seinen dritten Brief, diesmal erneut an Anne Marie Seyerlen, die immer noch krank im Kurfürstendamm liegt und von Toni B. rührend umsorgt wird. Was Anne Marie jetzt benötige, sei viel Erholung an frischer Luft, schade, dass Toni noch kein Gut besäße. Aber *ich habe eine Hoffnung, dass Du und Egmont und ich vielleicht einmal – nicht ein Gut, sondern eine Farm in der Südsee oder Mesopotamien, oder sonst wo, wo es heiß, warm und wild ist, haben werden, dass wir dann so zu dreien in die Unbegrenztheit einer Landschaft träumend hinausfahren können und still sind in unserer warmen Nähe beieinander. Ich glaube, dann wäre – für mich – nichts mehr zu wünschen. Wenn ich keinen Menschen hätte – nur Euch (und Egmont ist ja ein Teil von Dir) [...] was wäre dann noch zu wünschen? Es würde Wind da sein, der immer wieder die langgrasigen Pampas durchkämmt, vor hellen Büschen stehen die spitzen, strohgelben Hütten der Eingeborenen und die Pferde mahlen still und stolz die Wagen durch den tiefen Sand der Fuhrwege. Aber das alles ist noch Traum, vielleicht kann er wahr werden, heute ist es schön genug, dies geträumt zu haben.*[15]

Egmonts Truppenverband sollte von Konstantinopel in das türkisch regierte Mesopotamien verlagert werden [7*], sodass ein späterer Besitz dort nicht ausgeschlossen war, wenn es den Deutschen und ihren Verbündeten gelänge, den Krieg zu gewinnen. Die Liaison, sogar die Dreiergemeinschaft würde möglich werden durch Ditzens Rolle als *Kind* von Anne Marie Seyerlen. Egmont wäre dann der Vater. Diese dreiköpfige Familie wäre zwar reichlich konstruiert und in ihren Rollen wirklichkeitsfremd, aber sie wäre für alle Beteiligten zu tolerieren – sofern alle Beteiligten zu dieser Toleranz bereit wären. Vielleicht würde man in Mesopotamien daran nicht so viel Anstoß nehmen wie in Deutschland.

7* *Mesopotamien*, ein Gebiet, das größtenteils dem heutigen Irak entspricht. Das Land liegt zwischen Euphrat und Tigris. Da die Türkei im 1.Weltkrieg mit den Deutschen verbündet war, gehörte Mesopotamien zum Kriegsgebiet.

5. Liebe, liebe Miami, hilf mir

Am 30.8.1917 gibt es einen Werkbericht über jenen ersten Roman, den Rudolf Ditzen zu schreiben begonnen hat:

> *[...] ich bin Dir doch sehr, sehr dankbar, dass Du mir den Anstoß gegeben hast, meinen Roman zu schreiben. Und ich habe mich auch völlig damit abgefunden – Du hoffentlich auch –, dass er jetzt noch nichts Gutes wird. Ich schreibe trotzdem weiter an ihm. Und zwar darum: ich sehe nun schon, wie viel Schwierigkeiten mir das rein Technische macht, das Einführen von Personen, Vorbereiten von Handlung usw., also weiter nichts als das äußere Geschehen im Roman. Das lege ich nun in dieser Vorarbeit fest, sozusagen das Gerippe, das Skelett, um das dann später das eigentlich Wertvolle herumwachsen soll. Wenn ich das aufgebaut habe, dieses Äußerliche, dann kann ich an das Ausarbeiten dessen gehen, was mir wertvoll ist, das Seelische und im engen Zusammenhang damit das Stilistische. Denn die beiden Dinge sind ganz eng miteinander verknüpft. Bei dem Tempo, in dem ich arbeite, am Tag vielleicht zwanzig Schreibzeilen, wird das alles ja sehr lange dauern, aber ich habe ja keine Eile, lieber spät etwas Gutes, als vorzeitig etwas Unreifes – Nur eines musst Du mir erhalten: den Glauben an mein Können. Wenn ich einmal mutlos bin und die Dinge liegen lassen will, so musst Du antreiben, ich habe keine Angst drum, Du wirst es schon auf die rechte Weise tun. Und nun bin ich auch noch darum froh, dass ich in Berlin geblieben bin. In Stettin hätte ich niemals die Zeit dazu gehabt – und vor allem nicht den Willen und die Lust. Denn am Ende schreibe ich diese Seiten ja doch für Dich – in Gedanken, dass Du sie lesen wirst. Und wärest Du nicht da, so wäre eben der Wille nicht da. – So baut sich nun vor mir meine Zukunft auf ruhig und still und immer voll von Dir, voll von lauter Dingen, die nur Beziehung auf Dich haben und deswegen ist sie schön. – Jeder meiner Briefe sagt Dir Dank. Alles ist anders geworden durch Dich. Es ist nun Inhalt da, schöner Inhalt durch Dich. Gute Nacht Miami*
>
> *Ich habe Dich lieb.* [1]

Später, sehr viel später wird sich Rudolf Ditzen, nunmehr berühmt und anerkannt unter seinem Schriftstellernamen Hans Fallada, mit abwertenden Formulierungen von seinem ersten Werk, es handelt sich bei dem Roman, der hier entsteht, um *Der junge Goedeschal – Ein Pubertätsroman* distanzieren: *Ich kann diese Schande nicht ganz verbergen, ich habe schon 1918 und 1919 zwei* [1*] *Romane geschrieben und veröffentlicht [...] Aber ich erkenne diese beiden ersten Kinder nicht an, ich habe sie später aufgekauft, einstampfen lassen, ich will nichts mehr von ihnen wissen, ich denke mit einem Grausen an sie zurück [...] Weil sie so schlecht sind? Nein, das ist der Grund nicht; ich habe auch später manches schwache Buch geschrieben [...] ich will von diesen Kindern nichts wissen, weil es nicht meine Bücher waren, weil ich sie auf Anregung, auf Befehl fast einer ehrgeizigen Frau geschrieben habe, weil sie mir suggeriert waren, weil ich sie nicht aus meinem eigenen inneren Antrieb geschrieben habe. Darum rechne ich diese Bücher nicht dazu [...] Ein wirkliches Buch muß wachsen in einem, es muß nicht von außen künstlich dazu getragen werden.* (Fallada 1967: Schriftsteller, S. 284)[2]

Dieses Argument allerdings ist nicht stichhaltig. Auch später hat Hans Fallada so manches Werk, das von außen an ihn herangetragen wurde, geschrieben und sich dann doch mit ihm identifiziert, so zum Beispiel *Jeder stirbt für sich allein* [2*]. Sein Roman *Der eiserne Gustav* entstand 1937/38 durch einen Auftrag der Nationalsozialisten. Er sollte ein Buch verfassen, in dem der Schauspieler Emil Jannings die Hauptrolle übernehmen könne, um nur zwei Beispiele zu nennen. (Vgl. Caspar 1965: Gustav, S. 770 f)

1* Beim zweiten Roman handelt es sich um *Anton und Gerda*, erstmals erschienen 1923.

2* Der Roman *Jeder stirbt für sich allein* kam auf Anregung des Schriftstellers Johannes R. Becher (1891-1958) zustande, der Hans Fallada 1945 ausgewählte Gestapo-Akten über ein Ehepaar zukommen lies, das den Widerstand gegen die Nationalsozialisten gewagt hatte und seinen einsamen Kampf mit dem Leben bezahlte. Becher war nach dem Ende des 2. Weltkrieges aus dem Exil zurückgekehrt. Er war Mitbegründer vom „Kulturbund zur demokratischen Erneuerung Deutschlands“ und dessen erster Präsident. Er bemühte sich um verschiedene Schriftsteller und gründete u.a. den Aufbau-Verlag.

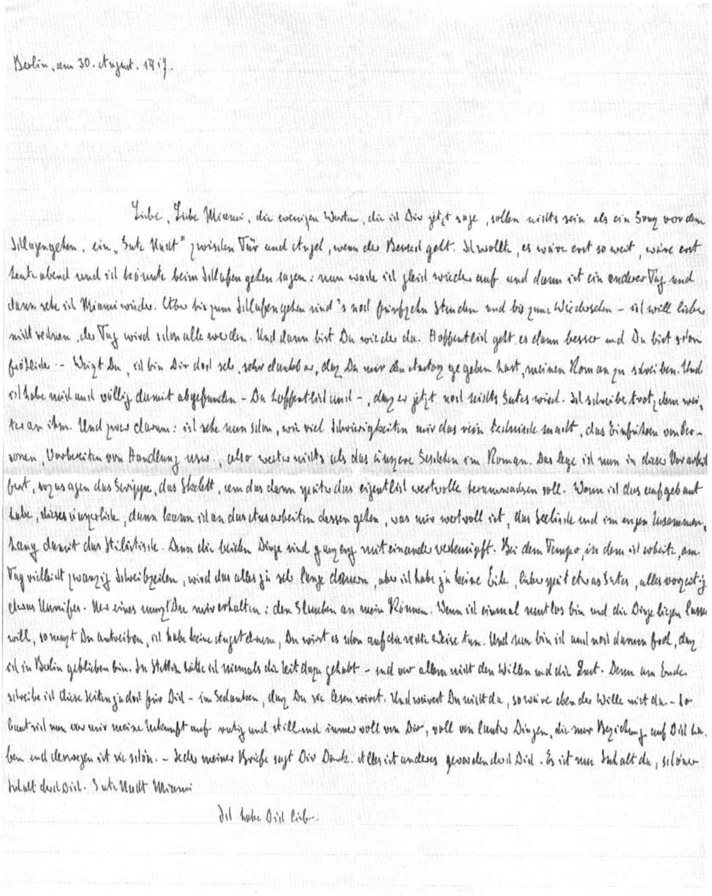

Berlin, am 30. August. 1917.

Liebe, liebe Miemi, die wenigen Worte, die ich Dir jetzt sage, sollen nichts sein als ein Gruß vor dem Schlafengehen, ein „Gute Nacht" zwischen Tür und Angel, wenn der Besuch geht. Ich wollte, es wäre erst so weit, wäre erst heute abend und ich könnte beim Schlafen gehen sagen: nun wache ich gleich wieder auf und dann ist ein anderer Tag und dann sehe ich Miemi wieder. Aber bis zum Schlafengehen sind's noch fünfzehn Stunden und bis zum Wiedersehen – ich will lieber nicht rechnen, der Tag wird schon alle werden. Und dann bist Du wieder da. Hoffentlich geht es dann besser und Du bist schon fröhlich. – Weißt Du, ich bin Dir doch sehr, sehr dankbar, daß Du mir den Antrag gegeben hast, meinen Roman zu schreiben. Und ich habe mich auch völlig damit abgefunden – Du hoffentlich auch –, daß es jetzt noch nichts Gutes wird. Ich schreibe trotzdem weiter an ihm. Und zwar darum: ich sehe nun schon, wie viel Schwierigkeiten mir das rein Technische macht, das Einführen von Personen, Vorbereiten von Handlung usw., also weiter nichts als das äußere Geschehen im Roman. Das lege ich nun in dieser Vorarbeit, sozusagen das Gerippe, das Skelett, um das dann später das eigentlich Wertvolle herumwachsen soll. Wenn ich das aufgebaut habe, dieses Äußerliche, dann kann ich an das Ausarbeiten dessen gehen, was mir wertvoll ist, das Seelische und im engen Zusammenhang damit das Stilistische. Denn die beiden Dinge sind ganz eng miteinander verknüpft. Bei dem Tempo, in dem ich arbeite, am Tag vielleicht zwanzig Schreibzeilen, wird das alles ja sehr lange dauern, aber ich habe ja keine Eile, lieber spät etwas Gutes, als vorzeitig etwas Unreifes. Nur eines mußt Du mir erhalten: den Glauben an mein Können. Wenn ich einmal mutlos bin und die Dinge liegen lassen will, so mußt Du antreiben, ich habe keine Angst darum, Du wirst es schon auf die rechte Weise tun. Und nun bin ich auch noch darum froh, daß ich in Berlin geblieben bin. In Stettin hätte ich niemals die Zeit dazu gehabt – und vor allem nicht den Willen und die Lust. Denn am Ende schreibe ich diese Zeilen ja doch für Dich – im Gedanken, daß Du sie lesen wirst. Und wärest Du nicht da, so wäre eben der Wille nicht da. – So baut sich nun vor mir meine Zukunft auf ruhig und still und immer voll von Dir, voll von lauter Dingen, die nur Beziehung auf Dich haben und deswegen ist sie schön. – Jeder meiner Briefe sagt Dir Dank. Alles ist anders geworden durch Dich. Es ist nun Inhalt da, schöner Inhalt durch Dich. Gute Nacht Miemi

Ich habe Dich lieb.

Dieser Brief vom 30. August 1917 zeigt die wichtige Rolle auf, die Anne Marie Seyerlen beim Entstehen des Erstlingsromans des späteren Hans Fallada spielt. (Die Abbildung ist stark verkleinert.)

Wir werden im Verlauf dieses Briefwechsels noch sehen, welch wichtige Rolle Anne Marie Seyerlen beim Entstehen von *Der junge Goedeschal* spielt und wie häufig Ditzen sie dankbar oder auch hilfesuchend darauf anspricht.[3*] Unverdrossen versucht er aber nach wie vor, seine Lyrik an die Verleger zu bringen, doch vergeblich. Am 5.9.1917 dankt der Verlag Georg Müller in München höflich Rudolf Ditzen für das Manuskript mit Gedichten, die für den Verlag leider nicht in Frage kommen[4], aber auch diese Absage zeigt, dass die Arbeit in der Kartoffelbaugesellschaft für ihn immer noch als vorläufig angesehen wird und dass sein Lebenstraum vom Dichter oder Schriftsteller ungebrochen ist.

Die Korrespondenz zwischen Anne Marie und Rudolf wird etwas seltener: Ditzen ist krank, Anne Marie Seyerlen rekonvaleszent. Die Beschreibung seiner Befindlichkeit zeigt wie empfindlich Ditzen auch auf körperliches Leiden reagiert: Alles tut ihm weh, die Augen, das Kreuz: *Manchmal möchte ich schreien wie ein kleines Kind [...] gestern war es freilich jämmerlich und abends, als ich so stark Fieber hatte, habe ich aus Verlassenheit und Sehnsucht nach Dir stundenlang geheult.*[5] Die Krankheit stellt sich dann als schwere Erkältung heraus. Wir wissen nicht, wie Anne Marie Seyerlen auf dies Schreiben reagiert hat, jedenfalls beschwert er sich in seinem nächsten Brief etwa zwei Tage später, dass sie ihm so selten und jetzt überhaupt nicht geschrieben habe.[6] Allerdings kann sein Zustand auch nicht mehr allzu bedenklich sein, denn Mitarbeiter der Kartoffelbaugesellschaft erscheinen bei ihm und lassen sich Briefe diktieren. Einen Tag später hat Anne Marie Seyerlen ihm endlich geschrieben, aber einen traurigen, lebensmüden Brief verfasst. Ditzen antwortet darauf erneut mit seiner Vision einer glücklichen Dreiergemeinschaft zwischen ihr, ihm und Egmont. Wenn letzterer endlich Leutnant würde, dann ließe sich das bewerkstelligen.[7] Warum diese von Egmonts Beförderung abhängig sein soll, wissen wir nicht.

3* „Dass Ditzen auf meine Veranlassung einen Roman anfing, stimmt. Und das war kaum ein Fehler. Von all dem, was in ihm lag oder was hinter ihm lag, kam er nicht weg durch Gedichte und ich habe ihm geraten, sich zu sammeln und ein Buch zu schreiben [...] Das Buch musste sein, aber es ist mir mehr als fremd“, formuliert Anne Marie Seyerlen in ihrem Briefentwurf an Jürgen Manthey.

Der nächste Brief – er wird über einen Monat nach dem jüngst zitierten geschrieben – spricht von einer Krise in der Beziehung, verursacht allerdings durch Rudolf Ditzen, der verstört über sein eigenes Handeln ist.

Du liebste Miami,

ich will doch nicht wieder diesen Tag vorbeigehen lassen, ohne Dir zu sagen, wie sehr mich dauert, was ich gestern Abend sagte. Ich bin in letzter Zeit so schlaff geworden, oft wusste ich, wie wenig gut ich zu Dir war, aber so sehr es mich schmerzte – ich ließ die Dinge laufen. Aber so darf es nun nicht mehr weiter gehen, ich will nicht in Bequemlichkeit hineinkommen, in das Schleifen-lassen der Zügel, so viel kann geschehen, das nicht wieder gut zu machen ist. Denn dies ist doch das eine, dies ist das einzige, das ewig Erinnerns, ewigen Dran-Denkens wert ist: ich habe Dich lieb. Es ist, als ritte mich der Teufel, der mich immer wieder dazu bringt, Dir Dinge zu sagen, die Dir wehtun müssen und nachher zu faul und bequem zu sein, sie wieder gut zu machen. – Ich sah es heute Nacht mit schlimmen Schrecken – ich bin auf einer bösen Bahn. Und ich will tun alles was ich kann, wieder gutzumachen, was ich Böses zu Dir tat. Denn ich war bös. Nein, ich war nicht gut zu Dir, nicht so lieb, wie Du es brauchst, wie Du es verlangen musst. Hilf auch Du mir. Rechne nicht mit meinen Worten, sie zählen nicht. War ich nicht gestern Abend sehr weise, als ich Dir den Ratschlag gab, nicht zu viel zu reden?! O ich Tor und was tat ich da grade. Es ist die größeste Dummheit zu glauben, man müsse dem, den man liebt, alles sagen, was man denkt. Nein, wir alle müssen stets voreinander auf Posten stehen – auch in der Liebe, grade in der Liebe. (Warst Du es nicht, die mir dies einmal sagte, eines Nachmittags in meinem Zimmer und die ich dann darum anklagte?) Jetzt weiß ich, Du hattest recht. – Denn unsre Liebe – ist nicht Liebe stets etwas, das über uns hinauswächst und aus den Kleinlichkeiten unsrer Seele, unsrer Erworbenheiten emporzwingt über unsre Kraft hinaus?! Und so müssen wir sie weiter halten. Wir dürfen das Kleinliche nicht in uns hineinlassen. Nein – ich weiß, ich war oft klein zu Dir. Deine Liebe ist für Dich keine leichte Sache. Du siehst in unsrer vieles, das klein und gemein ist. Hilf mir mit. Ach! Worte können nicht helfen. Du musst mir durch Dein Gehen (?) den Weg zeigen. Sei bei mir, hilf mir, werde nicht schwach. Ich war in letzter Zeit wieder so allein, darum, weil ich nicht bei Dir war. Mein Herz gehörte Dir nicht. Ich war müde ohne Aufschwung. Ohne Kraft zum Aufschwung. Ich konnte Dir nicht einmal sagen, hilf mir. Ich lief neben Dir her und manchmal bettelte ich, aber ich konnte nicht reden. Oft erschrecke ich über meine Einsamkeit. Auch bei Dir. Ich denke, ich habe Dir alles gesagt, und Du kennst mich und weißt, wer ich bin aber dann wird plötzlich, anderes in mir wach, und, was gestern wahr war, ist heute Lüge. Aber dann – in der letzten Nacht als ich schon auf dem Weg nach Haus zu Dir, war mirs klar, wie sehr ich Dich betrog, weil ich nicht ganz Dein war. Denn ich bin auch nur ein wenig Dein, ein ganzes kleines Wenig, wenn ich Dir unbedingt gehöre. Ich darf keine Halbheiten kennen. Ich muß Dein sein mit jeder Fiber, mit jedem Atemzug, mit jedem Gedanken. Was ich gestern Abend sagte über meine Liebe zu Dir, das ist gelogen. Ich bin Dein, ganz Dein. Sei nicht traurig, ich finde doch immer den Weg zu Dir zurück. Ich bin Dein! Ich bin Dein! Ich bin Dein! Du meine Miami

Dein Du [8]

Vier Tage später wieder ein trostloser Brief, bestehend aus Selbstzweifeln und Selbstvorwürfen. Ditzen sieht sich jetzt nicht nur als Kind, das sich nach seiner Mutter sehnt, sondern sogar als Hund, der winselnd zu Füßen von Anne Marie Seyerlen liegt. Seine Selbstanklagen sind schonungslos offen, er hat den Verdacht, dass er durch seinen danklosen Egoismus nicht nur die Verbindung zu seinen alten Freunden, seiner Familie, sondern jetzt auch noch zu Anne Marie zerstört.

Berlin-Wilmersdorf
Mainzerstr. 11. [4*]
Am 14.10.1917.

Liebste Miami, Du, Du, in mein Zimmer scheint die Sonne, grade hier auf diesen Bogen Papier, den Du im Dunkeln lesen wirst.

4* RD ist von der Akazienstraße (Berlin-Schöneberg) in die Mainzerstraße (Berlin-Wilmersdorf) umgezogen.

Freilich, Du hast recht, vielleicht ist es besser, dass wir uns nicht sehen, bis es auch bei Dir ein wenig heller geworden ist. Denn es ist so: ich mag so froh sein, wie ich will, und ich komme zu Dir und Du bist's nicht, so werde ich trüb wie Du. Es ist in mir so dunkel, Du musst mir die Sonne geben. Und kannst Du es einmal nicht, so ist es nichts als Viecherei und Quälen, zwingen läßt es sich nicht. Wir müssen warten, zwei, drei Tage, dann wird es schon heller werden. Ist es böser Egoismus, den ich schreibe? Ich glaube, ja. Jetzt müßte ich Dir helfen können, müßte ich Dir die Kraft wiedergeben können, die Du mir durch Monate gabest, aber ich kann nicht. Diesem Trübsinn gegenüber werde ich kraftlos. Ich ringe mit mir, in mir sind die rechten Worte, Worte, die Dir vielleicht helfen könnten oder Dir doch gut tun, aber ich bringe sie nicht über die Lippen. Bin ich nicht manchmal wie ein Mensch, der in ein Tier verzaubert ist. Mein Herz weiß alles, was Du leidest, ich weiß die Hilfe, aber winselnd als Hund liege ich zu Deinen Füßen und kann nichts als Dich anschauen. Ich weiß wohl, heute schon wird das Heimweh nach Dir kommen. Ich werde mich nach Dir sehnen. Aber man muß wohl klug sein und warten können. – Nur eines darfst Du nie vergessen, wie ist Dein Leben gewesen? Wie vielen bist Du Helligkeit und strahlender Stern gewesen. Du warst stolz und kraftvoll. Das alles darfst Du nie unterkriegen lassen. Wenn wir Grauen, Kleinen, Elenden nicht an den Glanz glauben, wer will es uns verübeln, wir sahen ihn nie. Aber Du ! In Dir war doch Aufschwung und Trotz[5*] *und Jubel, du* <u>*musst*</u> *daran glauben, Du musst es fühlen, dass es wiederkommt für Dich, dass Du wieder oben stehen wirst, lächelnd, stolz, kraftvoll. Wäre es nicht der wahnsinnigste Bankrott meines Lebens, wenn auch Du nun klein und mutlos würdest? Ich habe an Dich geglaubt, an Dich als erstes und einziges. In Deinem Schoß weinend lernte ich, dass es Sieg gibt und Triumph und nicht nur dumpfe Niederlage. Mein ganzes Leben habe ich nun in Deine Kraft hinein gebaut. Fällst Du, so bin ich rettungslos verloren! – Wollte ich nicht von Dir reden? Nun rede ich schon wieder von mir. Ach, so fest sind wir miteinander ver-*

5* Christine Steiner: „Meine Mutter wollte auf keinen Fall nach Dänemark zurück, als die Zeiten schwierig wurden. Sie hatte sich den Aufenthalt in Berlin ertrotzt und wollte ihrer ganzen Familie zeigen, das sie das auch schaffen würde.“

knüpft, dass nichts für Dich gilt, was nicht auch meinen Herzschlag regelte. Damals, am Abend, im Hotelzimmer in L. [6*]*, als nur (?) der Fetzen Nacht über mir war und Du neben mir, damals hast Du die Bürde meines Seins auch auf Dich (?) aufgeladen. Sie ist leicht, so lange Du stark bist. Aber verwachsen bin ich mit Dir, in Deinem Herzen wurzle ich und bin ich Dein Kind, das Heimweh-Verlangen in Dich hinein hat, so bist Du meine Mutter, die mich noch immer mit ihrem Herzblut nähren muß. Bin ich Dein, so bist Du nicht weniger mein. Ich lasse Dich nicht, Du musst weiter da sein, Du musst weiter stark sein, Du musst weiter Du sein. Was zählen die kleinen Nadelstiche des Täglichen. Sie schmerzen wohl. Ich las einmal, man isst nicht ungestraft Jahre fremder Leute Brot. Das ist Bürgermoral. Ich habe mein ganzes Leben genommen, Dörte, Käthe, die Eltern, Hedwig, ach alle von Willi bis Uli* [7*] *haben mir gegeben, ich habe immer von ihnen genommen und weiß bis heute kein Wort des Dankes, kein Gefühl der Verpflichtung für sie. Das gilt auch für Dich. Jeder muß Er Selbst sein, und das Selbst weiß nichts von Dank, Verbindlichkeit, [...] bis die Liebe kommt. Bis sie kommt. Nun liege ich vor Dir, ich bin Dein, ich will <u>Dich</u>, werde Du wieder Du. Deine Hände waren so fremd in diesem Tag, sie waren so mutlos. Aber, denke zurück an Deine Insel, an Deine Reisen, an den Maler, den Komponisten, denke an Dein einsames, getünchtes Zimmer, fern von Menschen, nur das Meer nahebei, und Du kämpfend mit den Rollen* [8*]*, aus denen der Duft fremder Menschenschicksale stieg, Du hast sie alle in Dich eingesogen, Du wurdest Du und nun willst Du sie und Dich, Deine ganzen Gewesenheiten, Deine ganzen Träume von Dir weg stürzen, nein, nein Du bist Du und ich bin Dein.* [9]

Während dieser Brief den großen Rahmen in der Beziehung beider absteckt, gibt es auch kleinliche und banale Unstimmigkeiten. Ditzen verwahrt sich gegen den Vorwurf, Anne Marie Seyerlen untreu zu werden.

6* RD erinnert an die erste gemeinsame Reise nach Leipzig.

7* Gemeint sind die ehemalige Freundin *Käte* Matzdorf, seine ehemalige Verlobte *Hedwig* Jagusch, der Freund *Willi* Burlage und der jüngere Bruder *Uli*, Ulrich Ditzen, der zu diesem Zeitpunkt als Freiwilliger im Kriegsdienst ist.

8* Gemeint sind die Schauspiel-Rollen der Shakespeare-Werke, denn RD spielt hier auf Anne Maries Aufenthalt auf der kleinen dänischen Insel an.

Berlin-Wilmersdorf.
Am 15.10.17

Liebe, liebe Miami,

eifersüchtig? Nein, bitte, bitte nicht. Es ist das so ein Misstrauensvotum. Ich habe Dich doch lieb, ich bin doch Dein. Sag selbst, was soll ich diese Abende tun – an Tagen, an denen ich Dich überhaupt nicht sah. Nein, nein, ich könnte nicht schreiben, ich könnte nicht schlafen, nichts könnte ich tun ohne Dich. So gehe ich lieber fort. So wie es mich auch gestern herumtrieb, ohne Ruhe – in Angst vor den vier Wänden meines Zimmers, denen keine Erwärmung von Dir zu geben war. Nein, Du weißt es noch immer nicht, <u>was</u> Du für mich bist. Du rechnest nach meinem Äußern, nach dem Drum und Dran und nach den so oft dummen, rohen Reden. – Das alles zählt nicht – für mich nicht. Und auch für Dich sollte es das nicht – denn ich bin Dein. Liege ich nicht immer vor Dir. Du musst mich lieb haben – noch viel mehr – ja, Du sollst meine Flecken wohl sehen, aber Du sollst sie verzeihen um meiner Liebe willen. Ich habe Dich lieb, ich bin Dein

Dein [10]

Seit Mitte Oktober und bis Ende Dezember ist Ditzens Handschrift übrigens wieder überwiegend groß, in Einzelfällen auch mal um etwa 50 % verkleinert, aber das sind Ausnahmen. Das Schriftbild selbst dieser klein geschriebenen Briefe hat wenig Ähnlichkeit mit jenen ‚Drogen'-Briefen, auf die gesondert hingewiesen wurde.

Ditzens nächster Brief fast einen Monat später behandelt die Sexualität und damit die ewig schwelende Krise zwischen den beiden. Es ist wohl keineswegs so, dass diese Sexualität in Leipzig begann und in Timmendorf endete, wie Anne Marie Seyerlen ihrer Tochter erzählte. Aus den Briefen Ditzens könnte auch interpretiert werden, dass die intimen Beziehungen weiter bestanden und immer wieder zu Missverständnissen, Verstimmungen und Auseinandersetzungen führten.

Anne Marie Seyerlen im Winter 1917

Berlin, dem 9. November

Liebste Miami,- [...]

Ach! das war böse, als Du das sagtest, Du wolltest nicht nur ‚erotische Liebe', Nein, Mi, wenn Das nur Erotik bei mir wär, so wär da keine Geduld und kein Aushalten, nein, wie wenig liebe ich Dich und wie sehr hab ich Dich lieb. Das musst Du fühlen und – am Ende, da fühlst Du's ja auch. Und um eines tadele ich mich doch, dass ich oft nicht gut genug bin. Ich habs jetzt so sehr gesehen, wie viel Zeit man haben muß zum Gutsein. Ach, läßt man nur ein wenig seine Gedanken wandern, ist einmal nur ein wenig müde, gleich ist's verfehlt. Denn man muß da sein, sich ganz ins andere hineinversetzen zum Gutsein, da fehlts. Und dann noch eines: ich bin oft so roh zu Dir mit Reden – darum wollt ich Dir schon neulich schreiben. Ich weiß nicht, wie es kommt. Wohl, weil bei mir die Worte so wenig gelten, weil ich sie nur brauch als Nothilfe. Und darum nicht zähle. Ihr Andern, Ihr rechnet mit Worten, gesprochenen, nutzt es. Ich rede sie so hin und sie gelten nichts für mich – nichts. Und nachher sehe ich, dass ich damit weh getan habe, immer nur weh, und alles ist umsonst. Das ist mir immer eines vom Unfassbarsten, was nie in meinen Kopf hinein will: dass ein gesprochenes Wort alles zerstören kann oder doch so viel. Aber Du darfst's glauben, selbst wenns ganz bös klingt von mir, es ist hin geredet, es gilt nichts – ich habe mir nichts dabei gedacht. Eine so dumme Entschuldigung. Und doch – es ist so [...] [11]

Am 5. Dezember 1917 spricht Ditzen seit langem wieder von seinem Roman:

Ich habe gut arbeiten können, endlich einmal wieder. Aber ich fühle es beinahe wie einen Vorwurf gegen mich, dass ich gut arbeiten konnte, während Du leidest. Haben wir so wenig gemeinsam? Bin ich so oberflächlich. Ach! manchmal merke ich, ich kann Dich ja gar nicht lieben, meine ‚Liebe' ist nur ein Mäntelchen, das ich meinem Egoismus umhänge. Aber nein – nichts davon. Jetzt, als ich nach meiner Arbeit aufstand und im Zimmer umherging, fühlte ich plötzlich, dass diese Arbeit, die mein ganzes Ich wird, nichts ist ohne Dich. Nur für Dich schreibe ich sie, nur für Dich hat sie Wert. Hält Dich nicht schon dies?

Muß Dir nicht das schon sagen, dass Du Dich halten musst, aufrecht halten für mich! Geschähe Dir je etwas, ich könnte nicht mehr leben, wollte nicht mehr leben [...] Denke daran, vergiss es nicht: ‚Ich hab Dich lieb.' Ruf mich bald an, ich warte auf Deine Stimme, Du weißt nicht, wie sehr ich auf Deine Stimme warte; jeden Morgen, und wie ihr Ton ist. Aber wenn er traurig ist, lass ihn nur traurig sein, ob Trauer oder Freude

ich habe Dich lieb Dein Du [12]

Anne Marie Seyerlen scheint in einem katastrophalen Zustand zu sein, so katastrophal, dass Rudolf Ditzen sogar von Scheinproblemen spricht, über die sie sich Sorgen mache.[13] Dazu gehöre die Frage, wann und ob Egmont zum Leutnant befördert werde. Natürlich werde er das in kürzester Zeit – so Ditzen. Aber auch andere Sorgen spielen eine Rolle, wir wissen nicht genau welche, da ja die Briefe von Anne Marie Seyerlen an Rudolf nicht erhalten sind, aber es müssen auch existenzielle Fragen sein, denn immer wieder ist von Geschäftsplänen die Rede, bei denen auch Ditzen mitwirken soll, die aber erst akut werden, wenn Egmonts Beförderung zum Leutnant stattgefunden habe. Böttcher und Stahl werden in diesem Zusammenhang vermutlich bei Haffers Erkundigungen über Egmont und Anne Marie Seyerlen einziehen, was sie ängstigt und Rudolf Ditzen lächerlich findet.[14] Vielleicht sind es wirklich Scheinprobleme, aber vielleicht trifft auch das zu, was Rudolf Ditzen sich zuschreibt: Durch seine *Gier und Rohheit* verdirbt er alles Schöne, Gemeinsame ihrer Freundschaft; durch seinen Egoismus macht er sie schwach, andere haben das auch schon festgestellt und ihm vorgeworfen. Diese Vorstellung entsetzt ihn so, dass er einen seiner anrührendsten Briefe an Anne Marie Seyerlen schreibt. Aus diesem Brief spricht die ganze Verzweiflung eines Menschen über sein zerrissenes Wesen.

Am 20. Dez.1917

Du liebste liebe Miami,

nun ist es trotz allen Drängens und Hastens so spät am Abend geworden, dass ich Dir nur einige arme Worte schicken kann. Und ich hätte Dir so endlos viel zu sagen. Ist es nicht manchmal, als ob ich über unserm steten Zusammensein ganz *vergäße, dass dies alles ja nur ein Geschenk ist, etwas Vorübergehendes, das einmal ganz plötzlich vorbei sein und nie wiederkommen wird. Ja, ich spüre ja selbst, was Dich leiden macht, leide ja auch darunter, unter dieser Flüchtigkeit meines Gefühls, das sich nicht an jede Sekunde klammert, sie ganz ausschöpft und sich Dir stets ganz gibt. Ich fühle, wie schwach ich bin, wie gering mein Dank ist. Gestern abend – als wir auseinandergingen, ach, ich kam ja nur zu Lotte* [9*]*, weil ich fühlte, dass ich nicht allein sein dürfte, dann hoffte ich auf den Morgen. Nun war dann Deine Stimme da und sie hat mir gesagt, dass ich schlecht bin, ich, der ich mir immer einbilde Dir nützen zu wollen, ich schade Dir mehr als alle aufregenden Briefe es je können. Denn was ich tue ist, dass ich um Dein Mitleid bettle, dass Du es mir dann groß schenkst, und dass es dann, sobald ich es nahm, wertlos geworden ist, dass wir uns beide schämen. Wir Amoralischen – unsre Moral liegt in uns und immer wieder zwinge ich Dich, gegen Dich selbst zu sündigen. Nun bist Du traurig, nun bist Du wieder krank und klagst und alles meine Schuld, alles habe ich getan und kann es gar ja nicht wieder ausgleichen! Was soll ich nur tun! Ach! ich weiß ja, alle Worte helfen nichts, denn Du bist mir nicht böse, Du bist nur traurig, dass ich Dich immer verlocke, das, was feiertäglichster Zusammenklang ist, zu entwürdigen. Ich kann den gestrigen Abend nicht ausstreichen, all meine Liebe kann nichts ändern, nicht einmal schwören kann ich, dass ich mich ändern will, denn wie schwach bin ich! Du liebste söte Miami, hilf Du mir. Zeig mir einen Weg, wie ich wieder ausgleichen, besser machen kann. Nun fahre ich fort, nun kommt eine ganze Woche ohne Dich und wie geschwächt, wie zerfallen mit Dir selbst lasse ich Dich zurück. Nein, es muß etwas sein, das Dir darüber forthilft, das Dir sagt, wie sehr ich leide. Ich weiß nicht, was ich tun soll. Bei keiner Arbeit läßt es mich ruhen und schon da ich diesen Brief schreibe, fühle ich, wie wenig er ausgleichen, besser machen kann. Denn was ich hier in Hast und Eile stammle – es zeigt doch am Ende nichts als: Verzeih und es ist mir ja nicht um das Verzeihen zu tun. Ich will auch nicht, dass Du noch besonders gesagt bekommst, meine Liebe ist wie heut wie gestern wie am*

9* *Lotte* Fröhlich.

ersten Tag – das weißt Du ja, wie wenig da alles zählt, nein, worum es zu tun ist, das ist, dass Du den Stachel verlierst, Du nicht traurig, nicht trostlos, nicht verzweifelt bist. In jener Nacht in der Akazien Straße waren wir an einer ähnlichen Klippe, dann wurde alles gut, nun sind wir in der Gefahr, dass alles Erworbene durch meine Gier und Rohheit verloren geht. Miami, wie kann es anders werden. Was zählt denn all meine Liebe, wenn sie Dir immer von neuem weh tut. Muß ich denn wirklich ganz fort von Dir, (?) ist es denn wahr, dass ich Dir nur schade? Ein paar Leute habens schon gesagt, [...] nun muß ich es mir selber sagen. Ist es denn wahr, was ich mir in den Nächten ausgesonnen habe, dass Du, seit Du mich kennst, immer schwächer geworden bist – durch mich? Liebe, liebste Miami! Alles war so gut und klar, nun plötzlich – alles ist ein Meer von Ungewissheit und Zweifel geworden, an nichts kann ich noch glauben. Ach! nun bin ich zu Ende. Was habe ich gesagt? Dummheiten, die Dich nur trauriger machen, weil Du fühlst, wie wenig ich Dich verstehe. Wie gut war es früher als ich nur Dein Hund war, wie gut wär es, wieder Dein Hund zu sein! Aber ich liebe Dich doch wie sonst, was ist denn? Liebe, liebe Miami, hilf mir

Dein R. [15]

Dem verzweifelten Hilfeschrei vom 20.12. folgt einen Tag später – sicher für Anne Marie Seyerlen recht verwirrend – ein selbstbewusster Brief über sexuell intimste Einzelheiten wie die Vorzüge der Onanie. Es verwundert inzwischen nicht mehr, dass bei dieser Gelegenheit nach langer Pause wieder die klitzekleine Schrift in Ditzens Briefen auftaucht. Auf Diskussionen über seine – so offensichtlich Anne Marie Seyerlen – viel zu starke Sexualität, die ihn körperlich ruiniere, lässt er sich nicht ein. Es sei sicher *[...] ein körperlicher Mangel, den ich mit der Mehrzahl meiner Gleichaltrigen teile, das vielleicht nur dadurch ein wenig verschärft wird, dass ich zur Prostitution keinerlei Beziehung finden mag [...] Und im übrigen habe in der Onanie das Mittel in der Hand, die körperliche Beeinflussung auf das geringste Maß herabzudrücken.* [16] Ebenso selbstbewusst lehnt er Anne Maries Vorschlag ab, dass sie ihm eine Frau zum Heiraten suche und vermittle, damit das körperliche Problem ihrer beider Beziehung damit nivelliert werde, denn für die ausgewählte Ehefrau wäre dann die körperliche Verbindung und für sie, Anne Marie

Anne Marie Seyerlen feiert bei Lotte Fröhlich Weihnachten und bekommt von Rudolf Ditzen, der in Leipzig seine Eltern besucht, Post.

die geistig-seelische zuständig. *Aber ich habe kein Leiden, dem eine Heirat abhelfen könnte [...] Aber wenn es denn so ist, dass die Erotik bei mir ein rein körperliches wohl eindämmbares Bedürfnis darstellt, was würde ich denn da durch eine Heirat gewinnen? [...] Selbst gesetzt den Fall, Du fändest für mich ein Mädchen, das alle Vorbedingungen erfüllte, die Besserung läge doch nur auf dem körperlichen Gebiet. Und ihr gegenüber stände eine so schwerwiegende Verschlechterung des Geistigen [...] Wo ist denn da der Gewinn?* [17]

Ditzen reagiert also ziemlich kühl auf diesen Vorschlag, der vor allem zu Lasten des ausgewählten Mädchens gehen dürfte, aber er zeigt Anne Marie Seyerlen auch ihre Position, die weder durch die von ihm angestrebte Dreierverbindung zwischen ihr, Egmont und ihm, noch durch die von ihr ersonnene Nothochzeit mit einem passenden Mädchen verändert werden kann. Eine lediglich platonische Verbindung ist undenkbar. Körper und Geist sind für ihn eine Einheit; in diesem Sinne begehrt er Anne Marie Seyerlen nicht halb, sondern ganz. Der Zukunft ihrer Verbindung sieht er allerdings illusionslos entgegen: *Kommt Egmont zurück, so wird mein Zurückgelassenwerden, am Wege stehen bleiben mich schon von selbst dazu bringen, zu suchen. Lassen wir doch den Dingen ihren Lauf! Lass mir doch jetzt in Ruhe meine Zeit bei Dir, ohne Pläne, Sehnsüchte, Hoffnungen, die über Dich hinausreichen.* [18]

6. Vater, Mutter und Sohn in Leipzig

Rudolf Ditzen fährt über Weihnachten nach Leipzig zu seinen Eltern, die – alle Kinder sind aus dem Haus – nunmehr alleine dort leben. Es geht ihnen nicht gut. Bereits die Schwester des Vaters, Adelaide Ditzen, also Tante Ada, hatte dies besorgt registriert: „Mein Bruder nimmt nun bald seinen Abschied [1*], u[nd] es wird ihm sehr schwer. Er muss in einem traurigen Zustand sein; ich fürchte, nach allem, was ich davon höre – Schlaflosigkeit, Schwindel, schwere Sehstörungen, dass es sich wohl um eine Arterienverkalkung im Gehirn handeln kann. Er und seine Frau schließen sich immer mehr von aller Welt ab, sogar die eignen Kinder werden nur noch als schädliche Störung empfunden, da kann man nichts machen [...]" [1] In seinem Brief an Anne Marie Seyerlen vom 23.12.1917 bestätigt Rudolf zunächst diesen Eindruck:

Wie ich die Eltern gefunden habe? – ach, ist es nicht zum Verzweifeln, ein Leben, das so groß und stark war wie das ihre – denn es mag ja von unserm Standpunkt so unberechtigt, so voll falscher Moral und Prüderie, so klein gewesen sein –, es war höchste Einzelligkeit, ein nie aufhörendes Opfern füreinander und für die Kinder, ist es nicht kläglich, dies so versanden, so verkümmern zu sehen? Vorhin klagte mir Mutti, oft läge sie ganze Nächte mit Papa wach und sie sorgten darum und sprächen davon, wie es schön sein würde, wieder ganz offen und ehrlich leben zu dürfen und nicht so versteckt und schuldhaft. Sie sorgen sich um die wenigen Lebensmittel, die sie unter der Hand bekommen! Mutti sagt, dass sie sie oft nicht auf den Tisch bringen kann, sie dem Mädchen gibt, weil sie eben nicht kann. Ein halbes Pfund Butter ist ein Vorwurf, der ein ganzes Leben ohne Lüge und Heimlichkeit zermürbt. Was für Sorgen! Dazu die trüben Zimmer, kaum geheizt – über 10° können sie nicht heizen, sonst kommen sie mit ihren Kohlen nicht aus! – dies Alleinsein, Kranksein – <u>so</u> alt zu werden, auf diese Weise –

1* Wilhelm Ditzen ist Reichsgerichtsrat, ein juristischer Posten, der in etwa dem des heutigen Bundesverfassungsrichters entspricht.

nein! nein! Und dabei sagt die Bibel: und wenn es köstlich gewesen ist, so ist es Mühe und Arbeit gewesen. Ach! Ich will sehen, dass ich ihnen ein wenig helfe – ihnen ein wenig Freude mache. Es wird so wenig sein! [2]

In der Tat musste es für einen überaus korrekten Mann, wie es der Jurist aus Leidenschaft, Wilhelm Ditzen, war, furchtbar sein, sich am Schwarzmarkt beteiligen zu müssen, Korruption zuzulassen – um zu überleben, um nicht massiv zu hungern oder gar in der Wohnung zu erfrieren. Es war der dritte Kriegswinter, und er war außergewöhnlich kalt. Die Ernte im Deutschen Reich war katastrophal, das einzige, was es reichlich gab, waren Kohlrüben, auch Steckrüben genannt. Bald sprach man vom Kohlrübenwinter. Es gab fadgelbes Kohlrübengemüse, lasch schmekkende Kohlrübensuppe, in der nichts weiter war als ein wenig Salz, die Kinder bekamen ein Stück roher Kohlrübe als Pausenbrot mit in die Schule, Kohlrübenschnitzel wurden als Salatersatz in Essig eingelegt, Öl für die Salatsauce war natürlich nicht zu haben. Die meisten wichtigen Nahrungsmittel wurden rationiert. Wir wissen nicht, wie es in Leipzig geregelt wurde, aber in Berlin, wo Rudolf Ditzen und Anne Marie Seyerlen lebten, standen jedem Menschen pro Monat zwei Eier zu, ferner 80 Gramm Butter, 250 Gramm Fleisch und 2500 Gramm Kartoffeln. Das waren offizielle Rationen zum Verhungern. Wer da nicht auf dem Schwarzmarkt Schmuck, teure Bücher, wertvolle Kleidung oder Schuhe in Lebensmittel umtauschen konnte, weil er solche Reichtümer nicht besaß oder entbehren konnte, war übel dran. Volksküchen gab es bereits seit 1916, die den Ärmsten mit einem Teller Suppe das Verhungern ersparten, sofern sie mit einem Berechtigungsschein ihre Bedürftigkeit nachweisen konnten. Jetzt, im Winter 1917, hatten sie in den Großstädten so viel Zulauf, dass längst nicht alle Bittsteller ihren Teller Suppe erhielten, die da stundenlang in der Schlange gewartet hatten. Und wenn mit Wilhelm Ditzen sogar einer der höchsten Beamten im Staat, ein Reichsgerichtsrat, gerade Kohlen genug hatte, um seine Wohnung auf etwa 10 Grad hochzuheizen, kann man ermessen, wie dramatisch die Not bei den weniger Betuchten im Lande gewesen sein muss. Dazu kam für Wilhelm Ditzen als Bismarck-Verehrer und überzeugtem Preußen der drohende Zusammenbruch der Monarchie: Ultralinke wie Rosa

Luxemburg und Karl Liebknecht hatten den Spartakusbund [2*] gegründet, der gegen die Fortsetzung des Krieges und für eine internationale Solidarität unter den Proletariern aller Staaten eintrat. Der Sieg der Oktoberrevolution in Russland unterstützte die revolutionäre Stimmung nun auch im Deutschen Reich. Kriegsmüdigkeit machte sich breit, die Desertionen der Soldaten stiegen im gleichen Maße wie der Verdruss der Bevölkerung über ein unfähiges monarchisches Regierungssystem. Überkommene Autoritäten galten kaum noch etwas. Für Wilhelm Ditzen und seine Frau also wankte alles: Seine Lebensphilosophie, die auf Preußen und die Monarchie begründet war, seine Lebensaufgabe – alle vier Kinder waren erwachsen, und seine Existenzgrundlage. Kein Wunder also, dass Rudolf Ditzen seine Eltern in trostlosem Zustand antrifft. Um so größer ist seine Freude, als es ihm gelingt, sie aus ihrer traurigen Lethargie herauszureißen, wenigstens für die Zeit der Feiertage:

Leipzig -Kaiser- Wilhelmstr. 33.
Am 24. Dez. 17.

Liebste Miami,

heute, am Weihnachtstage, werden es nur einige wenige Zeilen werden, die ich Dir schreiben kann, ein wenig dürftiges – aber ich muß noch den Weihnachtsbaum schmücken, für Mutti Besorgungen machen, mit den Eltern in die Motette gehen und da nun schon um sechs Uhr beschert werden soll – so reicht eben die Zeit weder recht hin noch her. – Gestern abend versuchte ich ein wenig zu arbeiten, aber wieder wurde es nichts [...]. Es ist so kalt im Zimmer, dass ich den Federhalter kaum in den Händen halten kann, aber was soll man tun?– ich werde in diesem Winter nicht mehr über Kälte klagen, seit ich gesehen habe, wie frierend die Eltern leben. – [...] [3]

2* *Spartacusbund,* die linksradikale, revolutionäre Vereinigung propagierte das Rätesystem und lehnte die Demokratie sowie parlamentarische Kampfmittel ab. Die Vereinigung nahm 1918/19 den Namen „Kommunistische Partei Deutschlands“ an.

Anne Marie Seyerlen, 1917

Nur wenige Stunden später beschreibt Rudolf Ditzen den Heiligabend in Leipzig so warmherzig und mitfühlend, dass ein gestörtes Verhältnis zu seinen Eltern kaum glaubhaft erscheint.

Du liebe – liebste Miami,

nun ist der Bescherungsabend vorüber, aus Papas Zimmer klingt Klavierspiel, Mutti und er spielen nach neuen Noten: Haydn, Quartette. Weiß Gott, dass ich vor diesem Abend Furcht hatte – ich erinnerte mich des vorigen Weihnachtsfestes, an dem die Eltern so sehr und trostlos weinten. Und nun ging alles so gut, so sehr viel besser als ich je geglaubt hätte – und alles darum, weil Du mir gesagt hattest: ich müsse so gut zu ihnen sein, wie zu Dir, wenn ich Dich trösten wolle. Ja, sie haben in allem und jedem meine Liebe gespürt, vielleicht haben sie auf den Weg hinter sich gesehen und haben gefunden, dass alles Opfern und Kämpfen nicht umsonst war, da sie mich so stark sahen. Meine Geschenke gaben ihnen zu fühlen, wie sehr ich an sie gedacht habe. Und das Bild von Törsleff[3*] *– ich kann Dir wenig schreiben, sie waren ganz still. Dann fragte Mutti, woher ich es habe, und ich erzählte, dass Du es mir zum Dank für meine Dienste geschenkt habest. Dann sprach Mutti davon, wohin sie es hängen sollten, zerbrach sich über den Platz den Kopf und da sagte Papa plötzlich: ‚Es muß natürlich in meinem Arbeitszimmer hängen, dass wir es täglich sehen, ich hänge die niederländische Landschaft fort.' Später, auf dem Spaziergang, meinte er noch einmal: ‚Natürlich sind wir nur die Verwahrer des Bildes. Später, nach unserm Tode bekommst Du es zurück.' – Bist Du zufrieden, glaubst Du nun, dass wir das Rechte getroffen? Ach, Du dumme liebe Miami, ich danke Dir so viele Male dafür, dass ich den Eltern diese Weihnachtsfreude machen durfte. Das war das schönste Geschenk. Du Liebe, Liebe Du. Aber nun, wo magst Du jetzt sein? Wo feierst Du? Es ist immer wieder dieselbe Melodie, keine schöne Melodie – ich weiß, aber es quält mich so, dass Du allein bist, dass Du leidest, dass ich nicht bei Dir sein kann. Ich liebe Dich, heißt das nicht: bei Dir sein, alles mit Dir teilen? Es ist so ungerecht, so falsch, dass man hierhin und dorthin gehört, dass man teilen muß und nichts ausschließlich sein darf. – Es ist spät geworden,*

3* August *Törsleff* (1884 - 1968) war ein Jugendfreund von Anne Marie Seyerlen und ein bedeutender dänischer Maler.

Papa hatte heute das Vorlesen für Mutti aufgegeben, um länger mit mir zusammenzusitzen, so sassen wir drei um den runden Tisch, d. h. Papa sass auf seiner Chaiselongue (drei Decken), Mutti auf ihrer und ich hockte in einem Sessel mit einer Decke zugedeckt, sprang aber von Zeit zu Zeit an den Ofen, um ein wenig wieder aufzutun. Wir lasen die Zeitung, sprachen ein weniges, aber so wenig – Papa spricht kaum den Tag über ein Wort, er ist ganz still, wie erloschen. Hier, unter dem engen Lichtkreis der elektrischen Lampe war alles Leben so ganz fremd, dieses Gefühl, einmal aus der Tiefe zu haben, dass alles erlebt, durchlitten, durchkämpft ist, alles errungen und nun nichts mehr bleibt als ein langsames Verlöschen, Krankheit, kaum ein wenig Sonne und dann der Tod. Man fühlt es, wie der Tod in diesem Zimmer sitzt. Mutti spricht davon, aber ihr geht er noch nicht bis zum Hals – Papa ist still, aber jede Bewegung, jedes Wort, jeder Gegenstand legt Zeugnis davon ab, dass er nur an ihn denkt. Was mag er fühlen? Was mag hinter diesem feinschaligen Schädel vorgehen? Wünscht er ihn bald, verflucht er ihn – ach, ist er müde? Papa ist still, die ganze Wohnung ist es. Die Bücher – alles ist beiseite gestellt, geordnet, schon aufs Ende bereitet. Und nur eines aus diesem ganzen Leben ist geblieben – der Gefährte, der nach all seinen Arbeitsstunden da war: die Musik. Aber wie anders auch dies! Wie hat er früher Mutti gescholten, bald retardierend, bald das Tempo verschnellernd! Nun spielt er nur noch für sich. Sein Gesicht, halb nach links geneigt, scheint in den Flügel hineinzuhorchen. Er ist ganz weit weg. Und dann ist er glücklich. „Ja, es war schön" sagte er hinterher, „es war schade, dass Du nicht da warst, Du hast etwas versäumt." So blass sind seine Scherze geworden, so bleich wie letzte Herbstsonne. Ich sah zum ersten Mal – er kann mit seinen Haaren den nackten (?) Schädel nicht mehr decken, nun seh ich erst, wie fein, wie gewölbt er ist. Was hat dieser Kopf gesorgt, gearbeitet und gelitten. Was hat dieses Herz verzichtet! Vielleicht ist er nur darum so müd und verzweifelt, dass nichts mehr da ist zum Sorgen, Arbeiten, Verzichten. Es ist trübe, so ein altes Haus. Aber es ist eine Mahnung. All das sagt es mir laut genug, deutlich genug, dass ich es nicht versäumen darf, Dich mehr zu lieben als bisher, dass jetzt noch Zeit ist. Ich weiß, Du hast Grund zu klagen über mich, wie flüchtig war ich in meiner Liebe – letzte Zeit. Dass wir auch das Lieben so sehr lernen müssen! Was für eine Lektion, die wir immer und immer von neuem zu wiederholen haben, wie müssen wir jede Minute unseres Lebens ganz austrinken, um ganz bei Denen (?) zu sein, die wir lieben. Bei Dir? Ach, ist das nicht mein Fehler, dass ich nur ,bei' Dir bin, nicht ,in' Dir? Darin musst Du mir helfen. Ich bin so töricht. Du meinst, ich kennte Dich. Aber ich weiß nichts von Dir – mein Herz muß erst lieben lernen – habe ich nicht auch die Eltern erst durch Dich wahrhaft lieben [ge] lernt? Habe Geduld mit mir. Vergiss, dass dies einmal ja ein Ende haben muß, denke nur daran, dass ich Dich ganz lieben möchte und hilf. Dein Du. [4]

Seinen Roman treibt Rudolf Ditzen voran und er dankt Anne Marie Seyerlen erneut für die Anregung und den liebevollen Druck, den sie ständig auf ihn ausübt:

Und es kam die Arbeit, das erste Mal in meinem Leben, dass ich aushaltend (?) durch alle Entmutigung und Zweifel hindurch weiterarbeiten konnte, mit einem fernen Ziel, das erreicht werden würde – um Deinetwillen. Um Dich nicht zu enttäuschen, um Deinen (und meinen) Glauben zu rechtfertigen. Wenn Du aber soweit bist, wenn Du verstehst, wie das Allerwichtigste, was Du je erreichtest bei mir, diese Arbeit ist, diese einigen Abende über gelbes Papier geneigt mit ganz langsamen Schreiben, wie in dieser Arbeit – ob sie nun gut oder schlecht sei – Deine und meine Liebe wurzelt und mein ganzer Glaube und meine ganze Zukunft, so musst Du doch auch verstehen können, dass all die Voraussetzungen, die Du für meine Heirat [4*] *schaffen willst, all die Gründe dafür zusammenfallen, nichts sind neben diesem einem, dass ich arbeite – um Deinetwillen, nein, richtiger, um Deine Liebe zu rechtfertigen [...]. Ich darf nicht länger ein [...] Irgendwer [sein], ich muß ein ,Wer' werden, damit Du gerechtfertigt bist [...]* [5]

In seinem ersten Brief über den Heiligabend hatte er bedauert, dass er kaum zur Arbeit an seinem Roman kommen werde, da die Eltern ihn zu sehr in Anspruch nähmen: *So werden diese wenigen Urlaubstage, auf die ich mich um der Arbeit willen so*

4* Mit der *Heirat* spielt RD auf den Vorschlag von Anne Marie Seyerlen an, ihm eine passende Ehefrau zu organisieren. (Vgl. Kapitel V.)

freute, ungenützt verstreichen müssen.[6] Aber am 25.12. sind es nicht die Eltern, die eine Weiterarbeit an seinem Buch behindern, sondern seine eigenen Zweifel an der Qualität, seine Furcht vor dem Versagen:

> *Liebste Miami,*
>
> *über Essen, Besuchen und Schlafen ist es wieder Abend geworden – aus dem Arbeiten an meinem Roman wird nichts und das bedrückt mich eigentlich ein wenig, denn man soll solche Arbeiten nicht zum Stillstand kommen lassen. Doch hier ist es nun einmal nichts, Kälte und die Stimmung fehlen – vor allem aber zweifle ich, alles, was ich schrieb, kommt mir so weitschweifig, so ohne Allgemeingültigkeit, so krankhaft vor, dass ich verzweifeln möchte. Am Ende bleibe ich doch der kleine Kartoffelbeamte – mein Leben lang, mein ganzes langes Leben und sehe nur immer mit Sehnsucht und Neid in die anderen Zimmer, in denen Bilder und seltene Krüge sind – ohne Teil an (?) all dem. Denn nur genießen, nicht mitarbeiten – ich kann nicht! [...] habe ich nicht den Beruf zum Künstler, bleibt Kartoffel Trumpf, so ist es darum, weil ich nicht Weizen sondern Spreu bin. Dann kommt eines Tages die Stunde, da die wahrhaften Frauen sich von mir abkehren, weil ich zu leicht bin – ‚ein guter Kerl, aber doch gar zu wenig' –, dann ist mein Schicksal am Ende doch eine Hedwig und ein enges Heim ohne Aufschwung, ein dumpfes Leben [...] Draußen aber ist dann die Welt, das wahrhafte Leben, flattern Fahnen und scheint die Sonne – zu Anfang sehne ich mich noch, aber am Ende bin ich selber ein Puttchen, dem nichts höher steht als der Spruch: Mein Haus die Welt. – Ich bin trübe, ich bin mutlos. [...] Ich hänge ganz allein in der Welt, Du allein hältst mich.*[7]

Am 29.12.1917 zieht er die Bilanz seines Urlaubs: *Zwei Kapitel wollte ich mindestens schreiben und die Zeit hätte ich dazu gehabt. Aber nicht die Rede. Mit einem Plus von zehn Zeilen kehre ich nach Berlin zurück, und was für Zeugs (?). Ich werde in Berlin scharf arbeiten müssen, damit ein dauernder Stillstand vermieden wird, der für eine derartige Arbeit das Vorzeichen der Niederlage ist.*[8]

Rudolf Ditzens Mentorin Tante Ada, die er auf der Rückfahrt

von Leipzig besucht hat, sieht die Entwicklung mit Grausen. Schon seine Lyrik hatte sie schockiert, seine Versuche in Prosa sind für sie „ganz perverse literarische Machwerke“. Adelaide Ditzen bedauert in einem Brief an Rudolfs Arzt Dr. Tecklenburg: „[…] dass es nicht viel Zweck hat, ihm das Schreiben verbieten zu wollen, abgesehen davon, dass es kaum etwas hülfe [...] Ich schrieb ihm möglichst sachlich: ‚mit Themata, wie Du sie behandelst, beschäftigt sich gern der Staatsanwalt, denn es gibt ja leider Menschen, die dergleichen Pathologisches, das Du jetzt gewiss mit Unrecht vor Dir als psychologisch darstellen willst, als pikante Lektüre kaufen. Male Dir aus, wie dergleichen Skandale auf Deinen kranken Vater wirken und Deine eigene Zukunft beeinflussen könnten‘ [...]“ [9] Jetzt, Ende Dezember, schreibt sie erneut an Dr. Tecklenburg: „Und nun Rudolf. Alle Ihre Ratschläge sind mir sehr wertvoll. Als ich ihm meine entschiedene Missbilligung seines Romans, der ja alle sexuellen Perversitäten behandelt, ausdrückte, redete er erst sehr hohe Töne, schreckliche Drohungen von Abbruch der Beziehungen! Aber allmählich wurde er bescheidener u[nd] ich glaube auch, das Ungeheuer ruht jetzt. Freilich produziert er augenscheinlich doch wieder ungesundes Zeug, ist auch sicher in Berlin in böse Kreise geraten, wo seine Eitelkeit u[nd] seine krankhafte Neigung zur Schauerliteratur, Nahrung findet. Aber er hat sich doch bewegen lassen, seine schon gekündigte Stellung bei dem Saatkartoffelamt beizubehalten. (Die Behörden müssen ja jetzt jedem dummen Jungen den Hof machen) u[nd] er weist es nicht ganz mehr zurück, wenn ich bitte, doch lieber mal über seine [...] Kenntnisse und Erlebnisse dem Publikum zu erzählen, als immer nur die Geschichte 17jähriger Selbstmörder oder Selbstmordkandidaten. Sehr erfreulich ist seine Teilnahme für die Eltern, über die er aufrichtig besorgt schreibt.“ [10] Im nächsten Brief berichtet sie Dr. Tecklenburg über die Einzelheiten des Besuches ihres Neffen:

„Am 28.12. besuchte er mich dann selbst als Abstecher von einer Dienstreise nach Karlsruhe, – natürlich fährt er im Schlafwagen u[nd] blendete mich durch einen wunderbaren Fuchspelz. Er war zu mir höflich und sogar ganz liebevoll; die neueste Pose, – Phase wäre schon zu viel gesagt, ist, dass er Kaufmann u[nd] nur Kaufmann ist, um schnell u[nd] ganz skrupellos viel Geld zu verdienen. Leider trifft das ja mit der Kriegsgewinnler-Stimmung herrlich zusammen durch Diäten behauptet er 6000 M. zu verdienen, kann aber ohne tüchtiges Zutun nicht auskommen, er kauft auch einfach alles, was ihm irgendwie wünschenswert erscheint. Er ist in ganz böse Gesellschaft geraten, Futuristen, Kubisten, Expressionisten, – eine reiche Heirat wird als unbedingt bald notwendig verkündet. Leider ist er wohl wirklich nicht mehr kräftig genug für die praktische Landwirtschaft, hat schon nach kurzem Gehen Knieschmerzen! Sein Gesicht ist noch klein und kindhaft geblieben, für Augenblicke sieht er aber auch wie ein alter Mann aus. Er raucht unablässig, – für 1500 M. Zigaretten hat er sich schon zur Seite gelegt, die ‚reichen aber nur für 3/4 Jahr'. Es scheint, als ob man ihm eine Filiale für Saatkartoffeln in Berlin anvertrauen will, er muss wohl wirklich in seinem Fache tüchtig sein, wenn ja auch viel von seinen Erfolgen der Kriegschance zugeschrieben sind. Natürlich hatte er sein Manuskript im Koffer u. las mir daraus vor; er schickte voraus, dass ich mich nicht wundern müsse, wenn sein Held abwechselnd Kai u. Harry [5*] hieße. – In seiner schlimmsten Zeit in Rudolstadt u[nd] Jena [6*] nannte u[nd] unterschrieb er sich stets Harry, das fiel mir gleich mit Schrecken ein. Der Roman behandelt die Pubertätsjahre ‚Harrys', den Zwist mit den Eltern, seine anonymen Briefe an die Mutter des von ihm angeschwärmten Mädchens, Besuche beim Arzt (Dr. Eggebrecht). Jeder Augenblick ist geschildert, jeder halb unbewusste Gedanke soll wiedergegeben werden, die sexuelle Aufklärung spielt eine große Rolle. Einzelne Stellen sind unleugbar gut geschrieben, aber sie wechseln ab mit ganz wirren, zusammenhanglosen Worten u[nd] sinnlosen Gräueln. Meine abfällige Kritik nahm er ziemlich ruhig hin. Der einzige Trost ist mir, dass das fürchterliche Opus so endlos lang wird, dass wohl jeder Verleger davor zurückschrecken wird.“ [11]

Erstaunlich, dass auch Rudolf Ditzen noch vor dem Besuch bei seiner Tante schreibt, dass der Inhalt seines entstehenden Ro-

---

5* Das Vorbild für *Harry* entstammt dem Roman von Oscar Wilde *Das Bildnis des Dorian Gray*, dessen Hauptfigur Lord Henry, Harry genannt wird.
6* In Jena wurde RD nach dem Selbstmord-Duell psychiatrisch auf seine Zurechnungsfähigkeit untersucht.

mans möglicherweise *krankhaft* sei, Adelaide Ditzen in diesem Zusammenhang von ungesundem Zeug spricht und ihren Neffen nochmals verwarnt. Im übrigen schildert er seinen Besuch bei ihr ein wenig anders, berichtet allerdings auch nur über die erste Etappe:

Tante Ada feierte, als ich ankam, grade ein kleines Abschiedsfest für eine der Damen vom Blindenheim. So schreite ich, müde, zerschlagen und hungrig, in einen Kreis von Damen, jungen und alten hinein, und langweilte mich recht sehr. Dann wurde ich hier (im Christlichen Hospiz für junge Männer!) untergebracht. Tante Ada blieb noch eine halbe Stunde bei mir. Aber wir fanden beide nicht den rechten Ton, nachdem wir uns in unseren Briefen wieder näher gekommen waren, waren doch unsre Reden zu höflich, kühl und forciert, wir waren zwei Großmächte, die eine Meinungsverschiedenheit haben, sie aber vorläufig noch ignorieren. Unter unsern Reden blinkten die Waffen der nahen Schlacht. Ich machte mir klar, dass das keinesfalls so bleiben kann. Wenn ich nachher zu ihr hinübergehe, werde ich sehen, einen wärmeren Ton zu treffen. Es ist seltsam: es ist kein Grund zu einer Verstimmung da, wir haben uns nie gestritten, und doch könnten wir nach einem harten Streit nicht achtsamer voreinander sein. [12]

Von beiden erfahren wir einiges über die Geschwister: Rudolfs Schwester Elisabeth [7*], seit einem Jahr verheiratet mit dem Physiker Heinz Hörig, lebt in Stuttgart und wird von Rudolf auf der Rückfahrt von Leipzig besucht: *[...] es ist sicher eine Ehe, die nicht mein Geschmack wäre, klein mit geringen Bedürfnissen [...] ärmliches Essen, ärmliche Einrichtung — aber es ist dieser Atem da, dieses Einhelligsein und Zusammengehören, das alles andere vergessen macht.* [13]

7* Diese von RD sehr geliebte Schwester wird lange Jahre finanziell recht eingeschränkt leben müssen. Ihr Mann fand als Physiker ebenso wenig eine Anstellung wie sie; er nannte sich, diese Situation beschönigend ‚Privatgelehrter'. Später führten die beiden ein Musikgeschäft, das in der Rezession zugrunde ging. Elisabeth Ditzen verdiente sich danach mühsam mit Genealogie ein wenig Geld.

Tante Ada wiederum berichtet über Ulrich, den jüngsten der Geschwister, der zwar „eine bedenkliche Vorliebe für dekadente Literatur“[14] hat, aber ansonsten als Artillerieleutnant im Westen steht und „als prächtiger Junge“ sehr gelobt wird. Rund drei Monate später allerdings wird Adelaide Ditzen bedauern, dass Uli ein herzkrankes Nervenbündel ist, unter Platzangst leidet und beurlaubt wurde.[15] Die von Tante Ada beklagte Vorliebe Ulis für „dekadente Literatur“ kann Rudolf Ditzen erklären:

Ich hatte mich immer so gewundert, dass Mutti ein etwas erfrorenes Gesicht bekam, wenn sie nur den Namen Seyerlen hörte. Wie sehr es mich betrübt, kannst Du Dir ja sagen. Lotte Fröhlich mag sie entschieden gern, und bei Dir – also, ich zerbrach mir den Kopf, aber ich kam nicht dahinter. Nun hörte ich es, am letzten Abend, ehe ich abfuhr. Also: als Uli damals aus Berlin von uns zurück kam, war er natürlich ganz für Dich begeistert. Er erzählte Mutti viel von Dir und sie freute sich über den 'netten Verkehr' den ich gefunden. So weit war alles gut. Nun aber kommt seine Hammligkeit. Natürlich wollte er mehr von Seyerlens wissen, lieh sich irgendwo eine gebundene schmerzende Scham und war noch mehr begeistert. Er drückte Mutti das Buch in die Hand. Sie müsse es lesen. Ausgerechnet Mutti!! Papa, das wäre – ganz zur Not – noch gegangen, er hätte das Buch abgelehnt und damit gut. Aber Mutti – sie war natürlich entsetzt, sie fand das Buch ‚sündig‘, was von ihrem Standpunkt kaum zu verwundern ist und fasste natürlich ihrem Temperament gemäß eine starke Abneigung gegen das Seyerlensche, eine Abneigung, die kaum auszugleichen sein wird. Wenn ich die Sache etwas leicht erzählt habe, so liegt sie mir darum wahrhaftig nicht leicht auf dem Herzen. Wir alle haben ja den dringenden Wunsch, das, was wir lieben, auch von anderen geliebt zu sehen.[16]

Auch die Entwicklung von Ditzens zweiter Schwester Margarethe, verheiratet mit dem Rechtsanwalt Fritz Bechert, erfüllt Tante Ada mit Sorge: Sie kann „unerfreuliche Jugenderinnerungen gar nicht abschütteln, hat leider Tagebücher als Kind darüber geführt u. liest sie nun wieder ihrem Mann vor, der daraus ein ganz verzerrtes Bild von den Eltern u. Geschwistern seiner Frau bekommen hat.“[17]

So gesehen ist Ende des Jahres 1917 fast die ganze Familie ein Bild des Jammers: Krank, depressiv und mutlos die Eltern, angekränkelt oder Krankhaftes produzierend drei Kinder. Die einzigen, die nichts von alledem sind, leben offensichtlich, obgleich hochgebildet, denn auch Elisabeth hat Physik studiert, in an Armut grenzender Kargheit. Wie weit diese Einschätzung angemessen ist, sei dahingestellt. Wichtig ist, dass offensichtlich die gesamte Familie sich so sieht.

7. Landwirtschaft oder Literatur ?

Rudolf Ditzens erster Januar-Brief des Jahres 1918 ist wieder das, was wir vorsichtig als Drogenbrief vermutet haben. Die Schrift ist klitzeklein, der Inhalt offenherzig mit langen sexuellen Passagen. Aber er ist auch autobiografisch wichtig. Zunächst beichtet er Anne Marie einen Sündenfall, den er zusammen mit Wolfgang Parsenow, dem erwachsenen Sohn aus erster Ehe von Lotte Fröhlich, beging. Parsenow, der gerade Heimaturlaub hat, zieht gerne mit seinem Freund Ditzen durch Berlin und ist zumindest zu diesem Zeitpunkt morphiumabhängig. Ditzen selbst wird sehr viel später beschreiben, wie sie beide versuchten, an das *Benzin*, wie das Morphium in Szenekreisen genannt wird, heranzukommen. Wolfgang Parsenow wusste um die Bezugsquellen und Ditzen verfügte über das nötige Geld für die Drogen. Wann genau das war, ist allerdings seinem *Sachliche[n] Bericht über das Glück, ein Morphinist zu sein*[1] nicht zu entnehmen, dennoch spricht einiges dafür, dass Wolfgang Parsenow auch in diesen wenigen Urlaubstagen Morphium benötigte und Rudolf Ditzen hier bereits an den Injektionen beteiligte, darauf weisen Inhalt und Schriftform des Januarbriefes hin.

Gestern abend um 1/2 12 Uhr standen Wolf und ich auf der Tauentzienstr. Er hatte mir angekündigt, er habe seinen ‚Geschlechtstag' und werde nicht ohne ein Mädchen ins Bett gehen. Dies war keine schwierige Frage. Nach drei Minuten hatte er, was er wollte, er hatte sogar zwei. Nun ging das Bitten los, ich solle mitkommen. Gewiss, ich war kläglich schwach, die letzten Wochen lagen mir in den Gliedern, unser Gespräch vom Abend, das trostlos gewesen war, wirkte nach, ich hoffte wieder einmal, es würde gehen – ich kam mit. Wir gingen in ein Hotel in der Lutherstrasse. Gott sei Dank bekamen wir beiden Burschen getrennte Zimmer, so sehr Wolf dagegen protestierte. Wir gingen in unseres, ich rauchte eine Zigarette, das Mädchen zog sich aus. Sie hatte ein kleines unbedeutendes Gesicht und einen ärmlichen verbrauchten Körper. Ich war so kalt und ruhig wie vor einem erotischen Bild von Max Fröhlich [1*]. *Was ich dachte, war nieder-*

1* Ehemann von Lotte Fröhlich.

schmetternd. Als ich diese gelbliche, viel zu lang getragene Unterwäsche sah, machte ich unter all derartige Erwartungen einen endgiltigen Strich und sagte: ‚Ich kann nicht'. Meine Erotik ist zu wenig vom Körper, zu stark von Seele und Hirn abhängig. Die reizlose Exposition, die den nebensächlichen Akt, den Coitus, zur Hauptsache macht, zum allein Wichtigen, nahm mir auch den letzten Rest von Hoffnung. Warum ich bisher derartige Hoffnungen noch gehabt habe, will ich vielleicht nachher erzählen. Der Schluß meines Bekenntnisses: das Mädel schrie natürlich Zetermordio, ihr kleines Gesicht wurde gemein wie eine Schmutzpfütze. Ich sagt ihr, sie solle von meiner Impotenz keinen Schaden haben und gab ihr das zugesagte Geld. Natürlich war sie noch umgehend zufrieden und wir nahmen von Wolf und Zubehör Abschied. Er lag zusammengekrümmt auf seinem Sofa,[2*] *sie hatte ein Hemd an und klagte uns mit weinerlichem Ton, was Wolf für ein ‚grässlicher Kerl' sei. Ich habe mich nicht erkundigt, warum, ich ging fort. Da die Mädchen, wenn Wolf fertig geworden sei, sich wiedertreffen wollten, ist es nicht ausgeschlossen, dass W. von meiner Niederlage erfährt. Aber ich halte es nicht für wahrscheinlich, eher wird das Mädchen aus Eitelkeit das Gegenteil sagen. Dies zur Wahrung meiner Eitelkeit. Als ich heute früh erwachte, schien mir dieser Abend das ekelhafteste, was ich seit langem erlebt habe. Trotzdem viele schlimmere Nächte vorher gekommen sind. Ich kam mir so gemein vor, so bußbedürftig, dass es mir klar wurde, ich würde mich erst einigermaßen wieder wohl fühlen, wenn ich Dir alles erzählt hätte [...]*

Wir erfahren in diesem Brief weitere Einzelheiten über sein Verhältnis zu Hedwig Jagusch, seiner ehemaligen Verlobten:

Warum dieser Abend mir so ekelhaft vorgekommen ist, braucht kaum gesagt sein. Du hast alle Bilder in mir verschoben, Du hast – wie Meyrink[3*] *einmal wirklich schön im ‚Golem' sagt – die Lampen umgestellt. Ich habe über diese Dinge stark nach-*

2* Eine typische Körperhaltung von Süchtigen, wenn sie unter Entzug leiden.
3* *Meyrink*, Gustav, (1868 - 1932), populärer Journalist und Schriftsteller, gilt als Vorläufer von Franz Kafka (1866 - 1932), sein Roman *Der Golem* erschien erstmals 1915.

gedacht. Wenn ich rekapituliere, so habe ich dies zu sagen: Nach einer Reihe von Pubertätsjahren, die mir keinen Fall von gelungenem Geschlechtsverkehr brachten, die mich ernstlich an meine vollkommene Impotenz glauben ließen, lernte ich Hedwig kennen. Sie reizte mich rein körperlich erotisch. Gewiss war sie nicht mehr als ein lympatisches, dickes Stück Fleisch. Aber Du musst bedenken, dass ich in keiner Weise verwöhnt war. Was ich bisher kennen gelernt hatte, war das Bordell, mit seiner Unbefriedigung und die Onanie mit ihren rein gehirnlichen Reizen. Nun kam Hedwig, ich hatte einen Körper, den ich weinen und lachen machen konnte, ein warmes Stück Fleisch, das immer seine Arme um meinen Hals legte, das müßte Dir schon (?) meine lange Anhänglichkeit an H. erklären. Aber auch hier fand ich keine vollständige Erfüllung. Die wenigen Male, wo ich mich zu einer Attacke auf ihre Junge-Mädchen-Sittlichkeit (wie ich sie damals sah) hinreißen ließ, unterlag sie mir stets. Aber ein eigentlich sexueller Verkehr wurde doch auch hier nicht daraus, am Ende waren es wieder verzweifelte Onanierversuche, bei denen ich nur mehr gereizt wurde. Hier möchte ich im Vorbeigehen sagen, dass das Geheimnis meines Aushaltens bei Hedwig eben darin lag, dass ich nie sexuell befriedigt wurde. Ich lebte 5/4 Jahr unter einem anhaltenden erotischen Reiz. Ich hoffte, deswegen hielt ich aus. Hätte sich je meine Hoffnung befriedigt, wäre ich zwei-, dreimal satt gewesen, so hätte ich mich umgehend von Hedwig abgewendet. Wäre diese Sättigung erst in der Ehe gekommen, so hätte ich auf jede Art mich ihrer zu entledigen versucht, wahrscheinlich durch Mord. Nun scheute ich aber in meinem Unterbewusstsein Komplikationen mit H. Ich bin ängstlich, bei der ersten ernsthaften Attacke blieb es nur beim Betasten von Körperlichkeiten. Aber hier schon erfolgte dies rein Krankhafte bei ihr – oder war es Theater? Darin kann ich bis heute nicht klar sein –, kurz nach jeder solchen Verführung, bei der sie mit ihrem Temperament – denn Temperament hatte sie – stets durch dick und dünn mitging, setzten ihre fürchterlichen Krisen ein. Vorwürfe, Geschrei, Weinkrämpfe, Ohnmachten – die widerlichsten Kater befielen mich und dieses Frauenzimmer brachte es fertig, mir, der ich doch hinreichend amoralisch bin, nach jeder solchen ‚Verführung' eine stärkere Kette aus Gewissensbissen anzuhängen. Ich sage dies deshalb, um zu beweisen, dass ich sie nie vollständig vor der Hochzeit verführt hätte, die

Ermattung und Entfremdung von ihr konnte also erst später eintreten, nach der Hochzeit – das hieß für mich Gefängnis, Zuchthaus, bestenfalls lebenslängliche Irrenanstalt. Um diese Zeit setzte aber Dein Einfluss ein und ich brach mit ihr. [4*] *Wie sehr zu meinem Glück, musst Du nun verstehen. [...] Ich sage kein Wort weiter, aber Du hast mich dadurch gerettet vorm Zuchthaus, vor der Irrenanstalt und vor einem kümmerlichsten Leben als Subalternbeamter.* [3]

Immer wieder äußert Rudolf Ditzen die Furcht, unnormal, kriminell oder zumindest pathologisch zu sein oder es zu werden. Nicht nur seine Familie, nicht nur das Gericht, auch er selbst geht davon aus, dass diese Gefahr immer noch vorhanden ist. Bewahrt vor einer dieser Heimsuchungen wurde er in seinen Augen nur durch Masturbation, über die er sich ausführlichst auslässt, vor allem aber durch die normale Sexualität mit Anne Marie Seyerlen. Aber hier liegt zugleich der größte Konfliktpunkt dieser Beziehung. Anne Marie Seyerlen hat unterstellt, dass Ditzens sexuelles Verlangen weit über die Norm hinaus ausgeprägt sei.[4] Zwar hat er diese Behauptung vor rund vierzehn Tagen noch bagatellisiert, aber sie hat ihn nun offensichtlich erneut gefragt, *[...] ob die Erotik überhaupt nötig war [...] Du zweifelst daran, dass diese Erotik überhaupt Dich meint, eine Loslösung von Dir unmöglich sei. Dies scheinen logisch die zwei einzigen Möglichkeiten zu sein, aber beruhige Dich, sie scheinen es nur. Ich kenne wenig Frauen: Dich, Lotte, Toni näher, dann sind eine Unzahl Mädchen da, die man sieht, es sind die Angebote auf der Straße [...] Hier kann ich nur das eine sagen [...], sie verlocken mich alle nicht einmal physisch, von psychischen Reizen zu schweigen [...] Ihr Leib ekelt mich [...] Die ganze Welt ist erotisch tot, ich kenne nur noch Dich* [5]. – Dann baut er sofort vor, für den Fall, dass Anne Marie Seyerlen dieses Bekenntnis als gefährlich nah einschätzen könnte: *Aber nun ich Dir dies bewiesen habe, sehe ich Deine Angst, ich könnte nie von Dir los, nie jemand anders heiraten. „Und er muß doch heiraten". Ja, das muß ich und ich werde es auch. Denn ich glaube an das Leben. Wohl weiß ich, dass ich Dich nie finden werde in einer andren Frau.*

4* Hier wird deutlich, dass AS (vgl. Kapitel 2) tatsächlich der Grund war, die Verlobung aufzulösen.

Deswegen muß ich Dich auch warnen: [...] Je mehr sie Dir [...] gleicht, umso bitterer werde ich es empfinden, dass alle innerlichen Parallelen fehlen. Ich würde grenzenlos enttäuscht sein. [...] Du wirst mir eine Frau finden, die Dir unähnlich ist, die ich aber werde lieben lernen, weil sie aus Deinen Händen kommt. Je weniger Berührungspunkte mit Dir, umso besser. Du bist die Heimat. Aber ich werde auch anderswo rasten können als in der Heimat. Du bist der hellste Stern am Himmel, aber es gibt andere, wohl schwächere, die man dennoch wird lieben können [...] Ich war Dein Hund, ich werde es mein Lebtag sein. Ich werde immer demütig zu Dir stehen als der heiligsten Madonna. Aber ich kann anders lieben. Ich brauche nicht überall anzubeten [...][6]

Die Klippe, dass Anne Marie Seyerlen mit Egmont verheiratet ist und diesem offensichtlich immer die Priorität einräumt, umschifft Ditzen elegant, indem er sich – wie schon zuvor – in die Rolle des Kindes von Anne Marie und Egmont suggeriert:

Du machst Dir Vorwürfe wegen Egmont, aber Du selbst fühlst ja, wie unberechtigt diese Vorwürfe sind. Du sagst selbst, „wenn er erst zurück ist, wenn er Dich erst kennt" Eins nur könnte mich niederschmettern: wenn ich Dich ärmer gemacht hätte. Wenn Du für Egmont nicht mehr so reich wärst! Aber das ist es doch nicht! Im Gegenteil. Dein Muttergefühl, Dein Frausein war in der Gefahr [...] zu vertrocknen. Nun konntest Du lieben. Wir haben uns nicht <u>schlecht</u> geliebt. Unsere Liebe war und ist so sauber. Sie hat so wenig Irdisches. Niemand ist betrogen, niemand hat Schmerzen, darf Schmerzen haben. <u>Leidet</u> denn Egmont? Aber nein, er hat die bittere, etwas neidische Eifersucht, die nichts zählt und die so begreiflich ist. Sie ist mit dem Tag verschwunden, an dem er unser Verhältnis versteht. Das ist keine Krankheit, das ist wie ein kleiner Pickel, um den es sich nicht lohnt zu trauern. Denn dies ist das Ausschlaggebende: Du wurzelst so tief wie nur je in Egmont. Das habe ich vom ersten Tag an gefühlt, dass ich diesen Platz nie einnehmen werde. Und ich trüge nie dieses Bild von ihm in mir, wenn Du ihn nicht so ganz liebest. Ich bin Dein Kind. Zu mir bist Du in der Hauptsach[e] Mutter, nicht Dein Geliebter. Du trittst ihm nicht ärmer entgegen. Du bist die Frau, die ihn liebt! Wie wunderliche Wege ist unsere Liebe gegangen. Aber am Ende dieses Briefes ist der Wunsch da,

Dich wohl und stark zu sehen aus dem Gefühl heraus, wie Du mich geheilt hast, mich über Deine Hände zu beugen und sie zu küssen. Du bist die Sonne, die am Himmel wandelt. Es ist alles Liebe und Segen, die Welt ist du und die Vögel singen, weiße Wolken ziehen über die grünen Teiche der Wälder wie Schwäne (?) – aber es ist das Paradies – ich liebe Dich, ich liebe Dich! Fühlst Du es nicht, dass ich vor Dir knie. Ich bin so klein, so nichts, aber eines ist da, dass ich Dich liebe, dass ich Dein bin, Du bist die Sonne – ich liebe Dich, Dich allein. Du, Du. Du! [7]

Der undatierte Brief, der sich an diesen offensichtlich anschließt, ist ziemlich diffus, er besteht aus einer Kaskade von Liebesbeteuerungen und Schwüren, ist wieder verdächtig klein geschrieben, erneut sexuell sehr eindeutig und greift das leidige Erotik-Thema noch einmal auf, um wie im Vorbrief mit einer dreifachen Abschlussfloskel zu enden.[8] Was ihn wichtig macht, ist vor allem ein Satz: *Nun ist da unser stilles Zimmer, die Hyazinthe steht auf dem Tisch, die Tür hat geklappt, wenn Du Dich auf das Sofa mit den fröhlichen Tieren legst, betrifft Dich die ganze Welt nichts mehr ...* Unser stilles Zimmer wird dort erwähnt, übrigens nicht zum ersten Mal. Bereits am 25.12.1917 spricht Ditzen von *unsere[r] Wohnung. Sie muss rasch in Ordnung kommen, dass ich auch eine äußere Heimat habe, in die ich mich träumen kann.* Er wird immer mal wieder darauf zurückkommen und noch später dokumentieren, dass es sich hierbei um die Mainzerstraße Nr. 8 handelt, während er selbst in der Mainzerstraße Nr. 11 wohnt. Hier haben sich die Beiden offensichtlich eine kleine Ein-Zimmer-Wohnung angemietet, um einander ungestört zu treffen. Anne Marie Seyerlen lebte ja bei den B.s zunächst im Kurfürstendamm 241. Wahrscheinlich hatte Anne Marie Seyerlen dort nicht nur ein Zimmer, sondern eine kleine, abgeschlossene Wohnung.[5*] mit Küche. Natürlich – das geht eindeutig aus der Korrespondenz hervor – wussten Toni und Hugo B. von dem Verhältnis und häufig wurde auch in Ditzens Briefen deutlich, dass Toni manchmal

---

5* Die Tochter Christine glaubt nicht, dass Egmont und Anne Marie während der Kriegsjahre noch eine andere, eigene Wohnung hatten. Die Miete hätten sie sich nicht leisten können, denn Egmonts Sold war zu kümmerlich, er war ja noch nicht einmal Leutnant. Das Unterschlüpfen bei den B.s war für Egmont und Anne Marie die finanzielle Rettung.

unangemessen neugierig diese Verbindung verfolgte, indem sie hin und wieder die an ihre Freundin Anne Marie gerichteten Briefe öffnete, vielleicht sogar auch mal einen unterschlug, weshalb der misstrauische Ditzen mitunter seine Briefe nummerierte. Aber mit Sicherheit konnten sich die beiden Liebenden auf die Diskretion der B.s gegenüber anderen Menschen verlassen. Doch Anne Marie Seyerlen benötigte vermutlich das kleine Liebesnest auch als Rechtfertigung vor sich selbst. Sie traf sich mit Ditzen gewissermaßen an einem neutralen Ort, weder bei ihm, noch bei sich (und Egmont). Dieser neutrale Ort in der Mainzerstraße Nr. 8 war zwar ein ziemlich dünnes Feigenblatt, aber immerhin eines. Und wenn Ditzen seinerseits im fremden Revier einer bestehenden Ehe wilderte, so tat er es nicht auf dem Acker seines Konkurrenten, auch nicht in seinen eigenem Terrain in der Mainzerstraße Nr. 11, sondern auf neutralem Boden der Mainzerstraße Nr. 8. So machten sich beide etwas vor, wahrten nicht nur vor anderen, sondern vor allem vor sich selbst das Gesicht. Man könnte es auch Selbstbetrug nennen.

Auf viele Monate ist dies der letzte Brief, den Anne Marie Seyerlen von Rudolf Ditzen aufgehoben hat. Wir wissen nicht, ob sie welche in der Zeit zwischen 9. Januar und dem 2. Juli 1918 erhalten hat, vermuten aber, dass dies nicht der Fall ist, weil sie bislang von der ersten Visitenkarte bis hin zum kleinsten Notizzettel mit zwei banalen Zeilen alles gewissenhaft aufbewahrt hat. So gehen wir also von einer Schreibpause von über einem halben Jahr aus. Was war der Grund für diese Pause?

Sowohl Anne Marie Seyerlen als auch Rudolf Ditzen klagten seit Wochen über Krankheiten und tauschten Arztadressen aus. So litt Anne Marie Seyerlen unter einer chronischen Mittelohrentzündung, war ständig erkältet und fühlte sich permanent matt, schlapp und überfordert. Ditzen hingegen hatte eine lang andauernde Entzündung einer Zehe, der schließlich nur mit einer Operation beizukommen war. Außerdem klagte er über immer wiederkehrende Herzattacken und heftige Magenbeschwerden. Dies alles ist den Briefen zu entnehmen. Krankheit von beiden oder einem von beiden war also kein Grund, die Korrespondenz zu unterbrechen. Waren es vielleicht die tagespolitischen Ereignisse, die den beiden Zeit und Muße für eine Weiterführung der Korrespondenz stahlen? Seit Ende des Jahres 1917 gab

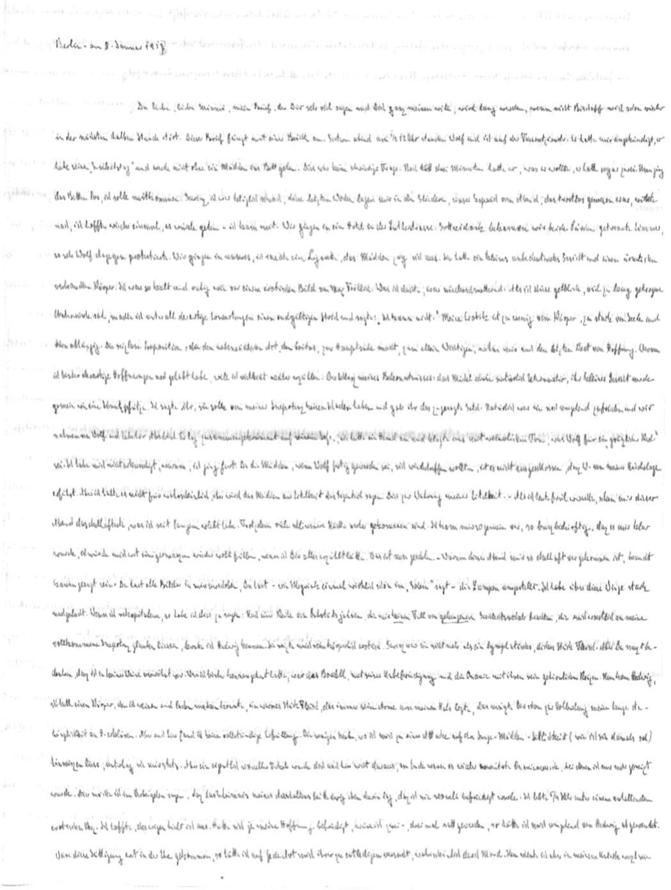

Die Abbildung dieses Briefausschnittes vom 8. Januar 1918 entspricht nicht der Originalgröße, sie ist in Wirklichkeit viel kleiner. Inhalt und Schrift lassen vermuten, dass Rudolf Ditzen seinen Bericht unter Drogeneinfluss schrieb.

es häufig Demonstrationen gegen die Monarchie und gegen den Krieg. Am 28. Januar 1918 gingen allein in Berlin 500.000 Arbeiter (vgl. Materna/Ribbe 1997: Geschichte, S. 167) auf die Straße und forderten den sofortigen Waffenstillstand. ‚Nieder mit dem Krieg! Nieder mit der Regierung! Es lebe der Massenstreik' lauteten die Parolen. Der linksradikale Spartakusbund, der die Flugblätter mit Streikaufrufen verteilt hatte, fand täglich neue Anhänger. Die Protestbewegung schwappte auf andere Städte über, Arbeiter in Lübeck, Hamburg, Bremen und Wilhelmshaven traten in den Ausstand. Betroffen waren weitere Regionen wie das Ruhrgebiet, Oberschlesien und Sachsen. Am 31. Januar 1918 verhängten die Militärbehörden in den Streikzentren den verschärften Belagerungszustand und drohten mit Kriegsgerichtsverfahren. Sie zwangen die Streikenden damit zur Wiederaufnahme ihrer Arbeit. Die SPD und die Gewerkschaften unterstützten diese Maßnahmen. So brach der Widerstand nach einigen Tagen zusammen. Es ist äußerst unwahrscheinlich, dass diese und ähnliche Ereignisse eine Schreibpause zwischen Anne Marie Seyerlen und Rudolf Ditzen verursachten, da auch größere politische Ereignisse sich kaum in der Korrespondenz zwischen den beiden Liebenden niedergeschlagen haben. Statt dessen geht im Frühjahr 1918 aus den noch zu zitierenden Briefen des Vaters, seiner Schwester Adelaide sowie von Rudolf Ditzen selbst an Dr. Tecklenburg hervor, dass ein ganz anderes Thema für Rudolf wichtig war.

Wir hatten Drogeneinfluss bei Rudolf Ditzen bereits Ende 1917, Anfang 1918 vermutet, gekennzeichnet durch wirre Briefe in kleinster Schrift mit verräterischen Traumfantasien und erotischen Schwerpunkten. Ende Januar 1918 schreibt der Vater von Rudolf, der Reichsgerichtsrat Wilhelm Ditzen, an den ehemaligen Arzt von Rudolf, Dr. Tecklenburg:

Leipzig, d. 30.1.18
Kaiser-Wilhelm-Str. 33 I

Hochverehrter Herr Doktor.

Unser Sohn Rudolf, der seit gut einem Jahr in Berlin bei einer ‚Kartoffelbau-Gesellschaft m.b.h.' als Hilfsarbeiter angestellt ist,

war um Weihnachten mehrere Tage bei uns hier, in bester Stimmung, klagt dann aber in seinen Briefen, dass er sich überarbeite: ‚Die Nerven sind zum Zerreißen gespannt', ‚das Schlimmste ist diese geradezu hündische Behandlung, nichts als Demütigungen'. Er sei bei seinem Arzt (Prof. Dr. Hans Kohn, Berlin W., Bayreutherstr. 42) gewesen, der ihm geraten habe, ‚wegen hochgradiger nervöser Depression' 4 Wochen Urlaub zu nehmen. Daran sei nicht zu denken; er wolle eine Woche Urlaub nehmen. Gestern schreibt er nun (vom 28/1): sein Kranksein sei schlimmer als er geglaubt; es sei ein böser Rückfall in die alten Zustände; werde es in 3-4 Tagen nicht besser, so werde er nach Tannenfeld gehen müssen. ‚Vorläufig habe ich mich noch völlig in der Hand, ich sehe das Krankhafte meines Zustandes gänzlich ein, aber ich muß vorsorgen'. ‚führe ich nach T., so komme ich über Leipzig und sehe bei Euch herein'.
Heute Morgen keine Nachricht.
Sie sehen daraus, dass Rudolf, wie auch wir, das alte feste Vertrauen zu Ihnen sich bewahrt hat, und dass er gewiss ist, Sie werden ihm helfen können und wollen.
Da ich nicht weiß, ob er selbst Ihnen schon geschrieben hat, so teile ich Ihnen die Sachlage mit und frage auf alle Fälle an, ob Sie in der Lage sind, Rudolf, wenn er kommt, aufzunehmen und zu welchen Bedingungen. Da ich selbst krank und nicht reisefähig bin, kann ich ihn nicht begleiten.
Durch eine tunlichst schnelle Antwort würden Sie mich besonders verpflichten
Stets Ihr sehr ergebener Ditzen
Reichsgerichtsrat [10]

Es spricht einiges dafür, dass die Pause in der Korrespondenz zwischen Anne Marie und Rudolf und der von Wilhelm Ditzen berichtete katastrophale Zustand seines Sohnes einen Zusammenhang haben. Wenn Rudolf sich bislang über Vorgesetzte oder Kollegen der Kartoffelbaugesellschaft geäußert hat, so war es bis jetzt keineswegs negativ, bei geringfügigen Unstimmigkeiten eher heiter-belästigt und über den Dingen stehend. Von hündischer Behandlung oder gar einem Übermaß an Arbeit ist in seinen Briefen an Anne Marie nie die Rede gewesen. Was also war der Grund für diesen völligen Stimmungsumschwung, noch dazu gekoppelt an ‚alte Zustände', also pathologische Erscheinungen? Bislang hatten wir nur von Herz- und Magenproblemen gehört, nicht aber von seelischen.

Ein Tag später schreibt Rudolfs Vater an Dr. Tecklenburg eine vorläufige Entwarnung:

Hochverehrter Herr Doktor.

Heute schreibt Rudolf, dass es ihm viel besser geht und dass er nicht kommt. Meine gestrige Anfrage erledigt sich damit. Leider muß ich ja hinzufügen: einstweilen. Deshalb spreche ich die herzliche Bitte aus, dass wir – wie einst – Hilfe bei Ihnen finden, falls wir solche nötig haben sollten.
Ihr aufrichtig ergebener
Ditzen
Reichsgerichtsrat [11]

Im März 1918 hören wir über Tante Ada von Rudolf:

„Nun zu dem alten Thema Rudolf. Dass er einmal schon drauf und dran war, Sie aufzusuchen, haben Sie wohl durch meinen Bruder erfahren. Ich hätte dringend gewünscht, dass es dazu gekommen wäre, denn die Selbstüberschätzung dauert an, u. der Urlaub, den er genommen hat, wird von ihm nur zu Arbeiten an dem grässlichen sogenannten Roman benutzt. Aber ich bin da machtlos, u. wage mich auch nicht durch allzu große Beeinflussung in Konflikt mit den Eltern zu bringen, die alles mit anderen Augen ansehen als ich. Seit dem 1. März ist mein Bruder ausser Dienst; der Schritt ist ihm wohl sehr schwer geworden.“[12]

Es muss also zwischen Ditzens zuletzt registriertem Januarbrief und Tante Adas Bericht etwas vorgefallen sein, was ihn völlig aus der Bahn geworfen hat und ihn zugleich forciert an seinem Roman arbeiten lässt. Vermutlich hat Egmont endlich Urlaub bekommen und nunmehr Rudolf Ditzen kennen gelernt. Wir wissen, dass Egmont verspricht, die Verbindung zum Rowohlt-Verlag [6*] herzustellen, sofern Rudolf Ditzen seinen Roman fertig

6* Christine Steiner: „Ich glaube, der Rowohlt war ein Kriegskamerad von Egmont; jedenfalls hat Egmont sich damals bereit erklärt, Ditzens Roman durchzusehen und dann an Rowohlt zu geben, er kannte ihn jedenfalls gut.“

geschrieben hat. Doch wir haben außer einigen Notizen seit dem Beginn der Arbeit nicht mehr allzu viel über sein geplantes Buch gehört. Wenn Egmont in seinem Sinne tätig werden soll, muss Rudolf sich also ranhalten und konzentriert schreiben. Diesem Ziel diente vermutlich der Urlaub, von dem Adelaide Ditzen berichtet. Am 10. März 1918 ist sein Roman fertig. Doch merkwürdig: Ditzen beginnt sofort mit einer zweiten Fassung, diesmal unter dem Titel *Der junge Goedeschal*. (Vgl. Caspar 1993: Frühwerk, S. 474) Ist es Egmont, der dies vorschlägt, weil er den Inhalt zu mangelhaft findet, um das Manuskript bei Rowohlt zu empfehlen? Ist es Anne Marie als kritische Leserin oder fängt Ditzen aus eigenem Antrieb selbstkritisch noch einmal ganz von vorne an? Jedenfalls dürfte dieser Neubeginn mit dazu beitragen, Rudolfs Stimmung niederzudrücken. Nicht zu unterschätzen ist aber auch die zeitweilige Anwesenheit von Egmont auf Heimaturlaub und Anne Maries Verhalten gegenüber Ditzen in dieser Situation. Natürlich gibt es in dieser Zeit keinerlei intime Treffen zwischen Anne Marie und Rudolf und vielleicht nimmt Anne Marie Seyerlen den Urlaub ihres Mannes zum Anlass und versucht, sich von Ditzen zu trennen, weil sie die Beziehung zu ihm ohnehin zunehmend als belastend empfindet.[7*] Aus der Bahn geworfen haben könnte ihn aber auch eine zunehmende Abhängigkeit von Morphium oder Kokain – auch darüber spricht er in seinem *Sachliche[n] Bericht über das Glück, ein Morphinist zu sein* – die Entzugserscheinungen können Depressionen, beide Gifte ohnehin massive Magen- und Herzbeschwerden verursachen. Wenn alle hier geschilderten Möglichkeiten zeitlich auch noch zusammenfallen, würde das einen weitaus stärkeren Menschen fällen, als Rudolf Ditzen einer war.

Im Mai 1918 schreibt Wilhelm Ditzen erneut einen Brief an Dr. Tecklenburg. Rudolf habe ihn gebeten, (vgl. Caspar 1993: Frühwerk, S. 474) er möge ihm ein ‚schriftstellerisches Probejahr' finanzieren, sodass die zeitaufreibende Tätigkeit bei der Kartof-

7* Christine Steiner: „Meine Mutter hat mir erzählt, dass sie nach der kurzen intensiven Phase der Beziehung immer wieder versucht hat, die Verbindung zu lösen, aber sie war zu krank und zu schwach, sie schaffte das einfach nicht, auch weil er ihr immer sagte, dass er das nicht überleben würde, wenn sie ihn verließe. Das war für sie zum Verzweifeln."

felbaugesellschaft entfallen – und er sich ganz seinem Roman widmen könne.

Leipzig, Kaiser-Wilhelm-Str. 33 I d. 14.Mai 18.

Hochverehrter Herr Doktor.
Die anliegende Bitte unseres Rudolf würde ich selbst bringen und mündlich ergänzen, wenn nicht mein eigenes Befinden mich hinderte. Daher dieser Begleitbrief.
Zunächst eine kurze Übersicht über Rudolfs Leben seit Posterstein. Er war zuerst ‚Inspektor' auf einer großen Besitzung in Pommern, hatte dort sehr viel zu tun und dabei miserable Verpflegung. Nach etwa 3/4 Jahren erklärte der Arzt, R. sei körperlich zu schwach (Herz), um als Landwirt im Außendienst tätig zu sein. Er erhielt auf das glänzende Zeugnis seines Güterdirektors eine Stellung als ‚Assistent' bei der Stettiner Landwirtschaftskammer und ging, als diese Kammer die ‚Kartoffelbau-Gesellschaft m.b.H' in Berlin gründete, nach etwa 1 1/2 Jahren auf diese Gesellschaft über. Dort ist er seit 1 1/2 Jahren (Gehalt erst 2400, jetzt 3600 M.) tätig. Seine Arbeit betrifft Zucht von Saatkartoffeln und Handel damit; sie scheint ihn jetzt voll in Anspruch zu nehmen; er bewertet sie neuerdings sehr gering: ‚bloß Lohndienst', ‚nichts wie Demütigungen', während er bisher auf seine Erfolge (gerade auch auf die kaufmännische(n) in Stettin und Berlin) sehr stolz war. Er betont jetzt: ‚in diesem rein mechanischen Berufe gehe ich zu Grunde.' – Ich hatte R. aufgefordert, zunächst einmal eine ‚Autorität' unter Vorlegung von Proben um ein Gutachten über seine Literatureignung zu bitten. Das hat er abgelehnt. Was er, an Gedichten und Novellen, fertig habe, sei ihm nicht gut genug.
Ru. sagt selbst, dass ich gegen seinen Plan schwerste Bedenken habe. Das trifft zu. Sehr erheblich ist schon, dass er seine Stellung, die ihn annähernd versorgt, aufgibt. Denn ich befürchte, dass er nach Ablauf eines Jahres nicht die Energie aufbringt in die jetzt so geringgeschätzte Arbeit sich zurückzufinden. Ferner: sein Körperzustand scheint mir wenig gut und den Anforderungen, die gerade andauernde (?) schriftstellerische Arbeit stellt, kaum gewachsen zu sein. Aber er ist 25 Jahre alt und bedarf meiner Einwilligung nicht. Nur meiner Unterstützung. Soll ich ihm diese gewähren, darf ich sie ihm versagen? Gewähre ich,

so treibe ich ihn vielleicht gerade in eine Tätigkeit hinein, die das alte Leiden wiederbringt. Und andrerseits: darf ich angesichts der Vergangenheit nein sagen?
Ich finde allein keinen Weg und bitte herzlich auch meinerseits um Ihren Rat.
Mit ausgezeichneter Hochachtung
Ihr sehr ergebener
WDitzen
Reichsgerichtsrat [13].

Der Brief, von dem Wilhelm Ditzen spricht, ist dem Schreiben beigefügt. Rudolf bittet darin Dr. Tecklenburg um ärztlichen, nicht um künstlerischen Rat. Er möchte ein Jahr Urlaub von der Kartoffelbaugesellschaft nehmen, um seinen Roman, für den sich ein Verleger gefunden hat, noch einmal gründlich zu überarbeiten. Er wisse immer noch nicht, ob er in die Landwirtschaft oder in die Literatur gehöre und seine Depressionen nähmen durch die ungeklärte Situation ständig zu: *Erst seit 6 Wochen sind diese Depressionen gänzlich vergangen, seit ich mich entschlossen habe, meinem Vater die erwähnte Bitte endgültig zu unterbreiten.* [14]

Am 15. Mai 1918 schreibt Dr. Tecklenburg an Rudolf Ditzen, dass er nach wie vor der Ansicht ist, „dass es gesundheitlich besser für Sie wäre, wenn Sie einen praktischen Beruf ausüben, der Ihnen eine materiell gesicherte Lebensstellung gibt, als eine materiell so überaus unsichere literarische Tätigkeit, die sicher an Ihre seelischen Kräfte sehr starke Anforderungen stellen wird und unter Umständen vielleicht krankhafte Anlagen zum Wiederaufflammen bringen kann.“ [15] Andererseits stellt er anheim, dass dieses eine Jahr lediglich eine Probe darstelle und er sicher sei, dass Rudolf das Für und Wider angemessen entscheiden werde.

Dann wieder der Vater Wilhelm Ditzen an Dr. Tecklenburg:

Hochverehrter Herr Doktor.

Ihrem Brief, der sofort an Rudolf weitergegangen ist, habe ich die Aufforderung beigegeben, dass R. erwägen solle, zunächst

Rudolf Ditzen, ca. 1917

einmal eine Probe aus einer anderen Richtung, als er vorschlägt anzustellen, nämlich Arbeit bei der Kartoffelbaugesellschft. ohne alle Schriftstellerei. Ich zweifle aber eigentlich nicht, dass er ablehnen wird. Für diesen Fall habe ich auch meinerseits Bedingungen anzugeben: Er solle nicht in Berlin bleiben, sondern seiner Gesundheit wegen anderswohin, etwa aufs Land gehen. Außerdem solle er seinen Roman, – (meiner Schwester hat er daraus vorgelesen; sie schrieb mir von wirren unzusammenhängenden Schilderungen) – unter einem angenommenen Namen herausgeben. [...] Ich denke, dass alles dies auch Ihren Anschauungen zutrifft. – Und nun zum Schluß sagen wir Ihnen unseren herzlichen Dank, dass Sie wieder einmal Ihre Teilnahme für Ihren alten Patienten so bereitwillig bestätigt haben. Möge der Ausgang ein günstiger sein.
Mit ausgezeichneter Hochachtung und besten Grüßen von Haus zu Haus
Ihr ergebenster
WDitzen
Reichsgerichtsrat [16]

Am 22.5.1918 schreibt wiederum Rudolf Ditzen an den Arzt:

Sehr geehrter Herr Doktor Tecklenburg!

Ich danke Ihnen vielmals für Ihren Brief vom 15. d. M; der mich über meine Eltern erreichte. Ich las aus ihm ein Ja zu meinen Plänen heraus, sie ein Nein. Ich sehe eben nun daraus, dass ihr innerer Widerstand größer ist, als ich dachte, und habe denn heute endgiltig auf Erfüllung meiner Bitte verzichtet. Wahrlich nicht leichten Herzens. Denn keinesfalls werde ich ja auf Erfüllung meiner Pläne verzichten. Das heißt nun aber weiter für mich: arbeiten in den Abendstunden, oft entmutigt sein, lange noch warten müssen. Immerhin meinte ich doch, im Hinblick auf den Gesundheitszustand meines Vaters meine Wünsche nicht eindringlicher vertreten zu dürfen. Und vor allem bedauerlich ist es, dass ich diese unvergleichlich schöne Gelegenheit zur Erfüllung meiner Pläne muss verstreichen lassen, eine so gute Versuchszeit finde ich nie wieder.

An den Einwänden meiner Eltern ist ein kleiner Nebensatz in Ihrem Briefe schuld, an den sie sich klammern. Sie meinen dort, es sei immerhin fraglich, ob meine Probezeit als ein-

wandfrei anzusehen sei, da ich ja nebenbei schriftstellerisch gearbeitet habe. Und hiervon ausgehend fordern sie, dass ich nunmehr erst einmal ein ganzes Jahr völlig der Kartoffel gewidmet verbringe. Verzeihen Sie mir, aber ich finde Ihren Einwand nicht zu Recht bestehend. Die Fragestellung kann m. E. nur lauten: ist er seinen dienstlichen Obliegenheiten gerecht geworden oder nicht? Dass die Frage in dieser Fassung zu bejahen sei, wäre von meinen Eltern nicht in Zweifel zu ziehen gewesen. Es ist am Ende jedermann unbenommen, wie er sich in seinen Freistunden beschäftigt und dass ihm ein Arbeiten in ihnen höher anzurechnen sei als ein Bummeln, darf nicht zweifelhaft sein.

All dies kann am Ende doch nur für die Stärke seiner Leidenschaft sprechen. Umgekehrt hätte man mir leicht einen Vorwurf daraus konstruiert, wenn ich meine Bitte geäußert hätte, ohne in den Freistunden schon dafür gearbeitet zu haben. Naheliegend wäre dann die Antwort gewesen: dein Interesse für dein Ideal kann nicht sehr stark sein, da du ihm nicht einmal die Freistunden widmest.

Schließlich sind aber all diese Erwägungen zwecklos. So oder so, die Eltern hätten stets einen Hebel zu finden gewusst, mit dem meine Welt aus den Angeln zu heben gewesen wäre. Auch schreibe ich Ihnen dies alles nicht, um Ihre Vermittlung zu erbitten – wenn die Eltern nicht aus freiem Willen zustimmen können, ist es meine Sache zu verzichten. Nein, all dies nur darum, um mich bei Ihnen nicht etwa in den Ruf von Wankelmütigkeit zu bringen, ein Geschoss, dass Tante Ada stets wurfbereit gegen mich hielt und hält, sondern um Sie von dem Ergebnis Ihrer Zeilen zu unterrichten [...]

Ihr dan[k]bar ergebener

Rudolf Ditzen [17]

Der Traum vom Probejahr ist ausgeträumt, die Landwirtschaft erhält Priorität. Die Schreibpause zwischen Rudolf Ditzen und Anne Marie Seyerlen hält an.

8. Alle könnten sterben, das würde mich nicht rühren

Übergangslos setzt der Briefwechsel am 1. Juli 1918 aufs neue ein. Die Beziehung ist unvermutet wieder sehr intensiv geworden, etliche Briefe von Rudolf sind aneinander gereihte Liebesbeteuerungen. Aber Anne Marie Seyerlen ist krank, finanziell mittellos und offensichtlich auch seelisch in trostlosem Zustand.[1*] Jetzt ist es Rudolf Ditzen, der sie aufrichtet, tröstet, ihr Geld anbietet, um der Abhängigkeit von anderen Menschen zu entkommen. Dann schämt er sich dessen wieder, empfindet das Angebot als entwürdigend, denn *ich lebe prall im Dicken, ich rühme mich vor Dir dessen, was ich für Dich tue, wenn ich Dir mein Geld gebe, tue ich ganz wichtig (?) – ach! Miami [...] Wie habe ich gelebt! Gesichert, sorgenlos, was zählen meine Kümmerlichkeiten gegen Dein Leid.*[1] Aus dem Brief geht auch hervor, dass Toni angerufen hat, um zu berichten, dass es Anne Marie sehr schlecht geht, sie aber dennoch verreisen muss. Rudolf beteuert, dass er in Gedanken bei ihr sein wird, wo er es körperlich schon nicht kann, denn sein Zeh ist wieder so entzündet, dass man ihn in den nächsten Tagen operieren wird. *Ich will Dir in dieser Zeit so viel Hilfe sein, als Gedanken helfen können. Aber am Ende ist auch diese Hilfe vielleicht nichts und Du bist doch allein? Nein, nein – ich bin da, immer da, ich habe auf der Welt nichts anderes zu denken als Dich und das tue ich nun auch*[2] Einem ebenso rätselhaften wie wirren Brief in kleinster Schrift folgt ein sehr konkreter in mittelgroßer, für Rudolf Ditzen normaler Schrift. Er vermisst Anne Marie, gerade jetzt, wo er krank daniederliegt und am Zeh operiert worden ist: *[...] es war alles halb so schlimm [...] in zwei drei Tagen kann ich hoffentlich*

1* Christine Steiner: „Ich habe das Gefühl, dass er (RD) stundenlang seine Probleme bei meiner Mutter abgeladen hat. Und das hat sie natürlich sehr belastet. Er schreibt immer, sie sei schlank wie ein Junge, aber sie war einfach krank. Die haben auch furchtbar gehungert in der Zeit. Da war nichts. Diese Freunde, die waren sehr, sehr solidarisch dem preußischen Staat gegenüber. So reich wie sie waren, da kam nichts auf den Tisch außerhalb der Essensmarken.“

wieder aufstehen [...] Gestern bekam ich – direkt als ich aus dem Operationszimmer kam – einen ganz unverschämten Brief von Bischoff[2*]*, der die Hoffnung aussprach, ich sei nun endlich wieder arbeitsfähig. Ich habe ihm natürlich verneinend geantwortet, will aber heute die Kündigung aufsetzen, die ich morgen dann abschicken will.* [3]

Also gibt es jetzt doch den vor Tante Ada schon lange vorher angekündigten Austritt aus der Kartoffelbaugesellschaft. Im Mai hatte Rudolf noch darauf verzichtet, weil der Vater ihm Auflagen machte, die er nicht erfüllen mochte: Er sollte aus Berlin fortziehen und seinen angekündigten Roman unter einem Pseudonym veröffentlichen. Unter diesen Bedingungen sei er bereit, Rudolfs schriftstellerisches Probejahr zu finanzieren. Wir werden sehen, dass Rudolf lediglich die Bedingung des Pseudonyms erfüllte, nicht jedoch die des Fortzuges aus Berlin. Am 2.7. hatte er Anne Marie noch angekündigt, *an die Eltern [zu] schreiben und fröhlich [zu] tun* [4], dies aber dann doch noch unterlassen, weil ihm die richtige Stimmung dafür fehlte. Offensichtlich stammt die Idee zu diesem Probejahr von Anne Marie, denn: *Denk immer dran, was Du [...] mir bist. Denk an jenen Weg, den ich mit Deiner Hilfe gemacht habe, von jener Bank an einem regnerischen Abend in Charlottenburg, dann jener Mut, den Du mir gabst für meinen Roman und nun das Jahr Freiheit durch Dich [...]*[5]

Nach der Operation – Anne Marie Seyerlen ist für wenige Tage verreist – wird Rudolf Ditzen von Toni B. in seiner Wohnung rührend betreut. Sie bringt ihm Blumen, Butter und Eier mit, geht ihm aber ein wenig auf die Nerven, ebenso wie die anderen Besucher. Er möchte statt dessen lieber allein bleiben und nur an Anne Marie und die gemeinsame große Liebe denken, *die ewig sein wird, weil Du sie ganz in mich gegossen, mich ganz damit ausgefüllt hast, dass meine Bücher immer davon zeugen werden und, wenn ich Kinder haben werde mit irgendeinem dummen Mädel, so sollen sie Dir gleich sein.*[6] Interessant, dass Ditzen hier bereits von Büchern in der Mehrzahl schreibt, obgleich er sein erstes noch nicht einmal fertiggestellt hat. Er ist

---

2* *Bischoff* ist Ditzens Vorgesetzter in der Kartoffelbaugesellschaft.

sich also zu diesem Zeitpunkt schon völlig sicher, mehr als eines zu schreiben. Im darauffolgenden Brief, gleichfalls vom 4.7. greift Rudolf Ditzen noch einmal auf, dass er in diesen Büchern Anne Marie Seyerlen schildern will *und ich überlege – denn ich weiß ja, dass ich Dich einmal ganz schildern muss –, wie ich das tun soll, wie ich jene Züge schildern soll, die Dich zu dem machen, was Du bist: zu der schönsten Frau der ganzen Welt. Aber ich weiß nichts, nichts, was ich darüber zu schreiben hätte.*[7] Das sind wahre Worte, denn in der Tat wird der spätere Hans Fallada keine Romanfigur schaffen, die eindeutig auf Anne Marie Seyerlen zurückzuführen ist.[3*]

Bei Anne Marie Seyerlen besteht der Verdacht auf Lungentuberkulose. Ihre Gesundheit ist so angegriffen, dass Toni B. beschließt, sie mit nach Loschwitz bei Dresden zu nehmen, wo Toni selbst eine Kur im Sanatorium gebucht hat. Auch ein dienstbarer Geist, namens ‚Micke' soll mit auf die Reise gehen. Rudolf Ditzen, gerade von einer kurzen Geschäftsreise zurückgekehrt, bleibt in Berlin zurück und beginnt mit einer neuen Zählung seiner Briefe, diesmal jener nach Loschwitz. Er schreibt aus der Mainzerstraße Nr. 8, der gemeinsamen Wohnung, die sich die Liebenden angemietet haben und nennt sie *unsere Höhle*:

Am 23.7.18
Brief Nummer 1

Liebe, süße Miami,

Nun sitze ich wieder in unserer Höhle und schreibe an Dich. Hier habe ich alles in Ordnung vorgefunden, sogar die Azaleen haben meine Vernachlässigung nicht schlimm aufgenommen. Die Weingläser sind ausgepackt und werden nachher noch abgewaschen werden, damit sie dann in unserm Prunkschrank paradieren können. Ich habe mir überhaupt vorgenommen, jeden Tag Deiner Abwesenheit mindestens eine halbe

3* Hans Falladas Biografen vertreten in der Mehrzahl die Ansicht, vor allem die laszive Tinette, frivole Gespielin von Erich Hackendahl im Roman *Der eiserne Gustav* sei ein literarisches Abbild von Anne Marie Seyerlen. Dies ist nach Kenntnis der vorliegenden Briefe nicht aufrecht zu erhalten.

Stunde hier aufzuräumen, dann wirst Du, denke ich, die Wohnung in einiger Ordnung vorfinden. Wenn dieser Brief fertig ist, fahre ich zu B[...]'s herüber, um Dir Deine Post beizulegen. Politiken [4*] *werde ich täglich besonders als Drucksache schicken. Dein Glücksklee und mein Geburtstagsbildchen kommt dann in meine Hände. Übrigens, ganz sicher ist es natürlich noch nicht, dass ich jeden Tag die nötige Zeit zum Ordnung machen finden werde, schilt also nicht, wenn die Höhle bei Deiner Rückkehr Deinen Erwartungen nicht entspricht, was ich aber tun kann, soll geschehen. Immerhin muss ich in nächster Zeit meine Hauptkraft der K.B.* [5*] *widmen, damit ich damit wenigstens so ungefähr zu einem Ende kommen werde. Morgen vormittag fängt dann auch die Arbeit an meinem Buch wieder an.*

Die Reise verlief glatt und gut. Da ich dritter Klasse fuhr – es hat meinem Pöker nicht geschadet – , war kein Mangel an Unterhaltung. Neben mir eine ältliche Kriegerwitwe in tiefster Trauer, deren Busenfülle nicht mehr das Korsett sprengte sondern eher schlabberte, sie war aufgegangen wie ein Hefekloß, mir gegenüber ein grässlicher Kerl, der eine sehr fette Blutwurst mit dem Messer aß und dabei der Witwe mit Energie beweisen wollte, alle Trauer um gestorbene Angehörige sei Mumpitz. ‚Glauben Sie mir, ich bin aus der Leichenbranche, ich hatte früher ein Beerdigungsinstitut, solange andre dabei sind, weinen sie, und kaum ist der Sarg im Grab, wird gelacht. Alles Mumpitz und Tuerei, damit bloß die Nachbarn nichts sagen'. Die Witwe schien zwischen Empörung und Zustimmung zu schwanken, schließlich neigte sie sich zu meinem Gegenüber und erzählte flüsternd, sie sei schon wieder verheiratet, trüge nur noch um ihren ersten Mann Schwarz, weil das Trauerjahr noch nicht vorüber sei. Der Mann fand das sehr vernünftig, die junge Frau betonte aber, ganz habe er aber doch nicht recht, zuerst habe sie die Welt verflucht! Später zeigte es sich, dass der Mann aus der Leichenbranche zum Lebensmittelschieben übergegangen war, wobei er sich sehr wohl zu befinden schien. Ich dachte an Lottes

---

4* *Politiken* ist die größte dänische Tageszeitung. Der Vater von Anne Marie Seyerlen hat dort als freier Journalist gearbeitet.
5* *K.B.*, Ditzens Abkürzung für Kartoffelbaugesellschaft.

Teegeschäft und knüpfte mit ihm Geschäftsverbindung an, ich werde also, wenn Gott will, in den nächsten Tagen noch mehr von ihm hören. Du kannst Dir denken, dass unter diesem nekkischen Geplauder – der Schieber taute immer mehr auf und erzählte der jungen, bräutlichen Frau Erotika, vor denen ich schaudernd mein Haupt verhüllte – die Zeit wie im Fluge verging. So war es denn wirklich grade Schlag halb zwölf, dass ich in mein Zimmer trat, Tante Anna hatte mir einen Block in Kerbschnitzerei geschickt, etwas so künstlerisch Vollendetes, dass ich damit gelegentlich einmal Lotte erschrecken muss, die Damen der K.B. waren mit einer Vase mit Blumen vertreten (die Vase soll ich gelegentlich wieder zurückgeben), sonst Leere und von Tonis Paket nichts zu sehen. Ich denke aber, es wird heute noch kommen und da ich beabsichtige, Toni noch in den Abendstunden einen Gruß zu schicken, um ihr für alles Mögliche und Unmögliche zu danken, sie ist wirklich das beste Wesen unter der Sonne, so brauchst Du dieses Paketausbleiben, das sie nur empören würde, ja gar nicht zu erwähnen.

Liebste, mir sollst Du vorläufig keinesfalls irgendwelche Briefe schreiben, ich kenn Dich doch, wenn Du meinst, ich erwarte Nachrichten, hetzt Du Dich doch wieder ab, Toni wird mir schon von Zeit zu Zeit berichten, wie es mit Dir steht. Sei mir nicht böse, wenn dieser Berief so dumm ausgefallen ist, sobald ich an der Schreibmaschine sitze, sind alle meinen intensiven Gedanken fort, ich hatte mir in der Bahn einen so netten, kleinen Brief an Dich zurechtgelegt, grad da, als ein endlos gelb blühendes Lupinenfeld seinen Duft in unser verqualmtes Raucherabteil stieß, aber nun, als ich hier saß, war das alles fort und nichts ist geblieben als dieses dumme Zeug, was Dich womöglich nur noch ärgert. Aber glaub mir, meine Gedanken waren bei Dir und haben Dich so sehr gemeint, es klingt nur alles so dumm. Nun werde vor allen Dingen gesund. Du musst nicht gleich den Mut verlieren, wenn es nicht von heute auf Morgen wird, bedenke doch immer, wie viel Sorgen und Ängste in all diesen Kriegsjahren an Dir herumgerissen haben, ist es da zu verwundern, wenn das Gesundwerden wieder seine Zeit haben will. Still sein, warten, nicht verzweifeln, gib Dich der Stille Deiner einsamen Stunden ganz hin, dann geht diese Stille auch auf Dich über und wird Dich zur Ruhe bringen. Ich habe Dich so lieb, ich bin stets bei Dir, Du bist stets mein Alles, sei mutig und halte aus. Ich bin heute nichts als ein ganz dummes

Du

Betti rufe ich heute Nachmittag an.

Liebste Miami – gar keine Post fand ich hier für Dich vor außer zwei dummen Politiken-Nummern, die besonders per Drucksache an Dich abgehen. Es ist also ganz so, wie ich dachte. Egmont hat im Trubel der letzten Bukarester Tage keine Zeit mehr gefunden, Dir zu schreiben, nun kommt der nächste Brief aus Konst. [6*] *Morgen ist ja wohl der Posttag, da will ich dann gleich früh nachsehen. Möglich ist aber immerhin, dass er auch in Konst. so viel Arbeit vorgefunden hat, dass auch dieser Postzug noch ereignislos vorübergeht. Das alles kann, so unangenehm es ist, kein Grund zur Unruhe sein, denke daran, wie wir beim Briefordnen so sehr lange Lücken feststellten, die stets ganz unnötig mit Sorge von Dir erfüllt waren. [...] Der Sammetdecke ist das Bad ausgezeichnet bekommen, man sieht nicht nur nichts Nachteiliges, ich finde, sie ist beinahe schön geworden. Gesehen hat unter allen Umständen kein Mensch etwas, denn alles stand und lag noch so wie wir es verlassen haben, und jetzt kann man nichts mehr entdecken. Zwanzig wundervolle Rieseneier habe ich von Frau R. für Dich erstanden, ich bringe sie in unsere Wohnung, damit Dir bei Deiner Rückkehr die Zuckereier nicht fehlen. Liebes, liebes Du, lass es Dir nur recht gut gehen. Ich bin*

Dein Du.

Dieses Bleistiftgekritzel schrieb ich an Deinem Tisch. Die Sonne scheint. [8]

Zwei weitere Briefe schickt Ditzen am 23.7. noch nach Loschwitz, sodass Anne Marie Seyerlen drei an einem Tag erhält. Der eine berichtet, dass Ditzen in Anne Maries Wohnung, wie erwartet, noch am Nachmittag einen Brief – vermutlich von Egmont – vorfand und ihn gleichfalls nach Loschwitz schickt, im nächsten Brief bittet er sie, sich zu schonen und auf keinen Fall zu schrei-

---

6* *Konst.* - Gemeint ist Konstantinopel, wohin Egmont Seyerlen versetzt wurde.

ben. Am 24. Juli verschickt er als Nr. 4 einen sehnsüchtigen Liebesbrief: *Glaube mir nur, immer bete ich Dich an. Das kannst Du und ich nicht ändern. Tante Ada schrieb mir ja, dass ich mit dem Kauz Rudolf leben müsste, so gut oder schlecht es sich machen ließe. Der Kauz Rudolf ist dazu bestimmt Dich zu lieben, als er Dich sah, fing er an zu leben und er wird nur mit Dir aufhören können.* [9]

Da ist sie wieder, die latente Drohung, dass er ohne sie nicht weiterzuleben vermag. Ebenfalls in diesem Brief schickt er erneut einen Bericht aus der gemeinsamen Höhle, also Mainzerstr. 8, nach Loschwitz:

Liebe, nisse [7*] *Ferne Du,*

wieder ein neuer Tag, Regen, ich denke an Dich. Der Gedanke, was Du tust, wie Du Dich fühlst, ob Du nicht leidest, beunruhigt mich. Nütze diese Wochen aus dem Tiefsten. Sei still, kümmere Dich um nichts, vor allem nicht um mich. Du musst ganz wieder Du werden. All das Kranke Übertriebene, Gesteigerte, diese viel[e] Angst, diese Sorgen müssen von Dir wieder abfallen. Ach, ich glaube Dir schon, der Rückweg ist so schwer zu finden. So viel zu überwinden. Es sind ja doch nicht nur die Kriegsjahre, so vieles vorher muss neu aufgebaut werden. Aber es wird. Die ganze Welt wäre sinnlos, wenn Du nicht gesund würdest. Denn dass Du da bist, das allein ist meine Bejahung. Und dass Du stärker wirst, das allein ist meine Hoffnung. Gestern dachte ich zurück an jenes Auf- und Abgehen in der Budenstraße an einem Sonntag Abend, an dem ich mich von Dir trennen wollte. Wie viel tiefer bin ich gekommen! Es ist, als tauchte ich weiter und weiter, aber wohin ich auch gelange, Deine Wurzeln sind dort schon verwachsen, alles was geschehen wird und geschah, mündet in Dir als in seinem Zentrum. Wenn ich manchmal litt so doch nie darum, weil Du nicht ‚gut genug' zu mir warst, denn Du kannst nicht gut oder böse zu mir sein, Du bleibst Du und selbst in Deiner Verachtung, Hass bin ich Dein – wenn ich je litt, so nur darum, weil Dein Bild sich trübte, Dein

7* *nisse* = dän.: annähernd Kleine oder Zwerglein.

Egmont Seyerlen während des Krieges in der Uniform der Zieten-Husaren

Leid Linien zeichnete, die nicht zu Dir passten. Was Doktor Weidner körperlich von Dir sagte: Du: Du seiest ein Kind, das ist so sehr gültig für Dein Seelisches: Du bist gewachsen wie eine Pflanze in der Sonne, wie ein Baum im Walde, nichts Fremdes kam zu Dir hinzu, nur, was Dein Samenkorn erhielt, entwickelte sich aus Dir heraus. Kinder sind amoralisch, eine wahnsinnige Erziehung bringt ihnen bei, was gut und böse sein soll, Du hast es nie gelernt. Du tust, wozu Dich Dein Sein treibt und darum bist Du vollkommen schön. Darum spiegelt sich in Dir die ganze Welt. Du bist die Welt. Alles stille Aufwachsen, alles in Sonne stehen - das bist Du. Und diese Zeit nun wird Dir die Ruhe geben das Fremde auszuschalten, das in Dich eindringen wollte. Glaube mir nur, immer bete ich Dich an. Das kannst Du und ich nicht ändern. [...] Ganz dem himmelblauen Adonisglauben Griechenlands gleich bin ich Dein. Meine Liebe ist Deinsein. Meine Liebe begehrt nur Dich. Es gibt nichts außerdem als dass ich Dein bin. Ich lebe Dich. Ich liebe Dich.

Dein Dein. [10]

Der nächste Brief vom selben Tag ist zwar liebevoll-besorgt, klingt aber trotzdem eher geschäftsmäßig: Lotte Fröhlich wird er in Steuersachen helfen, sie lässt schön grüßen und wünscht gute Besserung, Hugo B. hat er zum Schachspielen noch nicht erreicht, Egmonts Brief wurde gestern per Eilboten nachgeschickt, ferner könnte er auf Wunsch Geld auf Anne Maries Konto bei der Dresdner Bank einzahlen. Auf Hedwigs [8*] Brief wird er nicht antworten, die zwei Fotos von ihm, die Hedwig in diesem Brief offensichtlich zurückgeschickt hat, erhält nunmehr Anne Marie Seyerlen. Kagelmacher [9*] schreibt, dass er Ditzen in Bälde erwarte, doch daraus wird nichts. Zum einen müssen die Geschäfte in der Kartoffelbaugesellschaft zum Abschluss gebracht werden, zum anderen will Rudolf unbedingt die Rückkehr von Anne Marie aus dem Sanatorium abwarten und mit ihr noch einige Tage verbringen, bevor er zu Kagelmacher fährt.[11]

8* *Hedwig* Jagusch.

9* Johannes *Kagelmacher*, Landwirt und Hobby-Astrologe, ist zu diesem Zeitpunkt noch Gutsverwalter auf Gut Strellin bei Greifswald. Rudolf Ditzen hatte ihn 1916 kennen gelernt, als er noch Mitarbeiter bei der Landwirtschaftskammer Stettin war und sich mit ihm angefreundet.

Einen Tag später berichtet er, dass er trotz der Kündigung von der Kartoffelbaugesellschaft noch 5 - 600 Mark Gewinntantiemen fordert. Gingen die darauf ein, könnte er bei Heinz [10*] die Schulden bezahlen.

Ganz offensichtlich leidet Anne Marie Seyerlen neben ihren körperlichen Beschwerden auch unter Depressionen, ist überempfindlich und geht davon aus, dass sie eine arme, gehetzte Kreatur ist und alle Menschen ihr schaden wollen. Dieser Gedanke ist Ditzen sehr vertraut, denn er hat ihn selbst jahrelang empfunden. In dem Versuch, Anne Marie seelisch ein wenig aufzurichten, berichtet er, wie er selbst mit seinen Dämonen fertig wurde:

Denke einmal daran, wie ich gesund wurde. Ich hatte also Zwangsideen. Und auch da war das wichtigste Erste: zu erkennen, was eine Zwangsidee war. Denn diese Luder hatten das ja in ihrer Art, dass sie als Wölfe im Schafskleide kamen. Wenn mich nachts im Bett die Idee packte, Du musst aufstehen und einen Punkt in Deinem deutschen Aufsatzheft mit der Feder machen, ja, so schien mir das ganz vernünftig, denn, sagte ich mir, morgen früh vergess ich es sicher, da schüttele lieber die Faulheit ab, zünd's Gas an und mach's gleich. Und so kämpfte denn eine Weile meine Faulheit mit meinem Fleiß, bis schließlich der Fleiß die Oberhand gewann und ich ihm zu Willen war. Das war kein leichter und fröhlicher Weg, bis ich es lernte, den Fleiß als das, was er war, zu entlarven: als eine Zwangsidee. Er versteckte sich ja jedesmal unter ein anderes Kleid, bald war es Vorsicht oder Ängstlichkeit oder eben einfach eine Laune. Und dann, als ich ihn dann erkannte, war's erst recht schwer: denn der entdeckte Feind dachte nicht dran auszukneifen, nur hartnäckiger wurde er und manchmal haben wir stunden-, ja tagelang miteinander gekämpft und bald siegt er und bald ich. Aber alles hing von meinem Willen ab, Binswanger [11] sagte mir oft*

10* Es konnte nicht ermittelt werden, wer *Heinz* war, auch nicht, um was für Schulden es sich bei diesem Posten handelte.
11* Otto *Binswanger*, Professor der Psychiatrie der Nervenheilanstalt in Jena. Ende 1911 wurde RD nach dem Selbstmordduell von ihm untersucht und offensichtlich auch therapiert.

genug, all solche psychischen Defekte kann nur der Kranke mit seinem Willen heilen, nie der Arzt, der muss sich darauf beschränken, dem Patient Mut zu machen, dass er immer wieder den Kampf aufnimmt und nicht verzweifelt über eine Niederlage. – Du wirst verstehen, warum ich das alles sage. Wichtig ist eines allein: der unbeirrbare Wille zum Gesundwerden. Nicht abkriegen lassen davon [...] Also: den Feind erkennen und ihn bekämpfen wollen, das sind die beiden Hebel zur Gesundung. Du wirst staunend um Dich schauen eines Tages und nicht begreifen, mit was für grauem Schnurr-Murr Du Dich abgequält hast. Freilich ist dieser Sieg nicht von heute auf morgen errungen, das braucht Zeit, und da begrüße ich Tonis Beschluss fröhlich, Dich auch über den zwölften 8. hinaus, dort zu lassen. Das wird Dir den Kampf erleichtern. Du sollst sehen, wie sehr Du vorwärts kommst. –Vielleicht bist Du verwundert über all dies, Lazarus und Cohn und Weidner [12] behandeln Dich auf andere Dinge hin, die auch wichtig genug sind. Aber grade, weil sie dies Nebengebiet ganz außer Acht lassen, hielt ich es für nötig darüber zu schreiben. Sprechen konnte ich, wie immer, über all das nicht [...] Vielleicht ist es gut, wenn Du ein Stück aus diesem Briefe Toni vorliest, das ist bei uns zwar sonst nicht üblich, aber spricht hieraus vielleicht klarer, als ich es je aussprechen könnte, meine Stellungnahme zur psychischen Seite Deiner Erkrankung. – Dann las ich in Tonis Brief, dass Du wieder so viel von meiner ‚Güte' redest. Das verbitte ich mir energisch, denn es verschiebt das ganze Verhältnis und lässt Dich in einem falschen Lichte erscheinen. Du hast mir immer gegeben und gegeben, Du bist noch letzthin in meiner Krankheit so zu mir gewesen, dass ich Dir nie dafür danken kann und werde, ich bin der ruppigste, unbeherrschteste Krankenwärter von der Welt gewesen und habe Dich mehr mit diesem oder jenem gequält, als gut ist – nein, Miami, bitte, das nicht, das macht unsere Stellung unklar und das will ich nicht. Ich nehme — Du gibst, so war es, so bleibt es. Ich bin nichts ohne Dich.* [12]

12* *Lazarus* und *Weidner* vermutlich Ärzte. *Cohn* ist der behandelnde Arzt von RD.

Über die Arbeit an seinem Roman hat Ditzen seit einigen Briefen nichts erwähnt, jetzt wird sichtbar, warum. Er befindet sich in einer Schaffenskrise:

Zum Roman habe ich nicht den rechten Mumm. Ich habe das Gefühl, wenn ich jetzt anfange, wird doch alles falsch. Und diese Unsicherheit wird noch verstärkt durch den Kerrbrief von Egmont, den Du mir damals zu lesen gabst. Da fühlte ich so recht, wie ziellos mein Arbeiten eigentlich ist. Egmont schreibt da *an einer Stelle: ‚ich habe mich bemüht, niemals oberflächlich zu sein.' Das heißt, Egmont, wusste, was er wollte. Er hatte ein Ideal [...] (?) und bemühte sich, diese Arbeit seinem Ideal möglichst nahe zu bringen. Das alles habe ich nicht. Ich will eine Sache erzählen, die ich einmal erlebte, ganz so. Wie ich sie erzähle, das ist eigentlich Zufall, ich habe kein Ideal – ob das, was ich erzähle, überhaupt irgendwelchen Wert hat, der Stoff, meine ich, darüber habe ich gar kein Urteil. Dann aber wieder scheint mir der Stoff wichtig. Und wenn ich aufatmen will, denke ich an einen so wichtigen Satz von Kerr*[13*]*, dass der Stoff ganz gleichgiltig ist, erst der Künstler macht ihn zum Kunstwerk. Und dann sage ich mir, aber ich bin ja kein Künstler, sondern nichts als ein dummer Junge. So geht es hin und her, aber, am Ende überwiegt die Hoffnung doch oder, wenn nicht sie, so das Gefühl des Muß: Diese Sache muß durchgearbeitet werden, um ihrer selbst willen, oft fühle ich, wie sie nach mir schreit, mich in der Brust reizt, ich kann mich ihr nicht entziehen. Sie muß durchgearbeitet werden um meiner selbst willen, wenn ich auch sie liegen lasse, ist mein Leben sinnlos geworden. Oder ? Aber drüber, das geht so tief, das wäre ein neuer Roman: jene Jagd nach Liebe, die ich einmal für Dich schreiben soll (und werde)! Vielleicht sage ich noch dies eine, dass es ja die Möglichkeit gibt: ich bin für jede Aufgabe untauglich, außer für die, Dich zu lieben. Aber – und da berührt es sich: meine Arbeit ist ja meine Liebe zu Dir. Es ist wie eine Erziehung. Für Flaubert war beispielsweise die ‚Madame Bovary' seine Education sentimentale,*

13* Alfred *Kerr,* er hatte Egmont Seyerlens Roman *Die schmerzliche Scham* begeistert rezensiert und korrespondierte später mit ihm.

durch die er sein Herz läuterte, stärker machte – für sich. Wie kann es da nicht auch sein, dass ich diese Leiden eines jungen Mannes schreiben muß, um mich freier zu machen von ihnen, mein Herz reiner – für Dich? Werden all meine Bücher am Ende nichts andres gewesen sein als schmerzliche Beichten, durch die ich Dir mein Herz bloßlege und reinige? Nichts törichter als Tante Adas Schmus, ich schreibe mir das Herz nicht frei, sondern schwer. Eine oberflächliche Klugrederei. Man schreibt sich überhaupt sein Herz nicht frei: Erlittenes bleibt Erlittenes. Aber man kann durch dieses Leiden, wenn man sich entschließt, es von neuem durchzuarbeiten, weil man es seinerzeit ungenützt in die Ecke stellte, da man noch zu jung oder zu ängstlich war, ich sage, man kann sich dadurch, dass man Leiden wieder vorholt und von neuem durchlebt, stärker machen und reiner [...] dieses Buch muß zum Dritten geschrieben werden um Deinetwillen. Denn dieses Buch hast Du mir geschenkt. Wir haben manchmal (äußerlich vergessen), was Du mir gegeben: meine Befreiung, Mut, Anregung, immer währende Hilfen. Ich habe es ‚äußerlich' vergessen, aber in mir hat all das fortgewirkt von der Fahrt im Wagen (‚ich würde dich heiraten') über Leipzig bis zu jenem Timmendorfer Erlebnis. Es ist da gewesen, hat gelegen, jede Tat war Samenkorn, hat gekeimt, das wächst in mir und wohin es wächst, wozu es sich vereinigt, das ist der Wille zu meinem Buch. Dieses Buch ist das Symbol unserer Liebe. [13]

Beim Schreiben seines Buches misst Rudolf Ditzen sich häufig an seinem Vorbild Egmont Seyerlen:

Egmont hat in Florenz sieben Stunden, oft wohl länger an seinem Buch gearbeitet, ich schrieb heute zweiundeineviertel Stunde – eine Seite und war zu Tode erschöpft. Ausgeleert. Ganz unmöglich, noch etwas zu leisten. Als fehlerhaft erkannte Stellen konnte ich nicht mehr ändern. Woran liegt das? [14*]

14* Der Schriftsteller Hans Fallada wird sich später durch eine geradezu atemberaubende Geschwindigkeit beim Schreiben einiger seiner Bücher auszeichnen. So wurde sein erster internationaler Erfolg, der Roman *Kleiner Mann – was nun?* innerhalb von 16 Wochen niedergeschrieben, später wird er zwei Romane in zwei Monaten schreiben (vgl. Manthey 1963: Fallada, S. 134) Seinen Roman *Der Trinker* verfasste er sogar binnen 14 Tagen (ebenda, S. 143).

Dennoch ist er über seine Tagesleistung froh:

Heute habe ich an meinem Roman gearbeitet, ich bin zufrieden. Das lange Kapitel, diese sorgfältige Aufzählung von dem, was war, ist ganz fortgefallen, alles hat sich geändert, aber, denke ich zum Guten. Wie gut, dass ich Dich habe. Ohne Deinen Tadel hätte ich nie den Mut gefunden, mich noch einmal daran zu machen. [14]

Auch der nächste Brief einen Tag später ist dem Roman gewidmet, allerdings ist rätselhaft, warum Ditzen Egmont nunmehr als Schwiegervater betitelt. Bislang hatte sich Rudolf Ditzen die Rolle des Jungen oder des Kindes von Anne Marie zugeschrieben. Wenn also die mühsame Konstruktion und Interpretation der Kunstfamilie Anne Marie, Egmont und Rudolf noch stimmen soll, müsste Egmont als Vater gelten

Liebste Miami

heute kommt nur ein kleiner Gruß zu Dir, ich bin so fröhlich aufgewacht, da will ich nun anfangen, an meinem Roman zu arbeiten. Ich muß doch wenigstens etwas fertig haben, wenn Egmont, der strenge Schwiegervater, kommt. Und vorher gehe ich noch in unsere Höhle hinüber und sehe nach dem Rechten.

Das Trauma eines unverstandenen, unglücklichen Kindes kommt bei Rudolf Ditzen immer wieder hoch, auch dort, wo er belanglose Dinge unternimmt, wie etwa das Lesen eines Märchens von Hans Christian Andersen:

Ich hatte mir einen Band von Andersen geholt, ich wollte endlich einmal wieder die Geschichte vom kleinen Kai lesen, aber sie war grad im ersten Teil, so las ich denn die Eisjungfrau und war wieder ganz gefangen. An all diesen Dingen hängt so viel von dem, als ich noch klein war. Freilich, wenn ich nun doch ein dickes Buch von meiner Jugend schreibe, so kann ich mich doch gar nicht daran erinnern, dass ich einmal jung war. Die Schönheit dieser Märchen ist so in mich hinein verwebt, dass ich mich als Kind einmal sehr über sie gefreut haben muß, aber wenn ich nun zurückdenke, ist es, als hätte ich in meiner Jugend nie eine rechte Freude gehabt, immer Angst und Flucht und Verstecken.[15]

Insgesamt vier Briefe wird Rudolf Ditzen allein am 27.7.1918 an Anne Marie Seyerlen schreiben und beim zweiten des Tages fragt er vorsichtshalber einmal nach: *Lass mir doch durch Toni Nachricht zukommen, ob es Dir unangenehm ist, wenn ich so oft schreibe. Aber ich hoffe --* [16]

> *Liebste, söte Miami,*
>
> *der Tag ist heut so schön, Sonne und ein kühler Wind, die Luft reiner als sonst, freilich nicht so schön wie bei Dir dort droben. Die Hähne krähen, die Leute begießen ihr Gemüse und ich bin froh. Froh, dass Du so gut untergebracht bist, dass Du nun gesund werden wirst. Das soll einmal ein Leben werden, wenn Du wieder hier bist! Und ich bin dann auch, denke ich, so weit, dass meine Nerven etwas widerstandsfähiger sind und dass ich Dich nicht so kindisch anbrülle wie vordem. Was bin ich für ein Hammel gewesen! Ich hatte immer das große Wort ‚Helfen' im Munde, aber wie schaute es dann damit aus! Armes, liebes Häserle, Du hast es wirklich nicht leicht mit mir gehabt, es wird Zeit kosten und mehr, das wieder gut zu machen. – [...] Heute früh wird wieder nicht viel aus meinem Geschreibsel, der Roman liegt mir schon in den Gliedern. Aber heute abend dann. – Gestern war Dein Tag ganz ohne Heimatpost, die Zeitung hatte Hugo auch mitgenommen. Aber dann wirds wohl heute etwas werden.*

Erneut wird die gemeinsam angemietete Wohnung erwähnt, denn:

> *[...] die Miete Mainzerstr. 8 ist bezahlt, das Bett habe ich aufgeschnürt, das Krummliegen hat ihm nichts geschadet. Die Schreibmaschine wandert nun wieder zu mir herüber, das ist alles Tatsächliche, was ich erzählen kann, aber nun noch eine funkelnagelneue Tatsache: dass ich Dein bin, Dein und Dein und Dein.*[17]

Gäbe es noch einen Zweifel an der Existenz der zweiten Wohnung in der Mainzerstraße 8, so wäre er hier ausgeräumt. Zum einen würde Ditzen wohl kaum erwähnen, dass die Miete in seiner Wohnung, Mainzerstr. 11. bezahlt ist, zum anderen bliebe auch fraglich, wohin, wenn nicht aus der Mainzer Straße 8 in die Mainzerstr. 11 er nunmehr die Schreibmaschine tragen wolle. In Brief Nr. 11 vom selben Tag wird er noch deutlicher:

Unserer kleinen Wohnung geht es so gut, jeden Morgen bin ich ein Stündchen drüben, tue dies und das oder liege auf dem Sofa. Heut habe ich einmal die Truhe geöffnet und mein Weihnachtsgeschäft [15*] *herausgenommen, es soll aber wirklich erst ganz gelten, wenn Du es ein paar Mal getragen hast. Es ist mir schon lieber so. – Auch für den Winter habe ich schon gesorgt, von der Hausmannsfrau in der K.B. bekomme ich noch 400 Kohlen und 1/2 m Holz, dann haben wir für ca. 3 Monate volle Heizung, damit wird sich wohl auskommen lassen ...*

Wie sehr Anne Marie Seyerlen mit Ditzens entstehendem Roman befasst ist, wird in diesem Brief deutlich:

Das so oft durchgearbeitete Kapitel heute befriedigend fertig zu bekommen, ist mir nicht gelungen, es hat wohl darin seinen Grund, dass ich eben den Stoff gar zu oft um und umgedreht habe. Ich will morgen noch einmal mein Heil versuchen, wenn es dann nicht besser wird, lass ich alles beim Alten. Ich denke aber, schon die Umformung, wie ich sie heute vornahm, wird Dir besser zusagen. Ich schwanke immer hin und her, einmal sage ich: ich schreibe Schund, den nächsten Tag bin ich wieder Flauberts berufener Nachfolger. Lieber Gott, grad heute kapriziert sich mein Kopf darauf, wo mir nichts recht gelang. Es kommt so viel darauf an, wie Egmont mein[en] Kram beurteilen wird, dazu muß ich aber noch fleißig arbeiten, dass ich überhaupt etwas Rechtes vorweisen kann. Freilich, ganz klar ist mir, auch wenn er alles zurückweist, werde ich nach anfänglicher Entmutigung doch wieder dazu zurückkehren. – Du glaubst daran, und wenn Du literarisch-theoretisch auch gar keine Ahnung hast, so hast Du doch das absolut richtige Gefühl. Deine Bemerkung über das längliche Kapitel war richtig – es ist umgearbeitet und besser geworden auf Dich hin.[19]

Aus Ditzens viertem Brief vom 27.7.1918 wird deutlich, dass er ein intimes Verhältnis mit der bereits erwähnten Lotte Fröhlich gehabt haben muss, denn mit *Lotte ist es ganz bezeichnend, ich*

15* *Weihnachtsgeschäft* ist zwar korrekt von CvS transkribiert, müsste aber wohl Geschenk heißen.

sehe sie nun öfter, war mit ihr in der Sezession [16*]*, aber zu irgendwelcher Wärme, ja, nur zu einem ruhigen Ton kommen wir nicht mehr. Jeder steht auf Habacht und wartet, dass beim andern der Pferdefuß wieder herausschaut. Wir sitzen am Teetisch, sie merkt, wie ich Dein Bild anschaue, aber sie schaut fort und ist befangen. Und auch ich bins. Jene schrecklichen Tage, peinigend für uns alle, haben sich so in uns hineingefressen, dass da nichts mehr zu machen ist. Dabei spüre ich wohl, dass sie eigentlich hofft, alles wieder durch eine Aussprache ins Gleiche bringen zu können, aber weiß doch, dass das gar nicht sein kann, weil eben eine Aussprache unmöglich ist. Wenn ich trotzdem ab und zu ihr hingehe, ists darum, weil ich verwöhnt bin, ja, ich, der ich früher im ganzen Jahr nicht das Bedürfnis hatte, auch nur einen Menschen zu sprechen, muss jetzt wenigstens ab und zu einmal reingucken […]* [20]

Die Korrespondenz ist jedoch nicht einseitig: Auch Ditzen hat in zwei Tagen drei Briefe von Anne Marie Seyerlen erhalten, er ist glücklich, dass sie eines seiner Schreiben offenbar gelobt hat, nachdem sie sich vorher – das geht aus seinen Briefen hervor – schon einmal beschwert hatte, dass er ihr zu viele Belanglosigkeiten mitteile. Jetzt ist er so froh über das Lob eines einzigen Briefes und

[…] wenn einmal wieder Dein Lächeln über mir aufgeht, was soll dann noch zu wünschen sein? Wenn ich je litt, war es weil Du es tatest. Kai Gödeschal [17*] *ist mir fremd* [21]*, nichts in ihm bin ich, all dies Leid, wenn es je war, ist ausgetilgt und fortgetan – Du bist allein da. Ich habe manchesmal gedacht, Papa, Mutti, Uli, die Schwestern, alle könnten sterben, das würde mich*

16* Die Berliner *Sezession* war ein Zusammenschluss moderner Künstler und Intellektueller, die sich bewusst vom etablierten, akademischen Kunstbetrieb „sezessionierte“, also abspaltete. Sezessionen gab es ab der Jahrhundertwende in den meisten mitteleuropäischen Kunstzentren.

17* *Kai Gödeschal* nennt Ditzen die Hauptfigur seines Romans, der eindeutige autobiografische Passagen enthält. *Der junge Goedeschal* wird zwar als Aktenvermerk bereits am 24.8.1917 mit dem bezeichnenden Untertitel: *Leiden eines jungen Mannes in der Pubertät* registriert, in seinen Briefen an Anne Marie aber hat er diesen Titel und Namen der Hauptfigur bislang nicht erwähnt.

nicht rühren, aber wenn Du fortgehen solltest, so wäre alles für mich sinnlos geworden. Ohne Dich ist alles so grau, so zwecklos. Warum lebe ich denn? Um Deinetwillen. Damit ich Dich lieben darf und echter werde in dieser Liebe. Ich bin Dein Du [22].

Das Sterben der Eltern, der Schwestern und des Bruders würde ihn nicht rühren. Der Satz wiegt schwer. Sein jüngerer Bruder Ulrich, der während des Urlaubs sein Abitur gemacht hat und nach dem Krieg Medizin studieren möchte, aber gerade aus seinem Urlaub zurück an die Front gekehrt ist, hat noch genau 14 Tage zu leben.

9. Ich habe erreicht, was nötig war, und wenn sie trotzen

Der Brief Nr. 14 ist vom 29. Juli 1918, ein weiterer vom 29.7. hat keine Nummer, ein Brief Nr. 16 existierte nicht im Konvolut, das Anne Marie Seyerlen ihrer Tochter [1*] überlassen hatte. Oder es ist einer jener Briefe, die – undatiert – nicht eingeordnet werden konnten. Es ist aber davon auszugehen, dass Ditzen täglich ein bis vier, teilweise seitenlange Briefe nach Loschwitz schickte und seinen Zeilen entnehmen wir, dass Anne Marie Seyerlen keineswegs immer begeistert über diese Flut war, dann aber doch wieder gerührt auf so viel Zuwendung reagiert.:

Liebe, liebe, nisse Miami,

nun habe ich also doch das Rechte getroffen, als ich Deinem Wunsch nicht folgte und weiterschrieb. Nimm es hin: Gutes und Schlechtes, es kommt alles aus meinem ganzen Herzen, das so froh ist, weil es Dir gut geht. Die [Gewichts] Zunahme ist wirklich wunderschön! Das zeigt doch am besten, dass Du im Grunde gesund bist, dass es nur an der Ruhe und reichlicher Kost fehlte, denn ein Körper, der so prompt reagiert, ist in Ordnung. Nur weiter so. Das Fett, das Du ansetzt, ist wenig genug, Hauptsache bleiben die Fettringe, die um Deine Nerven liegen sollen, und, wies mit denen steht, das sagen am besten Deine Briefe [...] Mach nur so weiter und bleib auch dabei, Deine Kur nicht beirren zu lassen, auch wenn Toni da ist. Es sind doch immer beinahe vierzehn Tage, tu nur recht puttchenhaft und krank, damit Du mit den Sprösslingen nichts zu tun hast – ich find es so falsch, die Hedwig [2] fortzuschicken. Nein, Du wirst ruhen, Du musst ruhen, denke immer daran, dass diese Chance, Dich von Grund aus aufzubessern, so bald nicht wiederkommt.*

1* Christine Steiner: „Meine Mutter hat mir diese Briefe gegeben und hat gesagt, Du kannst damit machen was Du willst. Sie hat sogar gesagt, Du kannst sie veröffentlichen, mach, was Du für richtig hältst."

2* Mit den *Sprösslingen* sind die zwei Kinder von Toni B. gemeint; Hedwig war das Kindermädchen der B.s.

Und beunruhige Dich nicht. <u>Mir</u> geht es gut, sehr gut, und Egmont, gewiss ist es betrüblich, dass kein Brief von ihm da war, er wird wahrscheinlich in Konst. so viel Arbeit vorgefunden haben, dass er nicht gleich schreiben konnte. Wenn ein Brief da ist, bekommst Du ihn stets so schnell wie nur möglich [...] Morgen früh geht als dringendes Paket an Dich ab: 1. Dostojewski: Briefe. 2.50 Umschläge (Dein Konto wurde dafür mit 1.60 M belastet, denn ich führe wieder Buch). 3. Etwas [3*]*. 4. ein Badeanzug 5. vielleicht Badeschuhe. – Der Schlüssel zum Koffer wurde bisher nicht gefunden, nun muß ich noch bei B [...]'s nachsehen, finde ich ihn nicht, so schicke ich Dir einfach meinen Badeanzug, der übrigens Uli gehört und der Dir sicher passt. – Dass ich noch ca. 400 Kohlen und einen halben Meter Holz für unsere Wohnung bekommen, habe ich Dir wohl schon geschrieben? Der Hausmann K.B. bringt es für 20.- M in unsere Wohnung.—*[1]

Auch der Roman ist wieder Gegenstand des Tagesberichts:

Mit meiner Arbeit ging es gut voran, restlos zufrieden bin ich nicht – nun gefallen mir wieder die ersten Kapitel nicht mehr, sie sind auf einen zu andern Ton gestimmt als die späteren, aber ich habe mir geschworen, ich rühre keinen Finger daran, sonst kann ich Schwiegerpapa am Ende nichts als verworfene Fassungen zeigen und damit ist ihm und namentlich mir nicht gedient. Das nächste Kapitel soll ein Dialog zwischen Staatsrat Gödeschal [4*] *und Frau über Aufklärung werden, bei anderen würde das amüsant sein, aber mir liegt das Amüsement nicht, oder ein Vorstoß gegen bornierte Eltern, aber auch das kann ich nicht, denn, ich fühle so: keiner kann aus seiner Haut raus und, wenn sie borniert sind, sie sind nicht dran schuld. Ich bin sehr gespannt, wie sich mein Kopf und Herz aus diesem Dilemma ziehen werden. Sehr gespannt, aber ich fürchte mich auch – hätte ich nur ein Milligramm von Fontanes Dialogkunst, aber da sitze ich hilflos – ich komme eben nicht in andere Menschen hinein, über <u>mich</u> kann ich schreiben, und <u>Dich</u>, aber*

3* Was mit *Etwas* gesagt werden sollte, bleibt unklar.
4* RD verwendet unterschiedliche Schreibweisen, mal schreibt er Goedeschal, mal wie hier *Gödeschal*, später wird es bei der ersten Fassung bleiben.

Du bist ja ich .--- [...] Ja, Du, Andersens Märchen habe ich nun auch wieder gelesen: Kai und Gerda und das kleine Zigeunermädchen mit seinem großen Messer. Es ist wirklich ein Kai, genau wie mein Kai, und hat der Gerda-Kai das Glaskorn des Verstandes im Auge, so hat meiner das Körnchen der Sexualität. Und zu beiden mußte erst Gerda kommen und sie erlösen. Du, Du, ich danke Dir, immer wieder Dein Du. [2]

Mit sorgfältiger, schöner Handschrift fügt er diesem Brief noch ein Gedicht für Anne Marie Seyerlen bei, es hat keine Überschrift

Ruhe aus. –
Hinter gesenkten Lidern versinkt das Bild der Welt,
Deine Sorgen hat der Wind weit von Dir schlafen gelegt,
Sie werden nicht wieder erwachen.
Nur die Sonne ist übrig geblieben,
Die in Deinen Augengruben nistet
Und um Deine Schläfen Kränze legt.

Ruhe tief. –
Hinter gesenkten Lidern blühen Rosen auf,
Ein ganzer Garten, die Bäume reden,
Ihre Stimmen sind süß und bitten,
Dich zu verschenken an sie.
Eine Wolke wandert – Wo bist Du?

Ruhe tief. –
Dem versinkenden Ohr erwachen neue Melodien,
Eine ferne Weise geigt in Deinen dünnen Schlaf,
Horchst Du? – ich singe Dir,
Ich singe Dir vom Morgen bis zum Abend.

Und noch in der Nacht, wenn Du
Den Arm aufstützend
Dem Winde in den Bäumen lauschen magst –
Es ist nicht der Wind –
Tönt der Gesang meiner Liebe
Zu Dir
Immer da ist meine Liebe. –

Ob Du den Fuß hebst
Oder lachst,
In den Tränentropfen Deines Weinens funkelt sie
Und bildet in ihnen den Abglanz einer beruhigten Welt.
Ruhe aus.

Schlafe tief. –
Wenn Du erwachst –
Dein Traum ging nicht fort,
Rosen, Wind, Küsse, meine Liebe –
Alles blieb –
Nur (?) Du wandeltest Dich –
Deine Sorgen sind schlafen gegangen
Und nun ist wieder da
Jene Miami – von der einsamen Insel –, die die ganze Welt umarmte.
Unsere Liebe umarmt sie. – Ruhe aus! Ruhe tief.

Aus dem zweiten Brief vom 29.7.1918 geht hervor, dass man in diesem vierten Kriegsjahr weiterhin äußerst karg lebt: Rudolf Ditzen schickt Badesachen an Anne Marie und fügt dem Päckchen ein Stück Schokolade bei, nicht etwa eine ganze Tafel:

> *[...] eins bitte ich mir aus, die Schokolade isst Du selber – nur für Dich habe ich sie mir vom Herzen gerissen. Das eine Stück ist nämlich ein Geburtstagsgeschenk von Fräulein Coutureau.*[5*] *Also --- Übrigens habe ich einen neuen Sport: ich hamstere Zucker für uns. Aber gratis! Ich verlange nämlich jetzt zu allen möglichen und manchmal auch unmöglichen Dingen von Frau Hohmann* [6*] *Zucker und bekomme dann auch stets ein Schälchen voll herein. Nun, da nehme ich mir dann, je nach Fall, einmal viel, einmal wenig, nie über drei Teelöffel, und tu es in eine leere Zigarettenschachtel. Deine 50 Stück-Schachtel habe ich schon bald voll [...]* [3]

Wie stark das Band zu der Familie auch seitens der Eltern ist, zeigt ein handschriftlicher Zusatz am Rand dieses Briefes: Seit dem 19.7., also seit zehn Tagen, hat Rudolf keine Nachricht von den Eltern erhalten, was ihn beträchtlich irritiert, *denn [...] das*

5* *Fräulein Coutureau*, eine Mitarbeiterin in der Kartoffelbaugesellschaft.
6* *Frau Hohmann* ist dort gleichfalls eine Mitarbeiterin.

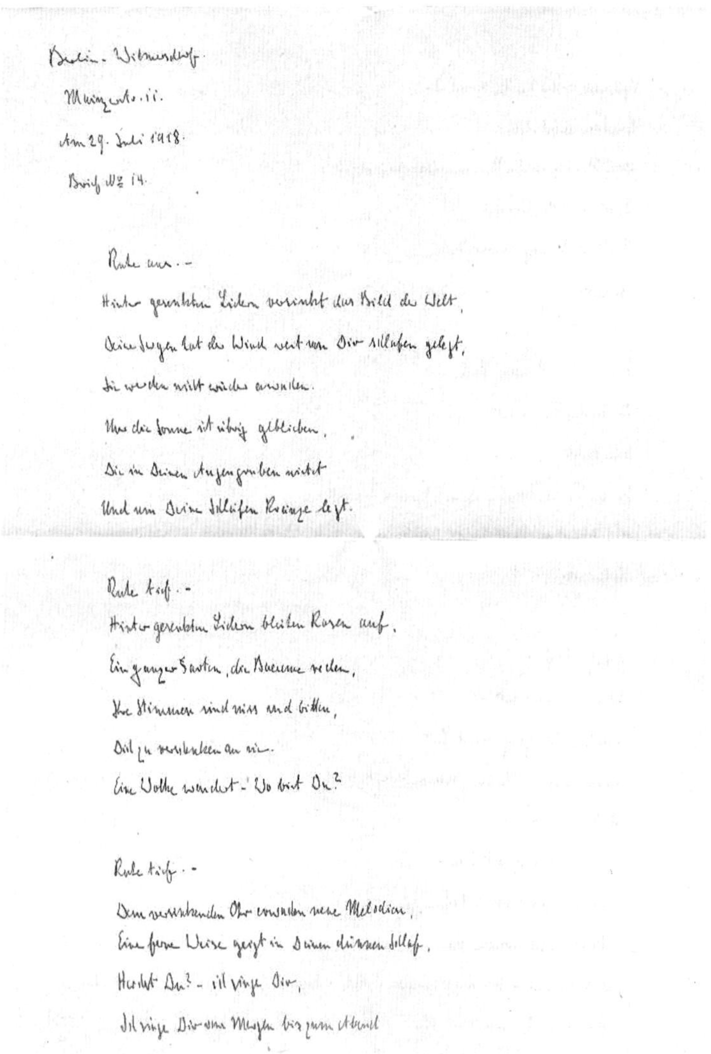
Berlin-Wilmersdorf.
Mainzerstr. 11.
Am 29. Juli 1918.
Brief № 14.

Ruhe nur. –
Hinter gesenkten Lidern versinkt das Bild der Welt,
Deine Sorgen hat der Wind weit von Dir schlafen gelegt,
Sie werden nicht wieder erwachen.
Nur die Sonne ist übrig geblieben,
Die in Deinen Augengruben nistet
Und um Deine Schläfen Kränze legt.

Ruhe tief. –
Hinter gesenkten Lidern blühen Rosen auf,
Ein ganzer Garten, der Blumen redet,
Ihre Stimmen sind süss und bitten,
Dich zu versinken an sie.
Eine Wolke wandert – Wo bist Du?

Ruhe tief. –
Dem versinkenden Ohr erwachen neue Melodien,
Eine ferne Weise geigt in Deinen dunklen Schlaf,
Hörst Du? – ich singe Dir,
Ich singe Dir vom Morgen bis zum Abend

Die ersten zwei Strophen des Gedichtes, das Rudolf Ditzen Anne Marie nach Loschwitz schickte.

ist meiner Erinnerung nach noch nie vorgekommen. Entweder ist Uli etwas passiert oder Papa ist krank geworden oder beides, aber denke um Gottes Willen nicht, dass ich deprimiert bin. Ich bin sogar sehr guter Laune.

Aber schlaflos war er deshalb schon, wie sein erleichterter Brief zwei Tage später belegt:

Ich war so blödsinnig unruhig wegen der Eltern, konnte kaum schlafen, gestern bekam ich nun endlich auf meine dringenden Anfragen die Nachricht, dass ein Brief verloren gegangen sei. Alles wohl. Na, da hat man sich wieder umsonst gesorgt! [4]

Wir werden noch weitere, völlig widersprüchliche Aussagen von Rudolf Ditzen über sein Verhältnis zu den Eltern lesen, es ist rätselhaft, weshalb er einerseits erschreckend berechnend und kalt über sie spricht, andererseits aber mehr als deutlich macht, dass er sie liebt; sich um sie ängstigt, sie versteht und mit ihnen leidet - wir erinnern in diesem Zusammenhang z. B. an seinen mitfühlenden, rührenden Brief über die Leipziger Weihnacht 1917/18. Man darf aber auch nicht unterschätzen, dass der Generationenkonflikt seit über einem Jahrzehnt dem Zeitgeist entsprach, der sich auch in der Literatur niederschlug: Ob Hermann Hesse mit seinem Romanen *Peter Camenzind* (1904) und *Unterm Rad* (1904/06), Robert Musil mit *Die Verwirrungen des Zöglings Törless* (1906) oder auch Egmont Seyerlen mit seinem einzigen Roman *Die schmerzliche Scham* (1913) – um nur vier dieser Werke zu nennen – sie alle erzählen von den Problemen vor allem der heranwachsenden, unverstandenen Knaben und ihren starr auf überholten Normen beharrenden Eltern und Lehrern. Ditzens gerade entstehender Roman *Der junge Goedeschal* beackert das gleiche Feld. Doch allein mit Zeitgeist oder Mode ist das Verhältnis Rudolf Ditzens zu seinen Eltern nicht zu erklären: Seine Jugend verlief traumatisch, noch vor dem Selbstmord-Duell und dem anschließenden Sanatoriumsaufenthalt hatte er den Verdacht, die Eltern wollten ihn als unzurechnungsfähig in eine Anstalt abschieben, ihn loswerden. So bleibt sein Verhältnis zu ihnen immer ambivalent und er ist sich dessen bewusst:

Ich habe nie meine Eltern ‚hassen' können wie der Hasenkleversche Sohn, sie können nicht aus ihrer Haut und trotz aller Liebe ist Miss*verstehen da. Immer und immer nur dies.*[5] In seinem Roman behandelt er gerade dieses diffizile Thema, vor dem er sich gefürchtet hatte, aber:

> *Ich bin heute sehr glücklich, das gefürchtete Kapitel ist überstanden und, denk ich, gut überstanden. Manches wird noch darin auszubessern sein, namentlich Längen zu kürzen, aber das sind Nebendinge, den Hauptton habe ich richtig getroffen. Es ist so seltsam, man setzt sich vor sein Blatt Papier, hat eine ganz dunkle Ahnung von dem, was man ungefähr schreiben wird, aber plötzlich ist es dann da. So gut ging es schon seit vielen Wochen nicht. Du erinnerst Dich an das spätere Kapitel, die etwas lärmende Auseinandersetzung zwischen Kai und seinen Eltern, in dem schließlich die Mutter Partei für ihren Jungen ergreift und den Vater der Tyrannei beschuldigt. In diesem Kapitel sah der Leser alles durch die Augen Kais, der seine Eltern hasst und fürchtet und – liebt. Aber all diesem fehlte schließlich die Voraussetzung, ich sagte wohl, daß Kai kein Vertrauen zu seinen Eltern hätte, aber ich zeigte es nicht. Das bringt nun dieses neue Kapitel, dessen Ereignisse am vorhergehenden Tage liegen. Hier nun ist alles von den Eltern aus gesehen, der Junge Kai ist am Ende ein verschlossener, trotziger Junge – für sie, für die Eltern. Kein Wort verrät, was Kai während dieser Unterhaltung denkt. Nur Staatsrat Gödeschal und seine Frau denken und sprechen. Und alles gipfelt am Ende in dem Ausspruch der Mutter: ‚Es ist so furchtbar schwer mit Kindern, es ist so lange her, dass wir jung waren.' Darin liegts. Darin liegt der Grund, dass alles Verstehenwollen und alle Seiten/Güten (?) scheitern müssen; sie sind schon zu alt, sie haben vergessen, wie sie als Kinder waren, und vom Standpunkt des Erwachsenen urteilend, nennen sie ein Ding Bagatelle, das für Kai blutwichtig ist.* [6]

Rudolf Ditzen hält Anne Marie Seyerlen über alles in und um Berlin auf dem Laufenden. Er geht täglich in die Wohnung der B.s, um nachzuschauen, ob ein Brief von Egmont an Anne Marie angekommen ist, wenn ja, läuft er rasch zum Anhalter Bahnhof, um diesen Brief im Postzug nach Dresden abzuliefern, damit Anne Marie das Schreiben möglichst schnell erhält. Er berichtet von Tonis Ehemann Hugo und er erzählt, dass er Lotte Fröhlich auf der Straße gesprochen hat:

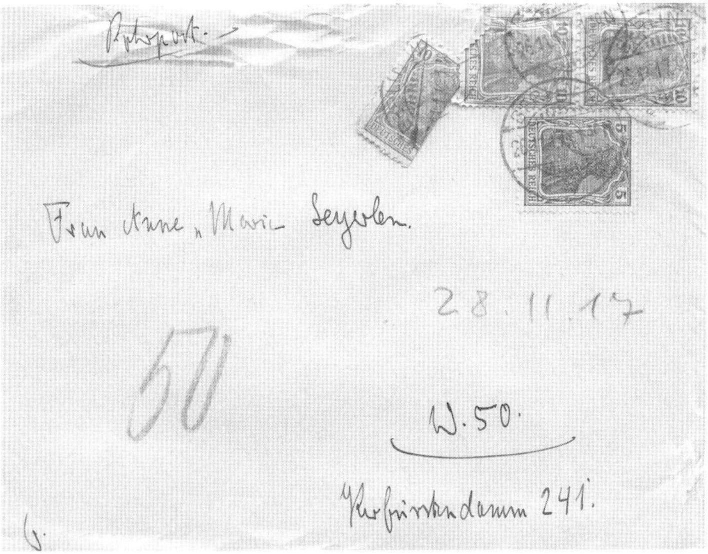

In der ersten Zeit ihrer Freundschaft hob Anne Marie Seyerlen auch die Briefumschläge der Briefe auf, die Ditzen an sie schrieb.

Die arme Lotten! Es geht ihr wieder sehr schlecht, sie hat wieder Blut gespuckt! Sie beichtete mir nun erst, dass ihr jedes auf der Straße Gehen verboten ist, sie soll nur liegen, und da sind ihr die beiden Ausstellungen, die sie besuchte, natürlich zu viel geworden. Eigentlich schlimm war aber etwas anderes: sie zeigte mir eine Fotografie: ein fabelhaftes Mädelchen, stark, schön, blödsinnig sinnlich, ein bisschen Erdgeist grad in seiner Sinnlichkeit. So etwas tierisch weibliches. Ich fragte, wer das sei und sie sagte: ‚Die neue Freundin von Maxen.[7*] *Was ist sie schön! Und so gesund!' Ich schwieg, wir redeten von anderem, dann nahm sie die Fotografie wieder hoch und sagte: ‚So ein Vieh! Wie gesund! Diese Brüste! Diese Hüften! Wie gesund!' Ja, das mag schlimm sein, alt werden, sich krank fühlen, in der Nacht Blut spucken und dann als Morgengruß eine solche Fotografie zu bekommen! Ich sage: arme Lotten. Aber im Grunde gehts mir doch nicht nah, ich seh all dies mehr literarisch, weiß, sie leidet, fühle es aus ihrer Stimme, aber rühren, mich berühren tut's nicht. Das ist genau so wie damals, als sie in mich verliebt war*[8*]*, es geht mich nichts an, ja, es ekelt mich nur. Und das ist doch eigentlich eine seltsame Umwandlung, die in mir vorgegangen ist. Vor ein paar Tagen schrieb ich in meinem Roman diesen Satz, den Kai sagt: ‚Ich werde sie lieben, alle, alle Frauen, die mich lieben wollen'. Und dieser Satz hat bis vor 1 1/2 Jahren auch für mich gegolten und ist die einfache Erklärung meiner Verlobung mit der Jagusch. Sind wir jung, haben wir gelitten, sind wir unsicher, fühlen wir uns weniger als die andern, so lieben wir ziellos, unser Liebesbedürfnis treibt uns jeder in die Arme, die uns lieben will, wir wollen geliebt werden und lieben, von wem, das ist beinahe gleich. Das ist wie eine Krankheit, gegen die wir wehrlos sind. Aber dann eines Tages merken wir doch, dass das alles keine Liebe ist, dass wir uns zwecklos verstrahlen und keinen Widerschein finden. Dass wir von einem Dunkel umgeben sind, das bestenfalls wir erhellen. Und das ist zu wenig. Die Starken suchen*

7* Mit *Maxen*, ist, wie aus dem Kontext hervorgeht, der Ehemann von Lotte, der Kunstmaler *Max* Fröhlich gemeint

8* Es sei daran erinnert, dass laut Anne Marie Seyerlen auch Lotte Fröhlich die Freundschaft mit RD angeblich nur aus reinem Mitleid gepflegt habe.

dann nicht mehr die Liebe, sondern die Geliebte und sind beinahe stets gerettet, aber die Schwachen. Sieh, bei Käthe M.[9] wollte ich Selbstmord begehen und das ist der eine Ausweg, und bei Hedwig wollte ich aus Verzweiflung und Schwäche weiterwursteln und das ist der andere Ausweg, der dann wohl auch entweder zum Selbstmord oder zum Mord führt, und dass ich dem manchmal damals schon näher war, als gut tut, das haben wir ja dann gemerkt […]*[7]

Am 31. Juli 1918 erhält Rudolf Ditzen sein Arbeitszeugnis, auch diesmal eine vorzügliche Gesamtbeurteilung. Unterschrieben ist es von dem oft zitierten Dr. Bischoff, seinem Vorgesetzten und von einem weiteren Vorgesetzten, dessen Unterschrift allerdings kaum leserlich ist. Vermutlich lautet der Name Beerfelde, Hans-Georg von Beerfelde, über den noch zu sprechen sein wird.

Kartoffelbaugesellschaft m.b.H.
Fernsprecher : Lützow 8590
Drahtanschrift: Kartoffelbau Berlin
Dienststunden 8 1/2 - 4 Uhr
Sonnabends 8 1/2 - 3 Uhr Berlin SW.11, den 7.August 1918
Bernburger Straße 15/16

B/C.
Tagebuch-Nr. 6060. [8]

Herr Rudolf Ditzen aus Greifswald war vom 15. November 1916 bis zum 1. August 1918 als wissenschaftlicher Hilfsarbeiter bei der Kartoffelbaugesellschaft m.b.H. tätig. Da Herr Ditzen auf landwirtschaftlichem Gebiete sehr gute praktische und theoretische Kenntnisse besitzt und außerdem ein gewandter und sehr gewissenhafter Arbeiter ist, war er der unterzeichneten Geschäftsführung eine sehr große Hilfe. Herr Ditzen leitete nach gegebenen Direktiven selbständig die Abteilung für Vermittlung von Pflanzkartoffeln, die sich dank seiner Tätigkeit in kurzer Zeit sehr erfreulich entwickelte. Wir bedauern daher aufrichtig, dass Herr Ditzen aus Gesundheitsrücksichten gezwungen ist, seine

---

9* *Käte M.* ist vermutlich Käte Matzdorf, jenes Mädchen aus Leipzig, an die der Knabe RD 1911 obszöne Briefe schrieb.

Stellung zum 1. August 1918 aufzugeben und wünschen ihm für die Zukunft das Beste.

Berlin, den 31. Juli 1918
Kartoffelbaugesellschaft m.b.H.

handschriftlich:
Dr. Bischoff [...][10*]

Jetzt ist es also amtlich, Rudolf Ditzen hat ein Jahr frei, muss nur noch einige Abschlussarbeiten erledigen: *Heute abend habe ich den Bücherrevisor, wir wollen nachts arbeiten, da das die einzige Zeit ist, in der Bischoff uns nicht stören kann. Ich denke nun, in drei, vier Tagen liegt auch das hinter mir und dann bin ich ziemlich K.B. frei.* [9]

Zwei weitere Briefe schreibt Rudolf Ditzen am 1.8. Der eine ist ein langer Liebesbrief, der nächste meldet den erfolgreichen Besuch des Bücherrevisors bei der Kartoffelbaugesellschaft und *nun kann [ich] mich endlich als freier Mensch fühlen.*[10]

Am 2.8.1918 wird deutlich, dass die beiden getrennte Kassen führen, denn Rudolf Ditzen bietet Anne Marie an, Briefpapier zu Lasten ihres Kontos einzukaufen. Hundert Bögen kosten 6 Mark und sind sicher bald ausverkauft. Die Arbeit in der Kartoffelbaugesellschaft ist zwar vorbei, aber

[...] jeder neue Brief von Mutti erinnert mich daran und, wenn sies drauf anlegte, meine Laune in jeder Hinsicht zu verderben, besser könnt' sie es nicht anfangen. Sie spricht von Schwerwerden, leiser Wehmut, Kummer, Betrübnis, Sorgen - nun ja, aber am Ende soll ich denn doch sehr, sehr dankbar sein. Ich denke ja gar nicht daran, ich denke auch gar nicht daran, mir die Laune verderben zu lassen, ich staune nur immer über diese fürchterliche Instinktlosigkeit. Dies wäre doch wahrhaftig eine Gelegenheit wie keine zweite gewesen, locker gewordene Bande

---

10* Unterschrift unleserlich, wahrscheinlich *Beerfelde*

wieder fester zu knüpfen, durch die Art, wie eine an sich gar nicht so großartige Gabe gewährt wurde, für Festigung der Gefühle zu sorgen, nein, ein Quengeln und Dremmeln und Klagen. Ich denk jetzt so oft: wenns nur erst alle (?) wäre. Das ist ganz schrecklich, dass ich das noch zu Papier bringe, aber es wird nicht anders. Papa hat sich nie etwas Schöneres gewünscht als aus der Arbeit heraus zu sterben, nun ist er nichts als ein pensionierter Beamter und gerät immer tiefer in seine trübe Stimmung. Und ihm wird's nur gut sein. Mutti aber lebt nur für ihn, da wärs auch besser. Und dann käme dann ich dran und hätte endlich Verfügung über das, was mir doch nun einmal gehört, und könnte das Leben leichter anpacken. Ich sage nicht: mit Dir, denn vielleicht ist es Dir in dieser Verbindung doch unangenehm, aber indirekt denk' ich doch daran. Und wenns auch zu wenig ist, ‚viel' ist es nicht, es wird helfen zur Ruhe, zum Heim, zur Stille.[11]

Da ist sie wieder, diese angesichts seiner dokumentierten Zuneigung befremdliche Berechnung, die sogar den Tod der Eltern wünscht, um materiell ein leichteres Leben zu haben. Deutlich wird, dass er sich in diesem Zusammenhang doch Hoffnungen auf ein Zusammenleben mit Anne Marie Seyerlen macht.
Bei seinem Roman sitzt er an einer zweiten Fassung, arbeitet um. Bereits in den Vorbriefen war sichtbar geworden, dass er auf die Kritik von Anne Marie hin etliche Passagen umschrieb und umgestaltete. Vermutlich hat auch Egmont, der die revidierte Fassung ja an Rowohlt vermitteln will, mit zu den Änderungen beigetragen, aber entscheidend scheint schon die Kritik von Anne Marie zu sein:

Ich habe heute einen recht guten Abschnitt in meinem Roman erledigt, er wird viel lebendiger als in erster Fassung. Aber ich bin ja noch sehr, sehr im Anfang, und Schwiegervater wird sagen, ich bin sehr faul gewesen – in nun beinahe einem Jahr nicht mehr geleistet zu haben. Ganz klar wurde es mir übrigens heute Nacht: dieser Roman ist die direkte Folge von Timmendorf. Ich danke Dir. Was wäre ich ohne Dich? Ein Kartoffelfritze und Mann von – H. [12]

Wie sehr die gesamte Familie mit dem schriftstellerischen Probejahr, finanziert durch den Vater Wilhelm Ditzen, befasst ist, zeigt der nächste Brief. Über was Anne Marie sich aufgeregt hat, wissen wir nicht, aber dass Rudolf Ditzen sich über Tante Ada empört, wird deutlich:

Hab ich Dir übrigens erzählt, dass ich Tante Ada einen schrecklich frechen Brief geschrieben hatte. Ich stand noch so ganz unter dem Eindruck Deiner Empörung. Unter anderem, dass ich es doch sehr verwunderlich fände, dass sie den Geldpunkt jetzt post festum [11*] *breitträte, ob sie denn glaube, dass ich in tiefster Reue nun noch meine Kündigung zurücknähme. Das ganze sei doch nichts als unklug und unpädagogisch, sähe grad so aus, als gönne sie mir die Freude am Erreichten nicht, usw. usw. Hinterher reute [es] mich doch ein wenig. So viel Verve. Heute traf nun eine Karte von ihr ein, ein Schauer überlief meine Haut, ich dachte, naja, immerhin ganz schlimm wird es nicht sein, auf einer Karte schreibt sie keine direkten Beleidigungen. Aber Karte sagt auch schon genug, sonst war es Brief. Ich hatte recht vermutet. Tante Ada ist geknickte Lilie, aber diese Lilie* ***sticht*** *!!!! Ein Stück draus muss ich Dir doch vorsetzen, also: ‚Aber figlio caro* [12*]*, dass diese Frage (nämlich die Geldfrage) für jeden Sterblichen, der nicht produziert oder verkauft, sondern von Gehalt, Pension oder Rente lebt, nicht ganz leicht zu lösen ist, das weiß man doch auch wohl in des Dichters seligen Gefilden. (gut, was? Ich weiß als Dichter leider viel zu viel von Geld) So konnte ich auch nicht annehmen dass die einfache Erwähnung einer Tatsache Dich peinlich berühren würde. Aber sicher ist es besser, Ihr macht dergleichen untereinander ab, das will ich mir als Tante merken, non dubitare* [13*]*.‘ So die Tante Ada. Und der Neffe? Ist zufrieden, grinst höchstens und sagt: ach Ihr. Sicher ist ja, dass die ganze Familie von meinem Nichtstun empört ist. Uli schweigt, sogar Ibeth ist stumm geworden. Aber grad das freut mich: ich habe erreicht, was nötig war, und wenn sie trotzen: immer zu!* [13]

Der Brief vom 3.8.1918 spricht in erster Linie vom Roman, der in der gemeinsamen Wohnung, Mainzerstr. 8, besonders effektiv geschrieben werden kann:

11* *post festum* = lat.: hinterher.
12* *figlio caro* = ital.: lieber Sohn.
13* *non dubitare* = lat.: da sei ganz sicher.

[...] immer wirkt sie von neuem, so zu Haus, so gemütlich, so voll – für mich – von Erinnerungen. Und heute hat sie mich so reich beschenkt, ich wachte auf, da stand plötzlich ein späteres Kapitel ganz klar vor mir, ein neues, ein[e] Konferenz zwischen Staatsrat Gödeschal und dem Arzt wegen des Jungen. Etwas sehr Wichtiges, das unbegreiflicherweise ganz vergessen. Denn es ist unwahrscheinlich, dass der Arzt, dem der Junge in höchster Erregung die Szene zwischen den Eltern wiederholt, davon ganz schweigt oder dass d[er] (?) Leser doch nichts davon erfährt. Ich will es gleich morgen erarbeiten. Denke Dir, ich hab in dieser kurzen Zeit schon sechs Kapitel geschafft. In zwölf Tagen! Wenn es so weiter geht, bin ich Mitte Oktober fertig! [14]

Aus den weiteren Briefen geht hervor, dass Egmont regelmäßig schreibt und offensichtlich bald auf Urlaub kommen wird. Nach wie vor schickt Ditzen dessen Post nach Loschwitz nach und schreibt seinerseits etliche Briefe an Anne Marie. Kurz vor ihrer Rückkehr aus Loschwitz hat er irgendeine Dummheit gemacht, wir erfahren nicht welche, aber Ditzen ist so zerknirscht, dass er sich seit langem wieder als kleinen *Jungen* bezeichnet:

Berlin-Wilmersdorf.
Mainzerstr. 11
Am 6.8.18
Brief № 28

Liebe, liebe Miami

ich bin sehr traurig darüber, wie dumm ich mich wieder benommen habe, wie ich Dir nur, nur schade. Ach, es liegt alles daran, dass Du in mir ja keinen Mann zur Seite hast, sondern nur einen Jungen, der stets die Welt floh und fürchtete, und dem Du erst Mut machtest, der durch Dich erst zum Manne erzogen werden soll. Und nun lebt dieser Junge noch dazu in einer Welt der Unwirklichkeit und der erborgte (?) Schein der Figuren, die ihn umringen, verwirrt ihn oft. Der einzig[e] Trost für ihn ist es, dass er Dich so sehr liebt, wie ein Mensch es nur kann, aber das ist in all dem Kummer, den ich Dir verursache, nur ein geringer Trost für Dich.

Gut angekommen. Balkanzüge [14*] *kommen auf Zoo an, dementsprechend telegrafiert.– Ich werde Dir nur noch wenige Briefe schreiben, denn, wenn Du am Sonntag oder Montag fährst, ist ja Donnerstag der letzte Brieftag. Du verlierst nicht viel, ich habe mich zu hoch erhoben, nun erst sehe ich immer mehr, wie wenig ich bin. Denke nicht, dass ich deprimiert bin, nein, ich habe nur überspannte Ansichten ins rechte Maß zurückversetzt. Zeitungen gehen heute ab. Sonst nichts.*

Dein.

Ich verlange, dass, wenn Du nicht mit Toni zurückkommst, ich Dich abholen darf von Dresden. Gepäck aufgeben etc. ist zu viel für Dich. [15]

Einen Tag später wird sehr konkret geplant. Egmont wird – sofern sein ausgebrochenes Fieber ihn nicht doch noch hindert – mit viel Gepäck am Bahnhof Friedrichstraße ankommen. Da Anne Marie noch in Loschwitz ist, übernimmt Rudolf die Organisation, aber er muss noch einmal nachfragen: Soll ein Hotel geordert werden, muß alles zu den B.s in den Kurfürstendamm, vielleicht auch in die ‚Höhle' in der Mainzerstraße 8? Anne Marie und Egmont hatten eine gemeinsame Wohnung in der Händelstraße gehabt, aber zum Zeitpunkt der Freundschaft mit Rudolf Ditzen kam sie in der Korrespondenz nicht mehr vor. Spätestens mit diesem Brief wird deutlich, dass sie tatsächlich nicht mehr existierte [16] und Anne Marie Seyerlen sich letztlich damit in völliger Abhängigkeit zu den B.s befand.

Noch ein letzter Brief – per Eilboten geschickt – geht nach Loschwitz. Die Wohnung ist auf Vordermann gebracht, alle Möbel sind wieder an den alten Platz gerückt, von Egmonts Kommen wurde lediglich Lotte unterrichtet. Und dann wieder einige Sätze, die die kriegsbedingte Not zeigen: *Für 20 Eier habe ich auch schon gesorgt, wenn Ihr mehr braucht, können wir von Lotte bekommen. (Stück 85 g. zu Lasten Deines Kontos).* [17]
Das liest sich sehr distanzierend, sehr kühl und Anne Marie Seyerlen wird beim Lesen dieses *zu Lasten Deines Kontos* sicher

---

14* Da Egmont Seyerlen in Konstantinopel stationiert ist, wird er im Zuge seiner Urlaubsfahrt den erwähnten Balkanzug benutzen.

nicht amüsiert gewesen sein, eher befremdet. Wie aber hat Rudolf Ditzen wohl den folgenden Vertrag aufgenommen, den ihm sein Vater ins Haus schickte? Er klingt noch viel bürokratischer, dabei verhandelt hier der Vater mit seinem Sohn.

Leipzig, d. 7. August 1918

Lieber Rudolf

Vorbemerkung
Was ich Dir im folgenden zusichere, ist an die Zeitgrenze gebunden: so lange ich lebe. Es fällt also fort mit meinem Tod. Das gilt auch für Nr. 1.

1.
Ich zahle Dir, wie bisher, einen jährlichen Zuschuss von 1200 M, fällig in monatlichen Beträgen von 100 M am 15. jedes Monats. Die Monatszahlungen bis zum 15. Juli 1918 einschließlich gelten als beglichen. Die nächste erfolgt also zum 15. August 1918. – Der Zuschuss hört auf, wenn und soweit Du seiner nicht mehr bedarfst. Als Dein Jahresbedarf gilt der Betrag von 4800 M. Übersteigt Dein Eigenerwerb 3600 M, so sinkt entsprechend mein Zuschuss und dieser fällt ganz fort, wenn Dein Eigenerwerb mindestens 4800 M. beträgt.
Aus diesem Grunde wirst Du mich über Deinen eigenen Erwerb auf dem Laufenden halten.

2.
Ich sichere Dir für Dein schriftstellerisches Versuchsjahr, das vom 1. Juli 1918 ab gerechnet wird, zur Bestreitung Deines gesamten Unterhaltes, soweit dieser durch den Zuschuss Nr. 1 nicht gedeck wird, Unterhaltsgelder im Gesamtbetrage von 3600 M zu. (in Deinem ersten Vorschlage hattest Du 3000 bis 3600 M genannt. Ich wähle den Höchstbetrag. Dafür hast Du aber auch alle Deine Ausgaben zu bestreiten, so dass Nachforderungen ausgeschlossen sind).
Diese Zusicherung ist eine einmalige, sie wird nicht wiederholt. Wir gehen, Du wie ich davon aus, dass Dein Versuch nur dann als erfolgreich gilt, wenn Du Dir bis zum 1. Juli 1919 gesicherte Aussicht schaffst, von dieser Zeit an durch Schriftstellerei im Wesentlichen selbst Deinen Unterhalt zu erwerben. Tritt dieser Erfolg nicht ein, worüber Du selbst entscheidest, so verschaffst Du Dir vom 1.7.1919 ab eine Stellung ähnlich der bisherigen bei der K.B.G.

3.
Die Zahlung der Unterhaltsgelder (Nr. 2) erfolgt in halbmonatlichen Raten von 200 M am 1. mnl. u. 100 M am 15. jedes Monats. Die erste Zahlung von 200 M vom 1. August 1918 ist bereits erfolgt. Die zweite Zahlung erhältst Du ausnahmsweise mit 200 M. zum 15. August 1918. Dafür fällt die letzte Zahlung (100 M) zum 15. Juli 1919 fort.

4.
Es wird auf diese Weise erreicht (vergl. auch Nr. 5), dass Du mit dem Ende Deines Versuchsjahres, d. h. am 1.7.19 nicht bloß auf den Zuschuss (Nr.1) angewiesen bist. Denn Du erhältst am 1.7.19 noch einmal 200 M Unterhaltsgeld. Das scheint mir nötig, magst Du nun vom 1.7.19 ab als Schriftsteller oder als Privatangestellter weiterleben.

5.
Hast Du während Deines Versuchsjahres Einnahmen (etwa von dem Verleger Deines Romans) so kannst Du wählen: Entweder Du sendest mir den Betrag zur Verwahrung u. ich zahle ihn Dir nach dem 1.7.19 aus, als ob das Geld eine Fortsetzung der Unterhaltsgelder wäre; oder: Du meldest mir nur den Betrag und ich verrechne ihn dann einstweilen auf meine letzten Unterhaltszahlungen (Nr.3). Was Du auf diese Weise ersparst, erhältst Du dann nach dem 1.7.19 am 1. u. 15. jedes Monats wie in Nr. 3 besprochen.

6.
Ich werde Vorsorge treffen, dass die besonderen Kosten Deines Versuchsjahres (also 3600 M) Dir als Vorempfang auf Deinen Erbteil angerechnet werden. Und nun möge Dir alles wohl gelingen.
Dein treuer Vater WDitzen [18]

Es sind drei Grenzsteine, die den Rahmen im Leben des Rudolf Ditzen abstecken: Die geborgte materielle Sicherheit durch den Vertrag mit dem Vater, Anne Maries Rückkehr aus dem Sanatorium und die unmittelbar bevorstehende Anwesenheit von Egmont Seyerlen. Ob dieser Rahmen geeignet ist, sein Leben sinnvoll zu gestalten, wird sich zeigen.

10. Reisepelz oder Ballonmütze?

Am 23. August 1918 erscheint im Hannoverschen Kurier eine Traueranzeige:
„Ulrich Ditzen, gefallen im Alter von 21 Jahren am 12. August 1918. Student der Medizin, Leutnant der Res. in einem Feldartillerie-Regiment. Inhaber des Eisernen Kreuzes 2. Klasse, der Friedrich-August Medaille in Silber. Ritter des Albrechtsordens 2. Klasse mit Schwertern." [1]

Ulrich, genannt Ede, war von allen Ditzens geliebt und geachtet zugleich, sein Tod muss ein furchtbarer Schlag gewesen sein. Über zwanzig Jahre später, 1941, wird Hans Fallada in seinem Buch *Damals bei uns daheim* dem Bruder ein Denkmal setzen: „Wenn meine Eltern Ede anschauten, so wussten sie: er wird seinen Weg machen ... Dann kam der Weltkrieg, und Ede meldete sich, kaum dass er siebzehn geworden war, freiwillig. Er hat den ganzen Krieg an der Westfront mitgemacht, immer im flandrischen Dreck, immer im Grabenkrieg. Selten kam er auf Urlaub. Dann zeigten sich die Eltern voller Stolz mit ihrem jungen Offizier." (Fallada 1959: Damals, S. 156f.)[2] Die Liste seiner Auszeichnungen und Ehrungen auf der Traueranzeige belegt, wie sehr dieser Ede Hoffnung und Stolz seiner Eltern gewesen sein muss. Den krankheitsbedingten Urlaub im Frühjahr hatte er genutzt, um sein Abitur zu machen und sich sofort aufgrund einer Sonderregelung für Feldsoldaten als Medizinstudent einschreiben zu lassen. Dann war er wieder in den Krieg gezogen. „Ich brachte ihn zur Bahn. Je näher wir uns dem Bahnhof näherten, umso stiller wurde er. Da war schon der Urlauberzug, hässlich, verdreckt, heruntergekommen, wie damals 1918 alles aussah. Er nahm kurzen Abschied, saß dann still im Abteil, ohne den Kopf nach mir zu wenden. Ich sehe ihn da sitzen, eigentlich noch blutjung, einundzwanzig Jahre alt, und den vollen jugendlichen Mund, der doch schon fest geschlossen ist, mit den kleinen bitteren Falten der Enttäuschung im Mundwinkel [...] Er war der liebste Bruder, er war aber auch der anständigste Mann, den ich in meinem Leben getroffen habe. Die Eltern haben seinen Verlust nie verwunden", (ebd. S. 157) berichtet Fallada. Und

Tante Ada klagt in einem Brief an Doktor Tecklenburg: „Uns ist durch den Tod von Rudolfs jüngerem Bruder so jede Zukunftshoffnung genommen.“ [3] Der ältere Sohn also vermittelt keine Zukunftshoffnung.

Wie Rudolf Ditzen gegenüber Anne Marie Seyerlen auf diesen Tod reagiert hat, wissen wir nicht. Er wird den Bruder in seiner Korrespondenz mit ihr im Gegensatz zu früher so gut wie nie mehr erwähnen. Sie hatte Uli Ditzen übrigens auch persönlich kennen gelernt.

Rudolf Ditzens letzter Brief nach Loschwitz war vom 8. August, danach entsteht eine Lücke in der Korrespondenz bis zum 13. Oktober 1918. Die Briefe vom Oktober haben den Absender Domäne Baumgarten, bei Dramburg in Pommern. Das ist die Adresse vom Freund Johannes Kagelmacher, der dort als Gutsverwalter arbeitet. Vor dieser Reise aber müssen Treffen mit Egmont Seyerlen stattgefunden haben, der während seines Urlaubs offensichtlich versuchte, in der knappen Zeit seine und Anne Maries finanzielle Lage zu verbessern. Rudolf Ditzen wird ihm dabei helfen. Er soll Briefe und Päckchen aus dem Orient-Express entgegen nehmen und seinerseits Botschaften und eventuell auch irgendwelche Waren wieder mitgeben, mehr wissen wir nicht von den Transaktionen, außer dass Egmont Seyerlen für diese Transaktionen Geld zur Verfügung stellt. Der Orient-Express verkehrt regelmäßig zwischen Berlin und Konstantinopel, wo Egmont inzwischen wieder bei der Truppe ist. Er ist verantwortlich für den Bahnhof in Konstantinopel und kontrolliert den Nachschub aus dem Reich. Die geschäftliche Korrespondenz an Egmont übernimmt Ditzen in verschlüsselter Form, zeitweise ist es aufgrund der Kriegsereignisse überhaupt angebracht, keinerlei Geschäftsbriefe – und seien sie noch so verschlüsselt – direkt an Egmont zu schicken, sondern über Bukarest umzuleiten. Daran soll sich gefälligst auch Arendt halten, ein Kompagnon, wie es scheint.[4] Das alles ist ziemlich dubios und geheimnisvoll, wir erfahren aber auch aus den weiteren Briefen keinerlei Einzelheiten dieser Geschäftsidee.

Unmittelbar nach Egmonts Abreise reist Anne Marie Seyerlen nach Dänemark zu ihren Verwandten, um sich mit hochwertigen Lebensmitteln gesundheitlich aufpäppeln zu lassen, vor allem aber, um die Kraft zu sammeln, sich endgültig von Rudolf Ditzen zu lösen. Vermutlich hat der Urlaub von Egmont mit zu diesem Entschluss beigetragen [1*], aber auch durch die Flut seiner liebevollen, zugleich bedrängenden Briefe, die Rudolf nach Loschwitz geschickt hatte, muss ihr klar geworden sein, dass sie sich zu einer grundsätzlichen Entscheidung durchringen müsse. Wieder nach Berlin zurückgekehrt, scheint sie aber den Vorsatz der endgültigen Trennung nicht wahr zu machen, sondern ihm unverfängliche Briefe zu schreiben. Dennoch hat sich etwas in der Beziehung verändert, denn Ditzen unterschreibt seine Briefe aus Dramburg mit R.D., was er nur tut, wenn er Distanz dokumentieren möchte. Außerdem schreibt er nicht mit der Hand, sondern mit der Schreibmaschine. Zugleich ist der Grund seines langen Besuches bei Kagelmacher in Dramburg/Pommern wohl sein Versuch, Anne Maries Verlangen nach Trennung zu kompensieren. Der Text seiner Briefe ist nicht intim. Er berichtet geschäftliches und plaudert anschließend über Kagelmacher: So habe er leider den Balkanzug verpasst, was aber gar nicht schlimm sei, weil er Egmont nichts Besonderes zu melden gehabt hätte. Ditzen wird Anne Marie sofort Bescheid sagen, wenn eine Nachricht, ein Telegramm oder ein Brief von Egmont angekommen sind. Abgesehen davon, dass er unter der widerlichen Hautkrankheit Krätze leidet, geht es ihm bei Kagelmacher gut:

> *Essen zwar nur mäßig in Qualität, wahnsinnig primitiv, aber ausreichend, Landschaft sehr schön [...] und Kagelmacher wirklich ein sehr erträglicher und beinahe netter, wenn auch natürlich sehr primitiver und unverfeinerter Mensch. Entschieden ist er aber weit über Durchschnitt, wobei ich aber in Verlegenheit bin, womit ich dies begründen soll.*[5]

Ditzen hat Johannes Kagelmacher zwar bereits 1916 während seiner Arbeit für die Landwirtschaftskammer in Stettin kennen

---

1* Christine Steiner: „Meine Mutter hat mir erzählt, dass unsere Verwandten ihr literweise Sahne eingeflößt haben und sie richtig mästeten, denn sie war trotz der Kur noch entsetzlich dünn. Und in Dänemark sei ihr dann klar geworden, dass es nicht mehr ginge, Ditzen auch nur aus Mitleid verbunden zu bleiben, er habe sie mit seinem Wesen und Ansprüchen ausgesaugt, ihr jede Kraft genommen."

gelernt, aber er scheint erst jetzt näher und länger mit ihm zusammen zu kommen:

Seine Frau ist ein Hausputtchen mit schwärmerischem Aufblick zu ihm, unerträglich, wenn sie ihre Flachheiten redet, aber Gott sei Dank sieht man sie so gut wie nie. Hier bleiben werde ich, wenn mir Krätze und Schwangerschaft der Frau nicht einen Strich durch die Rechnung machen, mindestens 14 Tage, wobei ich allerdings sagen muss, dass ich wieder einmal zur Arbeit an meinem Roman nicht kommen werde; Das Zimmer ist zu klein, das Haus zu unruhig, die Fähigkeit der Konzentration im ungewohnten Umher nicht vorhanden. Nach vergeblichen Versuchen, habe ich das Manuskript vorläufig beiseite gelegt und tröste mich damit, dass ein zur Ruhe kommen in diesen 14 Tagen mich dafür für die Folge stärken wird. [6]

Und dann klingt doch die vorhergegangene, bereits von uns vermutete Krise durch: Offensichtlich hat Anne Marie darüber geklagt, dass sie zur Zeit sowohl über Toni als auch über Hugo B. verstimmt sei, vermutlich aus deren Haus ausziehen werde, Rudolf auch nicht da sei und sie sich nun ziemlich allein fühle: *Was Dein Alleinsein angeht, so hätte mein Verbleiben in Berlin Dir doch nichts genützt, sondern nur unser Verhältnis weiter geschädigt.*[7] Hier also ist nicht nur von einer gesundheitlichen Einschränkung die Rede, sondern auch von der gestörten Beziehung. *Es ist besser, dass ich versuche, wieder ein wenig auf den Damm zu kommen.*[8] Dann grüßt er herzlich und unterschreibt erneut mit *Dein R.D.* Der nächste Brief ergänzt jenen vom Vortag. Ditzen besteht darauf, *dass wir uns möglichst wenig sehen, denn ein Sehen in diesem Zustand schadet nur.*[9] Zwar bezieht sich dieser Satz auch auf die gesundheitliche Einschränkung durch die Krätze, aber die Beziehungskrise war ja bereits im vorigen Brief angeklungen. So liest sich auch der folgende Satz eher wie eine dienstliche Verpflichtung:

Ich werde es nun wie verabredet halten, dass ich Dir häufig, wenn schon kurze Nachrichten geben werde, ohne mich jedoch verpflichten zu wollen, jeden Tag eine solche Nachricht zu geben.[10]

Die Kommunikation zwischen Anne Marie und Rudolf bewegt sich jetzt zwischen dokumentierter Zuneigung und Distanz, sie wird zum ständigen Wechselbad. Das permanente Hin und Her zwischen Nähe und Ablehnung betrifft beide. So freut sich Ditzen am 16.10 sichtlich über einen Brief von Anne Marie, die bis zu diesem Datum offensichtlich sehr selten geschrieben hat: *[Ich] möchte Dich doch bitten, wenn es Dir möglich ist, mir auch weiterhin ab und zu zu schreiben.*[11] Der Auszug von Anne Marie Seyerlen aus der Wohnung der B.s erweist sich in diesem Brief als Umzug der Familie B. zusammen mit Anne Marie nach Berlin Dahlem. Toni B. ist am Ende ihrer Kräfte, sanatoriumsreif und jetzt eine Belastung für die gleichfalls angeschlagene Anne Marie. Rudolf Ditzen fürchtet sich unter diesen Umständen vor einer Rückkehr nach Berlin, denn das Leben mit Kagelmacher beruhigt ihn und baut ihn zugleich auf.

In der Hauptsache gehen wir auf die Felder, sehen den Pflügern zu, ein oder das andere Mal schnauzt Kagelm. ein Rindvieh an, dann drehen wir uns wieder um und steigen über die Felder zu den Kartoffelbuddlern, sehen uns auch das an, sprechen auf dem Heimweg ein wenig über die Wirtschaft mit ihren mancherlei Sorgen und wenn wir in einen schönen Winkel kommen, so legen wir uns ins Gras, lassen den Wind über uns sausen, schauen im Gras das nahe Schwanken von hunderttausend Grashalmen an, und blicken dann, wenn uns auch das langweilig geworden ist, in den Himmel, einen dunkelblauen, windgefegten Herbsthimmel, über den langsam ab und an eine große, ernste, weiße Wolke zieht. Am Ende stehen wir am See, einem großen See, einem endlosen See, der seine 14 Kilometer lang ist, schauen auf seine hohen tannenbestandenen Ufer, denen an der einen Seite eine längliche Insel, die ganz voll goldbrauner Buchen steht, vorgelagert ist, dann sehen wir auf dem Wasser die endlosen schwarzen Punkte der Taucher wimmeln. K. schreit oder der Hund geht ins Wasser, plötzlich streichen sie alle zu Hunderten übers Wasser und fliegen fort oder aus dem Röhricht steht plötzlich ein Reiher auf und fliegt mit einem heiseren und wildem Schrei dem nächsten Wald zu.[12]

Hier wird wieder sein großes Talent sichtbar – was für eine Beobachtungsgabe, welch bildhafte Beschreibung! Und zwei Tage später:

Gestern war ein Tag, an dem ich Dich gern einmal mit gehabt hätte. Wir machten eine wundervolle Fahrt im kleinen

Feldwagen erst zu den einzelnen Arbeiterkolonnen, dann, es dämmerte schon, fuhren wir in den Wald. Der Mond ging auf, es war wundervoll. Dazu fuhr ich endlich einmal wieder selbst. Am Ende wurden wir ganz betrunken von der Schönheit der Nacht, ich raste mit meinen Pferden wie besessen Abhänge hinauf und hinunter, die Deichsel brach, aber wir kamen doch mit Abprallen an einige Kilometersteine wieder heil nach Hause.[13]

Die Verbindung zu Kagelmacher, den Ditzen zuerst eher distanziert und leidenschaftslos-kühl beschrieben hatte, wird immer enger, zunehmend zu einer echten Seelenverwandtschaft und sehr tiefen Freundschaft, die auf beiden Seiten ein Leben lang halten wird. Kagelmacher wird Rudolf Ditzen bei Schwierigkeiten jahrelang auf seinem Hof einen Heimathafen bieten, wenn den Ruhelosen und Suchtkranken die Stürme seines Lebens auf diese rettende Insel verschlagen. Die rettende Insel heißt Rügen, wohin Kagelmacher bald übersiedelt, weil er dort eine kleine Landwirtschaft geerbt hat. Kagelmacher wird Rudolf Ditzen falsche Zeugnisse ausstellen und ihn decken, wann immer es beiden nötig erscheint. Rudolf Ditzen wird sich später revanchieren, indem er durch Gutachten und Zeugenschaft verhindert, dass die Nationalsozialisten Kagelmacher als Geisteskranken sterilisieren lassen, und er wird Kagelmacher auch finanziell unterstützen, so lange der Kontakt mit ihm vorhanden ist. In dem Brief vom 16.10.1918 wird noch berichtet, dass Lotte Fröhlich wieder ihre künstlerische Arbeit als Bildhauerin aufnehmen wird, weil sie ein sie inspirierendes Kind in Ruppin gesehen hatte. Offensichtlich hat Ditzen von Lotte Fröhlich einen Brief erhalten. Rudolf berichtet zudem, dass der Vater nach wie vor treu die versprochenen finanziellen Unterstützungen überweist. Rudolf fügt noch einen geschäftlichen Brief an Egmont bei, der bitte per Balkanzug abgeschickt werden möge. Unterschrieben ist der Brief wieder mit dem distanzierenden R. D.

In seinem Brief vom 18.10., in dem Rudolf Ditzen so anschaulich die Pferdewagenfahrt beschrieben hat, spricht er zugleich von seinem vagen Plan, eventuell nach seiner Rückkehr von Kagelmacher für einige Tage nach Leipzig zu fahren, *aber das ist noch ganz ungewiss.* Seit seiner Pubertätszeit hatte Rudolf Ditzen das Gefühl, die Eltern würden ihn nicht lieben, ihn als

Persönlichkeit sogar regelrecht ablehnen[2*] und diese Einschätzung hat sich noch nicht geändert:

> *Die Eltern wenigstens scheinen sehr wenig Lust zu haben, mich sehen zu wollen, ihre immer schon geringe Zuneigung zu mir scheint sich durch dies Ereignis mit Uli noch verringert zu haben. [...] Ich wünschte den Eltern ja recht, dass sie sich nicht mehr allzu lange quälen müssen, all dies Leben ist ja doch wenig anders als ein Vegetieren, und sie selbst empfinden es ja auch gar nicht anders.*[14]

Rudolf Ditzen umschreibt den Tod seines Bruders, spricht sensibel-ausweichend vom *Ereignis*, sehr direkt und weniger sensibel äußert er sich über das vielleicht bald bevorstehende Ableben seiner Eltern:

> *Durch ihren Tod würde ich aber endlich auch ein wenig freier werden und könnte dann meine Pläne ausführen, die hier wieder sehr stark und zwingend wurden. Nämlich dies: mir hier auf dem Lande in einer landschaftlich schönen Gegend ein kleines Gut zu kaufen und dort zu leben, abgesondert und allein, ohne all die Verpflichtungen gegen jene vielzuvielen [...] und all die Meschpoke. Dann lüde ich mir Menschen ein, die mir gefallen, und die bei mir leben können, wie es ihnen gefällt, schriebe in Ruhe meine Bücher, auf deren Ertrag ich nicht angewiesen wäre und ließe Welt Welt sein.*[15]

Diesen Brief unterschreibt er übrigens schon wieder kühn mit *Dein Du*, also mit einer vertrauten Formel, gleiches gilt für den folgenden Brief einen Tag später. Es scheint also alles wieder im Lot zu sein.

Wir wissen nicht, ob Rudolf Ditzen trotz seiner Bedenken von Kagelmacher aus zu seinen Eltern nach Leipzig gefahren ist. Zwischen dem Datum des letzten Briefes vom 19.10., bis zum 27. Dezember 1918 entsteht eine Korrespondenzlücke, aber nur scheinbar, denn in diese Lücke gehören nach der Nummerie-

---

2* Christine Steiner: „Meine Mutter hat mir erzählt, dass Ditzen sicher gewesen sei, die Eltern hätten gewünscht, er wäre gestorben und nicht sein Bruder Uli."

rung durch Christine Steiner und nach unseren Recherchen etliche undatierte Briefe, die erneut von einer unheilvollen Krise in der Beziehung der beiden künden.
Die Schwierigkeiten, die Ditzen offensichtlich beim Schreiben seines Romans hat, tragen entscheidend dazu bei. Er kommt nicht voran.

Das halbe Schriftstellerjahr [3*] *ist beinahe um und kaum etwas geleistet. Und immer so weiter [...] Es ist ja gar nicht alles wie es sein sollte, so trübe und ich bin jetzt innerlich wieder so viel allein [...] Du musst mir Zeit lassen: oft so zerquält und ganz aus den Fugen [...] Zeit lassen, Geduld haben. Wenn erst das Buch fertig ist und damit die Zukunft besser ist [...] werde ich ja auch anders.*[16]

Auch dieser schwer leserliche Brief mit den abgehackten Sätzen ist wieder mit *Dein* unterschrieben. In die gleiche Zeit fällt vermutlich ein ebenfalls undatierter Brief, in dem drei Aspekte wichtig sind. Zum einen bezeichnet er sich als *Animal*, eine Etikettierung, die er häufig für sich benutzt, wenn das ewige Streitthema Sexualität wieder aktuell wird. Zum anderen weist er darauf hin, dass er häufig bei gemeinsamen Treffen etwas sagt, was er eigentlich gar nicht meint und sagen wollte. Zum dritten hat Anne Marie ihm die Frage gestellt, ob er sie noch liebe. Der gesamte Brief dokumentiert die tiefe Krise, in der Rudolf Ditzen und Anne Marie Seyerlen mittlerweile stecken.

Liebste Miami,

es war nicht richtig, dass Du eine so wichtige Frage wie die heute ohne weiteres zur Sprache brachtest, ohne mir vorher Zeit zu lassen, sie mir gründlich zu überlegen und meine Stellung zu klären. Freilich wirst Du sagen, dass ich doch wissen muss, ob ich Dich noch liebe, aber gerade da hängt es. Ich möchte also heute nur ganz kurz im Nachtrag zu dem vielen falschen und überflüssigen, was heute von mir gesagt wurde, erwähnen, dass ich nichts endgültiges zu sagen weiß, gar nichts zu sagen

---

3* Nach dem Vertrag von Wilhelm Ditzen begann das von ihm finanzierte Schriftstellerjahr am 1.7.1918.

weiß. Auch das heute nachmittag gesagte ist unrichtig. [...] Was ich brauche ist absolute Ruhe, keinerlei Diskussionen, keinerlei Festlegungen auf irgendwelche Erklärungen. Ich habe die letzten Wochen meine seelischen Fonds so über Gebühr benutzt, dass ich mich nicht wundern darf, wenn sie jetzt für eine Weile versiegt sind [...] das eine sehe ich ja doch schon heute voraus: auf Altes aufbauend, eine Fortsetzung des Bisherigen wird nicht möglich sein, so wollen wir denn von neuem aufbauen, aber erst später, sehr viel später, wenn ich etwas mehr Mensch und weniger Animal geworden bin. [17]

Dazu passt ein gleichfalls undatierter Zettel, mit riesiger Schrift:

Ich kann nicht reden. Ich bin wieder krank. Es ist alles nicht wahr, was ich gesagt habe, das fühle ich. Aber ich muss so reden. Bitte gehe jetzt. Es wird nun schnell besser. Aber sei nicht traurig. Ich bin Doch Dein [18]

Offensichtlich hat ihn Anne Marie in seiner Wohnung besucht und der Verdacht liegt nahe, dass er sich nach einer Auseinandersetzung mit ihr eine Morphium-Spritze gesetzt hat und nun die alles betäubende Wirkung des Rauschgiftes erwartet, daher aber kaum noch ansprechbar ist. Dass diese Vermutung nahe liegt, wird das folgende Kapitel zeigen. Ein verzweifelter Brief vom 27.12.1918, macht deutlich, wie innerlich zerrissen und widersprüchlich der Seelenzustand von Rudolf Ditzen momentan ist:

Liebste Miami,

Du hattest natürlich recht: ich hätte das nicht sagen dürfen. Noch mehr hätte nicht getan, nicht gesagt werden dürfen. Nun zurückschauend sehe ich mich wie in einem Rausch, gestern Nachmittag, hemmungslos fortgerissen, ohne jede Kontrolle, und komme mir heute morgen wie von zu viel Alkohol und Erbrochenem beschmutzt vor. Aber das ist es: ich tauge nicht für Menschen. Ich mache alles schlecht und unrichtig und schief unter ihnen. So viel allein, explodierte ich nun und warf alles hinaus. Es war wie ein Traum: dieses: mehr unter Menschen zu sein. Nein, nicht wieder. Gut, dass Du es sagtest, sonst hätte ich die Beschmutzung empfunden, heute früh im Erwachen, im Traum schon anscheinend, da ich drei schwindsüchtige Mädchen lebend begrub und warf ihnen Erde auf die atmenden

Münder; gut, daß Du dies sagtest. Laß das Zimmer wieder den weitesten Kreis sein, der mich umzieht (?). Sei gut, denke dran, daß ich am Ende schuldlos bin. Dein Du [19]
In seinen Briefen an Anne Marie Seyerlen spricht Rudolf Ditzen so gut wie nie über Politik, dabei steht das Deutsche Reich am Abgrund und er verfolgt das Geschehen mit größter Aufmerksamkeit. Durch einen Brief von Wilhelm Ditzen an seinen Sohn und durch einen Brief von Tante Ada an Dr. Tecklenburg, wissen wir, dass Rudolf Ditzen völlig unerwartet sogar aktiv am politischen Geschehen teilnahm.

Am 4. Oktober 1918 hatte die deutsche Regierung an den amerikanischen Präsidenten Woodrow Wilson aufgrund der katastrophalen militärischen Entwicklung ein Waffenstillstandsangebot gerichtet, dem sich auch der Verbündete Österreich-Ungarn anschloss. Wilson aber hatte jeden Kompromiss gegenüber den beiden kriegsführenden Staaten abgelehnt, weil ihm völlig klar war, dass die Niederlage von Deutschland und Österreich-Ungarn nur noch eine Frage von Wochen, wenn nicht von Tagen sein würde. Ditzen fürchtet aufgrund der Kompromisslosigkeit eine unnötige Verlängerung der Kampfhandlungen durch die deutschnationalen Kriegshetzer und sieht das Ende klar voraus:

[...] nun wird es weitergehen und das Ende, das Ende ist und bleibt die Revolution. Erst wenn wir ganz unten liegen, ganz gefallen sind, wird bei uns die Herrschaft der Phrase aufhören und die Leute werden sich entschließen über Dinge nachzudenken, die ihnen immerhin naheliegen sollten.[20]

Am 29. Oktober 1918 kam es in Kiel zu einem Matrosenaufstand. Es war der Befehl zum Auslaufen der Hochseeflotte gegeben worden, die nach den Vorstellungen der Admiralität von den eigenen Leuten versenkt werden sollte, um nicht den Siegermächten, genannt die ‚Entente' [4*] bei der bevorstehenden bedingungslosen Kapitulation in die Hände zu fallen. Die Matrosen wehrten sich gegen dies sinnlose Opfer. Die Meuterei wurde

4* *Entente* = vollständig Entente cordial (aus dem Französischen, herzliches Einvernehmen), war ein Bündnis der kriegsführenden Staaten gegen das Deutsche Reich und Österreich-Ungarn, zuletzt bestand es aus England, Frankreich und Russland (Triple Entente).

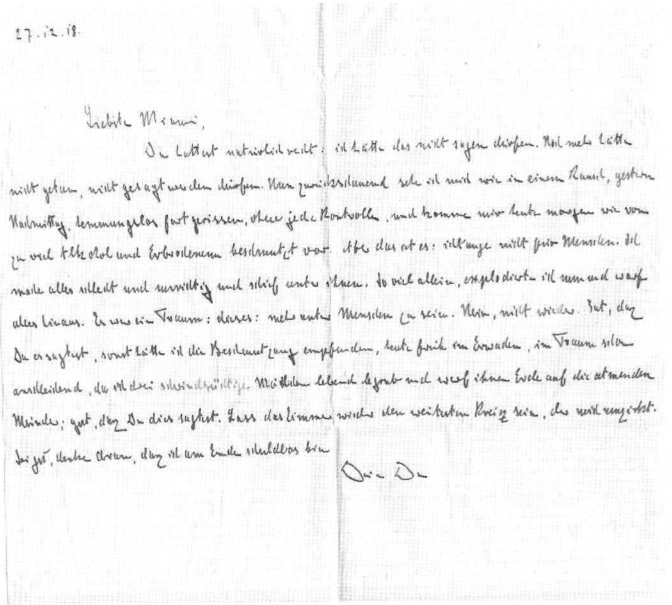

27.12.18.

Liebste Mimi,

Du hattest natürlich recht: ich hätte das nicht sagen dürfen. Noch mehr hätte nicht getan, nicht gesagt werden dürfen. Nun zurückschauend sehe ich mich wie in einem Rausch, gestern Nachmittag, hemmungslos fortgerissen, ohne jede Kontrolle, und komme mir heute morgen wie von zu viel Alkohol und Erbrochenem beschmutzt vor. Aber das ist es: ich tauge nicht für Menschen. Ich mache alles schlecht und unwillig und schief unter ihnen. So viel allein, explodierte ich nun und warf alles hinaus. Es war ein Traum: dieses: mehr unter Menschen zu sein. Nein, nicht wieder. Gut, daß Du es sagtest, sonst hätte ich die Beschmutzung empfunden, heute früh im Erwachen, im Traume schon anschleichend, da ich drei schwindsüchtige Mädchen lebend begrub und warf ihnen Erde auf die atmenden Münder; gut, daß Du dies sagtest. Lass das Zimmer wieder den weitesten Kreis sein, der mich umgibt. Sei gut, denke daran, daß ich am Ende schuldlos bin

Dein D

Ende 1918 werden in fast jedem Brief Krisen diskutiert, die offensichtlich das Verhältnis zwischen Anne Marie und Rudolf inzwischen dominieren.

zwar niedergeschlagen, aber die Matrosen bildeten Arbeiter- und Soldatenräte und brachten am 4. November Kiel in ihre Gewalt. Jetzt breitete sich die von Rudolf Ditzen vorhergesagte Revolution vom 5. bis 11. November 1918 über ganz Deutschland aus. Zuerst ergriff sie nach Kiel die Hafenstädte wie Lübeck, Hamburg, Bremen und Wilhelmshaven, dann schlossen sich auch die Großstädte des Binnenlandes an. Am 8. November wurde in München durch den Politiker der Unabhängigen Sozialdemokratischen Partei Deutschland (USPD) Kurt Eisner die bayerische Republik ausgerufen, König Ludwig III. war bereits geflohen. Um die Monarchie im Deutschen Reich zu retten, veröffentlichte Reichskanzler Prinz Max von Baden mittags eigenmächtig die Abdankung des deutschen Kaisers Wilhelm II. sowie des Kronprinzen. Er spekulierte auf einen Machtwechsel unter Aristokraten. Aber die Monarchie war nicht mehr zu retten. Zwei Stunden nach der Botschaft des Prinzen von Baden rief der Sozialdemokrat Philipp Scheidemann in Berlin die deutsche Republik aus, um wiederum den Kommunisten, die eine Sozialistische Republik anstrebten, zuvorzukommen. Der von Prinz Max von Baden ernannte sozialdemokratische Reichskanzler Friedrich Ebert bildete noch am selben Tag die Regierung ‚des Rates der Volksbeauftragten'. Nachdem sich auch die kaiserliche Armee mit dem Sozialdemokraten Ebert arrangiert hatte, dankte Kaiser Wilhelm II. am 10.11.1918 tatsächlich ab und ging nach Holland ins Exil. Am 11. November 1918 wurde der Waffenstillstand mit der Entente unterzeichnet, der 1. Weltkrieg war beendet.

Am 10. November fand im Zirkus Busch zu Berlin eine Versammlung von 3.000 Arbeiter- und Soldatenräten statt. In ihr wurde der Rat der Volksbeauftragten, bestehend aus SPD und USPD, als Provisorische Regierung bestätigt. Als oberstes Räteorgan für Deutschland, Preußen und Berlin wurde ein Vollzugsrat gewählt. Die Vorsitzenden waren der Arbeiterrat Richard Müller von der USPD und die Soldatenräte Hans-Georg von Beerfelde und Brutus Molkenbuhr. (Vgl. Materna/Ribbe 1997: Geschichte, S. 167) Um Hans-Georg von Beerfelde geht es hier, denn er war zugleich einer der beiden Chefs der Kartoffelbaugesellschaft und unterschrieb wohl auch das Arbeitszeugnis von Rudolf Ditzen. Beerfelde hatte einen beachtlichen geistigen Wandel vollzogen. Bis 1917 war er als Hauptmann im Generalstab des Deutschen Heeres tätig, wurde durch seine Kriegserlebnisse aber zunehmend zum Pazifisten und nahm seinen Abschied. Er gründete den ‚Bund Neues Vaterland' und unterstützte die USPD. Er plädierte für Freiheit und Weltfrieden durch einen Bruch mit der Vergangenheit, just so „wie unsere russischen Brüder, rücksichtslos das Alte in seiner Erbärmlichkeit enthüllend" (Fricke, 1981: Demokraten, S. 180) [21]. Allerdings beging Beerfelde bald darauf einen entscheidenden Fehler. Er kopierte die Denkschrift des Fürsten Lichnowsky, der das Deutsche Reich der Kriegstreiberei und des gnadenlosen Imperialismus beschuldigte und schickte sie an etliche führende Persönlichkeiten. Er wurde sofort verhaftet und ins Gefängnis geworfen. In der Haft verfasste er eine Denkschrift, in der er Kriegsverbrechen, Fälschungen und Lügen des herrschenden Kaiserreiches entlarvte. *Michel, wach auf!* [22], nannte er seine Kampfschrift. Am 9. November wurde Beerfelde aus dem Gefängnis in Moabit befreit und zum Vorsitzenden des Arbeiter- und Soldatenrates ernannt. In dieser Funktion ließ er am 11. November den kaiserlichen Kriegsminister verhaften und unterschrieb die Verfügungen zur Herausgabe der beschlagnahmten linksradikalen Kampfzeitschrift *Rote Fahne*. Verständlich, dass dieser konvertierte Militarist selbst den Sozialdemokraten zu links war, nicht aber Rudolf Ditzen, der offensichtlich aktiv am politischen Geschehen beteiligt war und dies sowohl seinen Eltern als auch Tante Ada mitteilte, im übrigen verbunden mit weit über die Ereignisse hinausgehenden Visionen.

„Kinder und Narren regieren unser armes Deutschland", klagt Tante Ada in einem Brief vom Dezember 1918 an Dr. Tecklenburg „[...] u. es wird Sie vielleicht nicht einmal verwundern, wenn ich Ihnen erzähle, dass auch Rudolf zu den Leitern unserer Geschicke gehört, ich finde, man merkt's! Das fehlte gerade, dass er sein Herz für die Revolution entdeckte [...] u. ich frage mich nur, spielt er seine Rolle im eleganten Reisepelz, mit dem er mich voriges Jahr blendete oder in der Ballonmütze? [5*]
Augenblicklich, klagt er, habe man ihn und seinen verehrten Chef, Hauptmann von Beerfelde wegen zu radikaler Gesinnung

5* Die schwarze *Ballonmütze* mit Schirm war eine typische Kopfbedeckung von Sozialisten.

abgesägt, aber man warte nur auf die Ankunft eines Freundes aus der Türkei, der Unterstaatssekretär werden solle, um wieder kräftig mitzutun […]"[23]

Natürlich handelt es sich bei dem „Freund aus der Türkei" um Egmont Seyerlen.

In Briefen an seine Eltern preist Rudolf Ditzen den politischen Fortschritt. Für seinen Vater aber ist mit dem Sturz der Monarchie die Welt zusammen gebrochen, auf die sein ganzes Leben ausgerichtet gewesen war. Da muss es ihm wie Hohn vorkommen, dass Rudolf von der neuen Zeit schwärmt. Empört reagiert der Vater nach Wochen auf einen derartigen Brief seines Sohnes: „Dein Brief enthält ein politisches Glaubensbekenntnis und Du meinst darin, wir würden in diesen Dingen wohl nicht mehr zusammenpassen'. Unrichtig ist daran nur das zweifelnde Wort ‚wohl', statt dessen hättest Du schreiben müssen ‚durchaus'. – Die Zeit ist schon schwer genug. Wir beklagen tief, dass Du so ganz anderer Ansicht bist als wir. Wir beklagen aber noch mehr, dass Du anscheinend gar keine Empfindung dafür hast, dass das Aufzeigen der vorhandenen Unterschiede Trennungswände zwischen uns aufrichtet, die für unseren inneren und äußeren Verkehr verhängnisvoll werden können. Nur das sage ich Dir heute über diesen Punkt, dessen weitere Erörterung mir zwecklos, ja schädlich erscheint" [24]

Nichts von Rudolfs Träumen wird sich realisieren lassen. Die Rätedemokratie wird scheitern, Beerfelde erneut im Gefängnis landen, Egmont Seyerlen bezüglich einer Karriere auf sich zurückgeworfen werden und Rudolf Ditzen ohne jede politische, wirtschaftliche und persönliche Perspektive zurückbleiben.

11. Der goldene Schuss

Liebe Miami,

ich denke, es ist nun bald so weit, und wenig bleibt zu sagen. Ich habe eben lange geweint und weine noch, nicht, weil ich sterben muss, sondern weil ich von Dir fort muss und Dir so noch einmal größestes Leid tue. Ach, ich kann selbst Dir kaum sagen, warum ich fort zu gehen habe, all die äußeren Gründe zählen ja gar nicht, aber am Ende ist es doch wohl darum, weil ich selbst Dir, die ich allein liebe, kein Glück habe bringen können. Ich bin unfähig zum Leben, und weil ich das bin, habe ich selbst Dir nur Kummer und Leid gebracht: nun liegst auch Du krank. Nein, Du hast mir nie Unrecht getan, wenn Du Vorwürfe machtest – und wenn ich heute zurückdenke, war es immer nur einer: dass ich nicht gut zu Dir sei; – so hatten sie so Recht, denn ich war ja nie wahrhaft gut zu Dir. Glaube nicht, wenn andere – Du weißt, wen ich meine, Dir von Tadel erzählen, den ich über Dich aussprach, das war eine Minute manchmal, aber die Liebe war immer da, immer da, immer da! Wenn ich sterbe, so ist der letzte Gedanke an Dich, und wie Du es tragen wirst; lass Dich stark sein, komm vorwärts, gewinne Dich ganz wieder.

Ich bitte Dich sehr, die Bestimmungen meines Testamentes, die Dir die Eltern auszugsweise zu übermitteln haben, zu befolgen. Ich will nicht, dass ein Stück meiner Sachen an sie kommt, die mir stets nur Übles getan haben, verkaufe ohne Sentimentalität, was Dich belastet. Wie ich schon mündlich sagte, habe ich wegen der Geldsachen alle[s] so angeordnet, dass es klappen muss.

Wie war es leicht, als ich noch jünger war, sich zum Tode fertigzumachen; nun (?) Du bist da, und ich muß immerzu an Dich denken. Viele Tage denke ich nun schon an dies Ende und nun, wenn ich daran denke, dass sie Dich rufen werde[n] und wie Du wirst leiden müssen, ist es kaum zu ertragen.

Ich grüße Dich, die mich allein glücklich gemacht hat, viele, viele, viele Male, die ich allein geliebt habe, liebe, liebste Miami. Wie allein bleibst Du!

Ich bin Dein.[1]

Die Katastrophe ist da. Das Datum des Selbstmordversuches von Rudolf Ditzen ist Donnerstag, der 30.1.1919.

Das von ihm erwähnte Testament – oder ein Auszug dieses Testamentes wurde weder in dem Briefkonvolut von Anne Marie Seyerlen noch in den Dokumenten des Hans-Fallada-Archives oder beim Deutschen Literaturarchiv in Marbach gefunden. Das will aber nicht besagen, dass Ditzen es nicht geschrieben hätte. Nur offensichtlich hat Anne Marie ein solches Schreiben nie bekommen. Seinen Eltern hat er mit ziemlicher Sicherheit dieses Testament nicht geschickt, das geht aus dem Folgebrief hervor. Das alles muss aber spekulativ bleiben, denn wir wissen nicht einmal, ob die Eltern Rudolf Ditzens von diesem Selbstmordversuch erfahren haben. Anne Marie Seyerlen erfuhr es: „Ich war angerufen worden, ich müsste sofort zu Herrn Ditzen kommen und da lag er nun mit einer Überdosis Morphin und diesem Abschiedsbrief […]“ [2] Sie ist zu ihm gekommen, obwohl auch sie krank war. Mehr wissen wir nicht über diesen Tag: ob ein Arzt zugegen war, Toni B. zur Hilfe gerufen wurde, zu welchem Zeitpunkt Rudolf Ditzen ansprechbar war, sofort oder erst nach Stunden, wie lange Anne Marie bei ihm gesessen hat. Wir wissen nur, dass sie ausführlich miteinander gesprochen haben.

Als Reaktion auf diesen Besuch schreibt er am 3. Februar 1919 seinen längsten Brief [3] an die *Liebe, liebste Miami:* sechs Seiten, eine davon in klitzekleiner Drogenschrift. Auf diesem Brief steht eine Anweisung: *Zuerst zu lesen!!! Vollständig und ohne jede Besorgnis!* Dieses *Zuerst zu lesen* weist darauf hin, dass noch ein zweites Schreiben vorliegen muss, in diesem Falle mit Sicherheit der oben bereits zitierte Abschiedsbrief [1*]. Man sieht diesem langen Brief vom 3.2. durch unterschiedliche Schriftgrößen und Schreibfedern an, dass er in mehreren Etappen geschrieben

---

1* Hier ergibt sich eine Ungenauigkeit. Im Briefentwurf an J. Manthey schreibt Anne Marie Seyerlen, dass sie das Abschiedsschreiben vorgefunden habe, als sie von anderen Leuten angerufen, an RDs Krankenbett eilte. In seinem zweiten Brief vier Tage nach dem Selbstmordversuch aber legt RD offensichtlich eben diesen Abschiedsbrief zusätzlich zu dem hier vorliegenden, seinen Selbstmordversuch erläuternden Schreiben bei. Man sollte aber berücksichtigen, dass der Briefentwurf an Manthey 1963, also 44 Jahre nach dem tragischen Ereignis geschrieben wurde.

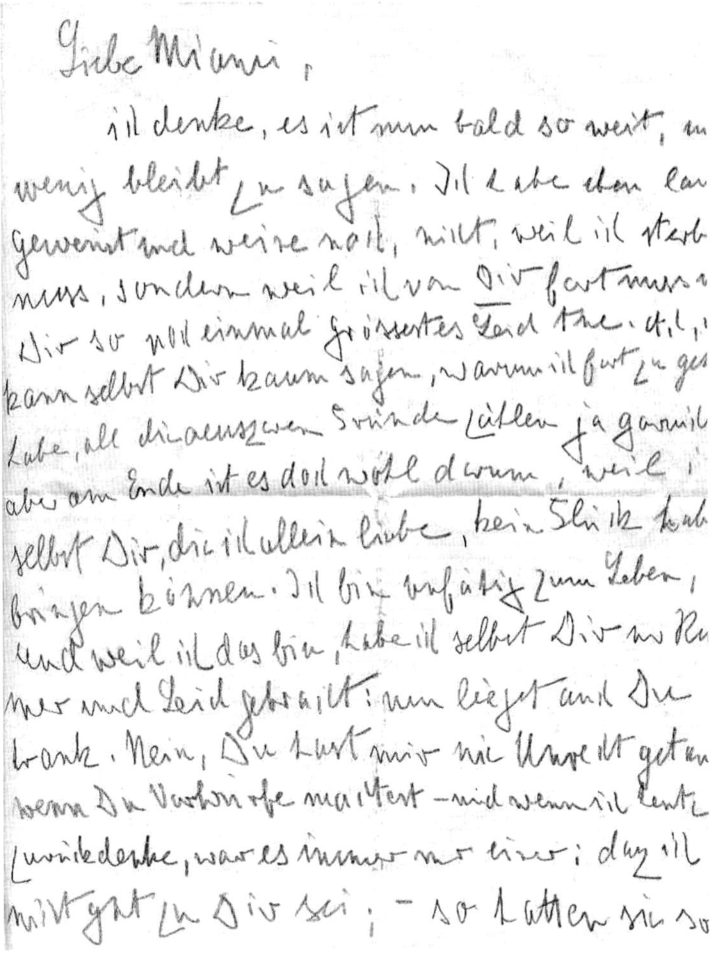

Liebe Mimi,

ich denke, es ist nun bald so weit, nu
wenig bleibt zu sagen. Ich habe eben lan
geweint und weine noch, nicht, weil ich sterb
muss, sondern weil ich von Dir fort muss u
Dir so noch einmal grösseres Leid tue. Ich
kann selbst Dir kaum sagen, warum ich fort zu ge
habe, all die äusseren Gründe zählen ja garnich
aber am Ende ist es doch wohl darum, weil i
selbst Dir, die ich allein liebe, kein Glück hab
bringen können. Ich bin unfähig zum Leben,
und weil ich das bin, habe ich selbst Dir nur Ku
mer und Leid gebracht: nun liegst auch Du
krank. Nein, Du hast mir nie Unrecht getan
wenn Du Vorwürfe machtest – und wenn ich heute
zurückdenke, war es immer nur eins: dass ich
nicht gut zu Dir sei; – so hatten sie so

Rudolf Ditzen versucht, seinem Leben ein Ende zu setzen. Der Abschiedsbrief (Auszug ist stark verkleinert) ist zugleich ein Liebesbrief an Anne Marie Seyerlen. Das Datum ist der 30. Januar 1919.

wurde und man merkt ihm auch inhaltlich an, dass er auf der ersten Seite unter Drogeneinfluss entstand. Ditzen spricht dort teilweise unzusammenhängend, formuliert völlig verschraubt und ungewohnt umständlich. Auf dieser ersten Seite kündigt er an, dass er – da es ihm ja nun beschieden sei, weiterzuleben und wieder einmal von vorne anzufangen – eine vollständige Beichte und Rechenschaft ablegen werde.

Ich hatte zwei große Hoffnungen: die eine: meine Kunst, mein Buch. Diese Hoffnung, die von je in mir schlummerte, weckte Deine Liebe auf, die mir statt eines düsteren und monotonen Lebens auf den Büros ein helleres Ideal zu zeigen begehrte. Ich horchte auf, wie gerne! Ich zweifelte, ging einen Schritt - und fühlte Boden! Es gelang, alles schien zu gelingen und ich kam vorwärts. Aber die Bedenken schwiegen nie. So oft ich über die Seiten meines Manuskripts gebeugt sass, fühlte ich meine Unzulänglichkeit. Ich versteckte sie lange Euch allen, selbst mir, hinter einer virtuosenhaften Maske, die selbst Egmont täuschte. (Wenn sie ihn täuschte!) Aber ich fühlte im Innern tief die Verlogenheit von alledem. Nein, ich war kein Künstler, ich war ein Leidentier, und, von seinen Leiden in künstlerischer Aufmachung erzählen zu können, war nie Künstlerschaft. Blieb die Hoffnung, die Menge, das Publikum über diese Unzulänglichkeit zu täuschen. Aber ich war mir bald klar, dass selbst dies nicht gelingen könnte, ganz abgesehen davon, dass dies mir nie genügen würde, denn was ich in meinem Schreiben suchte, war Erlösung – und Täuschung konnte nie Erlösung sein. Aber auch die Menge war nie zu täuschen, in einem Buch, vielleicht auch noch im zweiten. Dann kam der Zusammenbruch und ein Zusammenbruch, nachdem man schon das Rennen begonnen hatte, wäre entmutigender und beschämender als jener gewesen, ehe man es überhaupt begann. Dieser Traum war also aufzugeben ...

(Ich weiß wohl, Du wirst hiergegen protestieren, Du wirst keine Zeile gelten lassen, alles augenblickliche Entmutigung schelten und auf das Geleistete verweisen. Ich will Dir, denn dies alles ist so hundert- und hundertmal schmerzvoll und erkenntnisreich durchdacht, einen Beweis sagen, der selbst Dich über-

zeugen wird. – Du bist der Mensch, der mich am meisten liebt, der am meisten für mich getan hat, der mein Talent entdeckte. Du hast heute, da ich dies schreibe das Dir zum größeren Teil unbekannte Manuskript in Händen und Du hast noch nicht eine Zeile davon gelesen in 34 Tagen! Glaube nicht, dass dies Zufall ist oder verwerfliche Vergesslichkeit oder irgend etwas derart. Das muss so sein!!!. Selbst Du, die Du an mich zu glauben meinst, fühlst tief in Deinem Innern das Unzulängliche und Unwahre meiner Kunst, die Kunst sein möchte und nichts als Künstelei ist. Hüte Dich, Dir einen Vorwurf deswegen zu machen, nun in den Blättern des Buches zu lesen. Es ist nichts!!! Der mir am nahesten stehende Mensch, der an mich glaubt, ließ seine Seele so wenig täuschen, dass er in 34 Tagen überhaupt nicht auf den Gedanken kam, mein Buch zu lesen! Ist das nun Beweis genug? Ich denke doch, das ist Beweis genug? Und logischer dazu! Und dabei erwähne ich noch nicht einmal, dass dies das zweite Mal ist, dass Du mein Buch vergisst. Erinnerst Du Dich noch, seinerzeit mit dem Vorlesen? (Denke nun nicht, dass in diesem der Schatten eines Vorwurfs ist. Die Zeit der Vorwürfe ist vorbei und heute segne ich dies Dein Nicht-Lesen. Weil es mir letzte Klarheit gab, weil es mir Mut, endlich den Mut gab: zu sagen: es ist nichts!)

War dies immer schlimm, so war es doch nicht sehr schlimm. Der Rückweg ins Kontor, zur Kartoffelei blieb offen. Gewiss, das war nicht sehr schön. Aber allem Langweiligen zum Trotz hatte es doch auch dort dann und wann gute Stunden gegeben, Stunden der Befriedigung über Geleistetes, Errungenes, der Befriedigung in Überlegenheit. Freilich war dies nicht genug zum Leben. Aber es blieb ja noch die zweite große Hoffnung: die Liebe zu Dir. Ja, blieb sie wirklich? Dass ich Dich liebte, des war ich gewiss, aber war das genug? Nein, es war nicht genug, denn sorgender und bedrückter denn je mußte ich ansehen, dass meine Liebe nicht Erleichterung, sondern Bedrückung war. Das Bewusstsein, Dich zu lieben, genügt nicht. Liebe ist kein ruhendes Gefühl, sondern Liebe will wirken, schaffen. Dich leiden zu sehen und trotz aller Liebe nicht helfen zu können, das war Vorwurf für die Liebe. Deine Sorgen – trotz meiner Liebe! Deine Krankheit – und meine Liebe daneben vorbei (?) – nein! nichts! Aber noch mehr: meine Liebe half nicht nur nicht, sie schadete auch noch. Es kam Zank daraus und Eifersucht, Unruhe; immer war sie gleitend und ohne festen Verlass. Nein, es war die rechte Liebe nicht, wie es auch nicht die rechte Kunst gewesen war. Es war alles ein wenig hohl, angefressen, wurmstichig.

So sah ich mich denn in der Lage eines Mannes, der geglaubt hat, durch einen Garten zu wandeln, der Wind bläst, und da sich die Staubwirbel verzogen, waren die Gestalten der Ideale verschwunden und ich sah mich allein in einer Wüste. Hinter mir Sand, vor mir Sand. Es war alles nicht wahr gewesen, was gesagt war, war zerblasen und zwischen den Fingern zergangen. War es bitter für mich, war es auch bitter für Dich. Hatte ich mich selbst getäuscht, nun gut, das hatte ich mit mir auszumachen, aber da ich auch Dich getäuscht hatte, was sollte ich tun? Was in aller Welt sollte ich tun? Sollte ich zu Dir gehen und Dir sagen ‚Liebe Miami, mit der Kunst war es nichts, so und so, mit der Liebe war es nichts, da hast Du ganz recht gehabt, also lass mich laufen' – sollte ich das? Ja, wenn ein Sinn dabei gewesen wäre! Aber das war es ja, vielleicht hättest Du alles geglaubt, denn im Unbewussten ahntest Du es ja so gut wie ich, aber im Augenblick der Entscheidung hättest Du mich doch wieder gehalten aus einem Gefühl der Verlassenheit und Kompromiss wäre dem Kompromiss gefolgt. Sollte ich aber darüber schweigen? Dir nichts sagen, weiter den begnadeten Dichter spielen und den Troubadour? Selbst, wenn ichs wollte, würde ich die Kraft haben? Und wenn ja, wie lange? Weiter als bis zum zweiten Buch [2] reichte die Täuschungskraft ja keinesfalls und, wenn es doch einmal zur Erhellung kam, warum dann nicht gleich? Durfte ich hier nicht Egoist sein und, statt zwei Jahren schwieriger Täuschung, lieber gleich sagen und tun, was war?*

Kein Buch, keine Liebe, keine Eltern, nichts und nichts und nichts, und vorn (?) nur Kartoffelei – also? --

Ja, an diesen zwei Gedankenstrichen hinter dem ‚Also' hing ich eine lange Weile. Also -- ? Also -- ? Aber dann kam noch ein anderes vorher und dazu. All diese Ursachen waren langsam aufgewachsen, erst war es nichts gewesen als ein kleines Läm-

---

2* Wir erinnern: RD hatte vier Tage nach Abschluss der ersten Fassung seines Romans Mitte März 1918 mit der zweiten Fassung begonnen.

merwölkchen hier und da am Sommerhimmelblau, nun stand es da wie eine schwarze Wetterwand und, sah ich mich um: Rettung? .... Rettung? – Nichts! Kein Ausweg ? Nein ! Also! Fort, weg, abgeblasen, das Rennen war vorbei, der Bock umstellt – Schluss! Aber da kam das zweite Stadium, da lehnte sich noch einmal der ganze Lebenswille auf. Wie! Nicht mehr, und gar nicht noch einmal versuchen? Vielleicht war doch noch irgendwo eine Ecke aufgespart, voll genug voll Lebensgenuss, sich selbst entzogen zu werden? Warum nicht noch einmal? Noch einmal! Ein einziges Mal! Und so suchte ich denn. Und ich suchte da, wo ich immer gesucht habe, in den Kneipen, den Weinstuben, den Bars ... Aber das brauchte Mittel, das kostete Geld, aber da es sein mußte, da es der letzte Ausweg war, konnte kein Mittel zu schlecht sein, konnte man auch Miami betrügen. Und man nahm von ihrem Geld. Dann und wann. Aber immer mehr. Es war ja kein rechter Betrug, sagte man sich, man wusste ja doch im Innern, dass dies gar kein Suchen nach einem Ausweg war, es gab ja gar keinen Ausweg und, dass das Leben irgendwo noch zu finden sei, war ja gar nicht wahr – man wollte eben nur noch einmal leben! Lachen hören, Wein trinken, Gutes essen, Menschen sehen und Tanzen und am liebsten selbst einmal Mittanzen, selbst einmal zu den Andern gehen. Und da es nur letzte Aufwallung war, stand ja doch am Ende dieses scharfe, unerbittliche Also, hinter dem längst keine zwei Gedankenstriche mehr waren, sondern eine klare Bewusstheit – stand da und so konnte man denn im Testament den Eltern ruhig sagen, dass man 1.800 Mark unterschlagen hatte, waren sie nie zu etwas gut gewesen, so mochten sie wenigstens noch dieses Geld ersetzen:

Nun, man hatte richtig kalkuliert: Man sass immer allein in den Weinstuben und Bars oder höchstens Wolfgang daneben in dickem, duseligen Morphiumrausch und, sah man den Tanzenden zu, erkannte man klar wie von je, dass man aus einer andern Welt war. Man kam nicht in Betracht, man kam nie in Betracht. Man war ein Leidentier, das sich selbst aufzufressen hatte und andere nicht zu behelligen. Also ...

(Und nun ist zwischendurch vielleicht auch noch eines, beinahe Vergessenes zu sagen: in den letzten Dezembertagen

hatte man noch eine Karte, eine Aussicht. Und die hieß? Deri! Ja, vielleicht öffnete dieser Mensch Max Deri[3*] *doch noch einen Ausweg. Aber der wusste innerlich genau so gut Bescheid wie die andern, er schwieg; und da hatte man ein Zeugnis mehr!)*

Nun war man denn soweit. Man sang: vorbei! Und überlegte sich nur noch das: Wie? .... Morphium oder – ja, Luftinjektion, das war das Rechte! Das war rasch und absolut sicher. Aber da kam der Körper. Auch der sagte ruhig und sachlich: ich mache nicht mehr mit. War es ein Wunder? Da Seele, Herz, Geist verzweifelten, in unaussprechlicher Müdigkeit verstockten, warum sollte der Körper nicht auch von diesem Degout[4*] *angefressen sein? Und nun lag man da und wartete auf das Ende. Nun war jeder Ausweg versperrt und, hätte man noch auf einen gehofft, so war immer der Geldfehlbestand von 1800 M. da, nicht zu ersetzen und darum obligatorisches Ende. Nun konnte man beinahe wieder fröhlich sein, denn es war ja kein Grund zu klagen. Man hatte eigentlich warten wollen, bis Egmont kam, um nicht gar zu treulos zu sein, aber da der Körper so schön mitstreikte, konnte man ihm ja am Ende die Bestimmung des Endes überlassen.*

Ja, und dann kam dieser schreckliche Donnerstag, der 30. Januar 1919, an dem man erkennen musste, dass dieser Körper gar nicht Schluss machen wollte, dass er auf dem Wege zur Genesung war. Dass er ein Leben ohne rechte Liebe und ohne Kunst mit Kartoffelei dem Tode vorzog. Am Vormittag war erst die Unterredung mit Dir. Ja, man sah Dein Leid, aber man war doch schon sehr weit weg, man musste ja alle Kräfte stauen und pressen für dieses Ende, damit alles ging. Am Nachmittag weinte man sehr. Da war es, als wenn alle Kräfte wegflössen in diesem Brief an Dich, in den einzigen Brief der geschrieben wurde. Und dann war man so weit, alles war fertig! Und dann kam das Schreckliche: es ging nicht. Wo man auch stach; wohl kam dik-

---

3* *Max Deri* war Arzt und gehörte offensichtlich zu Rudolf Ditzens engerem Freundeskreis. Mit ihm und seiner Frau verkehrte Ditzen noch in den Dreissiger Jahren. In welcher Sache Deri hätte Rettung bringen können, gesundheitlich oder literarisch, konnte nicht ermittelt werden.
4* *Dégout* = franz.: Abscheu, Ekel.

kes, schwarzes Blut, aber die Luft drang nicht durch die Kanülen, sie waren zugerostet. Alle acht? Alle acht! Und das war wieder Bestimmung, denn nun sah man, dass man nicht sterben durfte, sondern zu leben hatte, weiter zu leben, immer weiter, immer noch einmal von vorne an, denn man war auch dieses Mal wieder schon ganz fort gewesen und hatte alles und alles hinter sich gelegt. Und nun legte man die Spritze aus der Hand und begrüßte es wieder einmal: das Leben, das liebe Leben ....

So stehe ich denn nun da: Du weißt, dass ich Schritte getan habe [5*]*, um möglichst bald wieder beruflich tätig zu sein. Die Eltern erfahren davon nichts, ich erhalte meinen Wechsel weiter und werde bis Juli die veruntreute Summe zurückgezahlt haben. Sollte Egmont eher nach Deutschland zurückkehren, so sind auch für diesen Fall Vorkehrungen getroffen, dass das Geld vollkommen vorhanden sein wird und Du nicht im unzuverlässigen Freund kompromittiert bist. Noch aus einem andern Grund ist es notwendig, dass ich möglichst rasch arbeite: um nämlich wenigstens in etwas der Schwermut entgegen zu arbeiten, die mir aus allen Winkeln meines Zimmers die Augenlider bebläst. Ich darf kaum noch Zeit für mich haben. Dieses entgötterte Leben wird nur erträglich sein, wenn jeder Tag Pflichten, und seien sie so monoton wie nur möglich, bringt. Darum Arbeit. Wenn ich nun noch von einem andern zu reden habe, so ist es schwer, hier das Rechte zu finden. Ich weiß wohl, wie sehr dieser Brief unsere Stellung erschüttern wird. Ganz abgesehen davon, dass ich im rein Geschäftlichen, was ja außerdem zwischen uns nie rein Geschäftliches war, mich unzuverlässig erwies, wird aus Dir ein zweifacher Vorwurf gegen mich erwachsen: dass ich so lange schwieg; dass ich von Dir gehen wollte. — Ich rede nun von diesem ersten. Und ich kann da wieder nur sagen, dass ich schweigen mußte. Alles war rettungslos. Nichts zu bessern. Zu oft vergisst Du, wer ich bin, wie ich wurde. Du vergisst, dass in mir noch all das ist wie nur je: Leipzig und Rudolstadt und Jena und Tannenfeld, der Irre mit der durchschnittenen Kehle, so viel Demütigungen, so viel Leiden. Du, die Du einem Plimicke (?) die*

5* Es scheint bei einem kurzen Versuch geblieben zu sein, in die Kartoffelbaugesellschaft zurückzukehren, denn außer einem diesbezüglichen Brief vom 3.12. 1918 – in dieser Arbeit nicht zitiert – erfahren wir nichts weiteres.

Entschuldigung der Hemmung bewilligst, vergisst so oft, dass in mir schmerzlichere und hilflosere Hemmungen Tag für Tag und Stunde um Stunde nicht nur Worte, auch Taten halten, fesseln, verfälschen. Ich bin nie der, der ich sein möchte. Selbst jetzt noch, da ich hier über das Papier gebeugt versuche, mich Dir ganz zu entblättern, fühle ich das Vergebliche dieses Versuches, fühle, wie tief, dass all dies vielleicht nur heute und morgen und vierzehn Tage in Dir wach sein wird, und dass dann alles wieder versikkert und kaum mehr als ein Spiel wird oder ein Vorwurf gar (wie die Huren, die mich nie ansprachen). Und ich fühle tief, wie schuldlos Du in alldem bist. Wie das alles an mir und in mir allein liegt. Aber darum eben: reden konnte ich nicht. Könnte ich reden, Hilfe erflehen, Hände ausstrecken und bitten, ich wäre nicht der, der ich bin.

Und der zweite Vorwurf: Dich zu verlassen. Aber wie soll ich Dir je die tränengereizte Wüste meiner Einsamkeit schildern! Wie soll ich Dir je sagen, wie ich um Dich gelitten, wie dieses Abschiednehmen das Schwerste war, was es gab! Nein, ich werde nichts sagen. Ich werde ein anderes tun: ich lege Dir jenen Abschiedsbrief bei, den ich Dir schrieb. Bei mir kann er nicht bleiben, ihn zu vernichten, ihn aufzubewahren, zu beidem fehlt mir der Mut. So nimm Du ihn, lies ihn, verbrenne ihn; tu mit ihm, was Du magst, er sei Dein. Es war dieser Brief mein Schwerstes, trage Du es mit.

Und ich frage wieder: was soll werden? Wie wirst Du dies alles aufnehmen, diese langen und monotonen Seiten, die so ehrlich zu sein versuchen, wie ein Mensch ehrlich sein kann? Ich weiß es nicht. Ich kann nicht bei Dir sein, wenn Du ihn liest. Aber ich bitte Dich eines: mache nicht den Versuch, mit mir über all dies zu sprechen. Vielleicht später einmal, sehr viel später einmal. Jetzt blutet noch alles. Ich weiß nichts, ich will nichts hören, da ich zu leben die Pflicht habe, darf ich mich jetzt nicht schon wieder zu sehr mit Kampf belasten. Und hierüber reden, hieße Kampf. – Verzeih auch dies, dass kein Wort in alldem von Deinen Leiden spricht. Es ist da, ist immer vor mir gewesen. Aber mein Kopf, noch ungewohnt der Arbeit, ist so müde. Mehr als eine düstere und einfache Herzählung (?) des Geschehenen gab er nicht her. Mein Herz ist zu verdüstert, um Beteuerungen aussprechen zu können. Es erwartet die Dinge, die auf es zutreiben.

Es kann weder wünschen, noch hoffen, noch abwehren. Es glaubt Deine Antwort zu kennen und diese Antwort wird ein Blick sein, nicht mehr.

Und so wollen wir es denn wieder versuchen?
Dein.

Ein Zweifel erfasst mich, ob Du nicht doch beim Lesen dieses Schreibens und besonders des beigelegten Briefes von der Angst gefasst wirst, auch dies heiße Abschied? Keine Angst ... ich bin da, ich warte auf Dich und, morgen in mein Zimmer eintretend, wirst Du das alte Gesicht finden, so kaum verändert. – Dass ich Dir dies Alles auferlegen muss! Hast Du nicht Sorgen genug? Wäre es nicht besser für mich, zu schweigen und allein zu tragen, was doch getragen werden muss? Aber, ich bin nicht mutig genug, dazu. Da ich den neuen alten Weg aufnehme, möchte ich mich wenigstens rein vor Dir wissen. Ohne Verstecktes. Verstehst Du? – Ja, und im Schreiben wurde mir klar, dass Du diesen Brief lesen musst. Dass Du wahrhaft seine Empfängerin bist. Dass all dies Gesagte umsonst wäre, sei es nicht Dir, sei es nicht in Dein Herz gesagt. Und, eine Hoffnung vielleicht?, sind über dem Schreiben die dicken Knospen der Osterlilien aufgegangen und drei Blüten drehen sich bebend dem Lichte des neuen Tages zu.[3]

Bemerkenswert ist, dass Rudolf Ditzen ab dem Geständnis von der Unterschlagung bis zum Passus mit den eingerosteten Spritzen plötzlich nicht mehr *ich* sagt, sondern verallgemeinernd und von seiner Person fortweisend *man*. Danach traut er sich wieder, *ich* zu sagen. *Ich bin nie der, der ich sein möchte.* Dieser Satz des Verzweifelten kennzeichnet seine psychologische Situation. Er sieht sich als Opfer seines übermächtigen Unbewussten, fühlt sich zu Taten getrieben, die er rational betrachtet niemals vollbringen würde. Er spricht von sich wie von einem Fremden, vielleicht rührt daher auch das verfremdende *man* bei den besonders eklatanten Briefpassagen.

Der Hauptgrund also, sich den ‚Goldenen Schuss' [6*] zu setzen,

6* Der *Goldene Schuss*, so nennen die Süchtigen die Selbstmord-Spritze, die durch die Überdosis von Rauschgift zum Tod führen soll. Dass es – wie Ditzen schreibt – eine Luftinjektion war, die ihn in den hilflosen Zustand versetzte, gilt medizinisch als unwahrscheinlich.

war der Zweifel an seiner Künstlerschaft. Die Krankheit, von deren verschiedenen Etappen er in seinem Brief spricht, scheint eher eine psychosomatische Begleiterscheinung dieses Selbstzweifels zu sein. Weniger die Unterschlagung als die fortdauernde Verstimmung zwischen Anne Marie und ihm haben bei dem Entschluss, aus dem Leben zu gehen, eine große Rolle gespielt. – Die Auseinandersetzungen begannen ja schon vor seiner Reise zu Kagelmacher. Vor allem aber die bereits angekündigte, endgültige Rückkehr von Egmont Seyerlen aus Konstantinopel dürfte eine wesentliche Rolle gespielt haben, den Status quo unmöglich machen. Es war Ditzen mit Sicherheit klar, dass es mit der Heimkehr von Egmont Seyerlen keinerlei intime Treffen, keine private Korrespondenz mehr mit Anne Marie geben würde.

Aber auch die Vision einer linken Räterepublik, wie sie die Arbeiter- und Soldatenräte anstrebten, scheiterte, und mit ihr ein – wenn auch kurzer – Lebensentwurf von Rudolf Ditzen. Die extremen Linken, unter ihnen die Spartakisten Rosa Luxemburg und Karl Liebknecht hatten am 5. Januar 1919 das Berliner Zeitungsviertel besetzt und riefen zu bewaffneten Kämpfen gegen die Regierung Ebert-Scheidemann auf. Rechtskonservative Freikorpsverbände und vor allem die Mehrzahl der aus dem Feld zurückkehrenden Soldaten stellten sich den Arbeitern entgegen. Es kam zu bürgerkriegsähnlichen Kämpfen. Unter der Führung des rechten Sozialdemokraten Gustav Noske wurde der Aufstand am 11. und 12. Januar 1919 blutig niedergeschlagen. Die Kommunisten/Spartakisten Rosa Luxemburg und Karl Liebknecht wurden erschlagen. Im Kampf gegen die Linken durchsuchten Freikorpssoldaten auch das Büro des ‚Bundes Neues Vaterland' und setzten Hans-Georg Beerfelde und seine Frau unter unwürdigen Bedingungen in einem Keller gefangen. Die ersten Wahlen zur Nationalversammlung am 19. Januar brachten eine Mehrheit für die SPD und die USPD, aber sie reichte mit insgesamt 45,5 % zur Regierungsbildung nicht aus. Die Mehrheitsparteien waren daher auf die Zusammenarbeit mit den übrigen bürgerlichen Parteien angewiesen. Der Traum von einer sozialistisch geprägten Räterepublik war vorbei. Damit verlor auch Rudolf Ditzen nicht nur seine politischen Träume, sondern mit Hans-Georg von Beerfelde auch einen engagierten

Förderer und ein großes Vorbild. Mit Grausen hatte Tante Ada von ihm als von Rudolf's „verehrtem Chef"[4] gesprochen. Die politische Entwicklung brachte auch mit sich, dass es mit Egmont Seyerlen als Unterstaatssekretär in einer linken Regierung wohl kaum etwas werden würde. Es war zudem mehr als fraglich, dass man seitens der Kartoffelbaugesellschaft den radikalen Beerfelde, der zum Zeitpunkt des Selbstmordversuches ohnehin noch inhaftiert war, und seinen jungen Unterstützer je wieder einstellen würde. Das war Rudolf Ditzen natürlich auch klar.

So befindet er sich in der Tat in einer schier hoffnungslosen Situation: Durch das Zusammentreffen innerer und äußerer Faktoren hat Rudolf Ditzen auf künstlerischer, wirtschaftlicher, politischer und emotionaler Ebene den Boden unter den Füßen verloren. Das hat er akzeptiert, nicht aber eine vollständige Trennung von Anne Marie Seyerlen. *Und so wollen wir es denn wieder versuchen?* Hofft er, schlägt er vor. Nein, darauf wird Anne Marie Seyerlen sich bei aller Tragik und allem Mitgefühl nicht mehr einlassen. Der Briefwechsel bricht auf Monate ab. Rudolf Ditzen wird auf sich selbst zurückgeworfen. Wie wird er das verkraften?

12. Wenn das so weiter geht, ziehe ich mein Buch zurück

Wie der kranke Rudolf Ditzen den Februar verbracht hat, ist unbekannt.

Berlin-Wilmersdorf
Mainzerstr. 11
5. März. 1919.

Bestätigung.

Ich bestätige hiermit, von Frau Anne Marie Seyerlen am heutigen Tage ein Darlehen in Höhe von 4000.- Mark (in Worten:

Viertausend Mark

erhalten zu haben, welches von mir spätestens bis zum 1. Oktober dieses Jahres zurückzuzahlen ist. Das Darlehen dient zur Abwicklung eines Privatgeschäftes von mir, an dessen Gewinn ich Frau Anne Marie Seyerlen mit 35 % (in Worten: fünfunddreißig Prozent) beteilige, dessen Risiko ich aber allein zu tragen habe. Die Rückzahlung kann auch in Raten erfolgen.

(Rudolf Ditzen)

Berlin-Dahlem.
Max Eythstr. 20/22
5. März 1919

Die Richtigkeit der obigen Bestätigung wird von mir hierdurch anerkannt und das Einverständnis mit fragl. Abmachung erklärt

(Anne Marie Seyerlen) [1]

Das ist das einzige schriftliche Zeugnis der Kommunikation zwischen Rudolf und Anne Marie im Monat März, ein merkwürdiges, irritierendes Zeugnis. Rudolf Ditzen hat 1.800 Mark unterschlagen – und jetzt leiht er sich zusätzlich so eine gewaltige

Summe zu derart hohen und wagnisreichen Konditionen? Es gibt seit Januar 1919 keinerlei Hinweise, dass er wieder bei der Kartoffelbaugesellschaft arbeitet, ganz im Gegenteil, Tante Ada hatte ja bereits in ihrem Weihnachtsbrief an Dr. Tecklenburg berichtet, Rudolf sei dort wegen zu radikaler Gesinnung samt seinem Chef „abgesägt" worden. Und selbst wenn er bis Anfang März dort gearbeitet hätte, dürfte er trotz des väterlichen Zuschusses außerstande gewesen sein, die 1.800 Mark Schulden binnen vier Wochen zu bezahlen. Was also steckt hinter dieser Bestätigung? Vorstellbar sind drei Möglichkeiten:

1. Es handelt sich hierbei nur scheinbar um einen Kredit. Rudolf Ditzen hat durch seine Morphiumsucht inzwischen weitaus größere Geldprobleme als jene 1.800 Mark Unterschlagungsschulden. Anne Marie Seyerlen stellt die Bestätigung aus, um Rudolf Ditzen zu decken, damit die 1.800 Mark Fehlbestand auf dem Geschäftskonto zu rechtfertigen und ihm zugleich mit den restlichen 2.200 Mark das Bezahlen weiterer Schulden zu ermöglichen. Diese Maßnahme ist nötig, da Egmont jeden Tag aus Konstantinopel zurückkehren könnte.

2. Es ist ein echter Kredit, der einerseits die Unterschlagungssumme abdeckt, andererseits ein lukratives Privatgeschäft ermöglichen soll.

3. Rudolf Ditzen ist so schwer drogensüchtig, dass er selbst den Entzug vom Morphium im Sanatorium des Dr. Tecklenburg anstrebt, dies aber niemals bezahlen könnte, zumal das 1.800-Mark-Defizit in der Geschäftskasse auch noch nicht abgedeckt ist.

In allen drei Fällen aber dürfte Anne Marie – nach allem, was wir über ihre Finanzverhältnisse wissen – kaum in der Lage gewesen sein, gleich 4.000 Mark zu verleihen. Eventuell hat sie sich ihrerseits diese Summe von Toni und Hugo B. geliehen. Welche Variante zutrifft, wissen wir nicht. Es gibt auf lange Zeit keinen persönlichen Brief mehr zwischen Anne Marie und Rudolf.

Am 2. April schreibt Wilhelm Ditzen seinem Sohn aus Leipzig:

Leipzig, d. 2. April 1919
Kaiser-Wilhelm-Str. 33/I.

Lieber Rudolf.
Dieser Brief sollte schon vor Wochen geschrieben werden. Ich habe ihn bisher aufgeschoben Deines Befindens wegen. Das geht aber nicht länger, weil der 1. Juli nicht mehr fern ist und Dein letzter Brief uns zeigt, dass Du selbst daran bist, Entschlüsse zu fassen.

Unser ‚Vertrag' läuft bis zum 1. Juli. Was soll dann werden? Das Versuchsjahr war für Dich voll von Krankheitszeiten, in denen Du nicht arbeiten konntest. Und da ich in den nächsten Wochen (aus dem Verkaufe des ...platzes (?)) einige Barmittel in die Hand bekomme, so bin ich in der Lage Dir freizustellen, dass Du Dein Versuchsjahr um ein halbes Jahr, d.h. also bis zum 1. Januar 1920, verlängerst. Dabei würden dann alle übrigen Bedingungen [1*] unseres Vertrages bestehen bleiben. Aber Du musst mich jetzt nicht missverstehen: Ich rate Dir nicht zu, ich rate Dir vielmehr ab, wie vor 3/4 Jahren und sogar mehr als damals. Denn ich glaube (aus verschiedenen Gründen) nicht, dass Du mit einiger Sicherheit vertrauen kannst, Dir durch Schriftstellern Deinen Lebensunterhalt zu erwerben. Und darauf ist das entscheidende Gewicht zu legen. Jetzt kann ich einen Teil Deiner Unterhaltsgelder aus meinem Ruhegehalt bestreiten. Diese Möglichkeit fällt weg, wenn ich ausscheide. Und das kann jeden Tag eintreten, das musst Du also berücksichtigen. – Du hast uns vor Monaten einmal von einem glänzenden Angebot geschrieben, das Dir von einem Saatkartoffelhändler gemacht sei. Angebote solcher Art werden unwahrscheinlicher, je länger Du Dich von Deinen festen kaufmännisch-landwirtschaftlichen Grundlagen fern hältst. Mehr will ich hierüber nicht sagen, zumal wir aus Deiner Bemerkung über ‚Deine schönsten Jahre in Posterstein und Heydebreck' den Eindruck gewinnen, dass auch Du Deine Neigung jetzt mehr der landwirtschaftlichen Tätigkeit zuwendest. – Mein Angebot bedeutet also: ich will Deinen Entschlüssen nicht hindernd im Wege stehen. – [...] Mutti

1* Die wichtigsten Bedingungen: Bei Veröffentlichung des Romans darf dies nur unter einem anderen Namen erfolgen; Rudolf muss Berlin verlassen und aufs Land ziehen.

wird Dir noch schreiben. Wir wünschen Dir von Herzen weitere Besserung. Dein treuer Vater WDitzen.[2]

Aus dem Brief des Vaters geht hervor, dass Rudolf sich nunmehr offensichtlich um eine Anstellung in der Landwirtschaft bemüht. Mit dem verlängerten Zuschuss seines Vaters plus eventueller Anstellung in der Landwirtschaft hätte Ditzen damit wirtschaftlich wieder Boden unter den Füßen.

Am 19. April beendet Rudolf Ditzen die zweite Fassung seines Romans. Am 20. April übergibt er je ein Exemplar an Anne Marie und an Egmont. Auf dem Typoskript für Anne Marie steht in Schreibmaschine: *Frau Annemarie Seyerlen gewidmet* und darunter in klarer und großer Handschrift:

so sagt man offiziell!
Kai Goedeschal aber sagt:

Alles ist nichts – ohne Dich!
Auch Dies hier wurde – aus Dir!
Es ist nur zu lieben, da es Dein!
Niemand läßt es reifen, wenn nicht – Du![3]

Eine Woche später übergibt Egmont Seyerlen sein Exemplar dem Verleger Ernst Rowohlt.

Ungeachtet des Zweifels an seinem Talent, nach seinem wirtschaftlichen, politischen wie persönlichen Zusammenbruch hat Rudolf Ditzen trotz Krankheit und bei bestehender Morphiumsucht mit immenser Anstrengung die zweite Fassung seines Romans zu Ende gebracht. Dieses Schöpfen aus der letzten Reserve ist eine ungeheure Leistung. Dieser Mann, der so durchsichtig, kränklich und zum Umblasen sensibel ist, legt eine unvermutete Energie und Zähigkeit an den Tag. Er ist nicht schwach und klein und kindlich, wie er immer glaubt, sondern angesichts der vorausgegangenen Ereignisse geradezu gigantisch zäh und widerstandsfähig.
Auf künstlerischem Gebiet erweist sich der Mai 1919 als Schicksalsmonat, der weitreichende Folgen für das Leben des Rudolf

Ditzen haben wird. Nach einigem Hin- und Her nimmt der Rowohlt-Verlag Ditzens erstes Buch: *Der junge Goedeschal - ein Pubertätsroman* zur Veröffentlichung an. Dieser erste und zugleich sofort veröffentlichte Roman mit sehr starken autobiografischen Zügen hat es ihm ermöglicht, sich seine jugendlichen Leiden und Probleme von der Seele zu schreiben. Es ist ein Verdienst von Anne Marie Seyerlen, ihn dazu ermuntert zu haben, sich von der Qual seiner Erinnerungen zu befreien. Ditzen aber hat es tatsächlich jenen Weg ermöglicht, von dem schon der Knabe Rudolf geträumt hatte: Es ist der Beruf des Schriftstellers. Diesen Weg wird er ab jetzt nie mehr verlassen, auch dort nicht, wo ihn die wirtschaftlichen Nöte in eine andere Tätigkeit zwingen. Wo auch immer er gerade ist, während der Arbeit macht er sich auf winzigen Zetteln oder der weißen Seite seiner umgeklappten Zigarettenpackung Notizen, abends nach Feierabend sitzt er am Tisch und schreibt an Romanen, Erzählungen und Skizzen.

Der Erstdruck des Goedeschal wird in einer Auflage von 2.000 Exemplaren erscheinen, an Honorar hat er maximal 1000 Mark zu erwarten[4], das sind also rund 10 Prozent pro verkauftem Buch. Zugleich wird vereinbart, dass Ditzen seinen Roman vor dem Druck um 50 Seiten kürzt. Am 19.6.1919 wird der Vertrag unterzeichnet.

Der Vater hatte im Falle der Veröffentlichung auch angesichts des brisanten Inhalts des Romans ja darauf bestanden, dass sich sein Sohn ein Pseudonym zulege: „Das fordere ich in erster Linie in seinem eigenen Interesse. Die Rudolstädter Ereignisse[2*] liegen noch nicht weit genug zurück“ [5]. Dieses Pseudonym beantragt Rudolf Ditzen nunmehr und erhält am 7. Mai die Bestätigung darüber, sein künftiger Künstlername lautet: Hans Fallada. Ditzen hat die beiden Grimm‘schen Märchen *Die Gänsemagd*, in dem das Pferd Falada eine große Rolle spielt, und *Hans im Glück* zusammengefasst und daraus seinen Künstlernamen geschmiedet. Hans im Glück ist er bisher schon gewesen, wenn

2* Mit dem *Rudolstädter Ereignis* meint Wilhelm Ditzen das tödliche Duell zwischen Rudolf und seinem Freund Hanns-Dietrich von Necker vom Oktober 1911.

man berücksichtigt, was er alles überlebt hat: schwere Unfälle, gefährliche Krankheiten, nunmehr auch den zweiten Selbstmordversuch. Ob auch er dies als Glück ansieht, bleibt zu bezweifeln, dass es für die literarische Welt ein Glück war, ist sicher. Aber vermutlich hat Rudolf Ditzen das Märchen von der Gänsemagd nicht noch einmal gelesen, denn sonst hätte er sich daran erinnert, was dieser abgeschlagene und am Stadttor festgenagelte Pferdekopf stets seufzt, wenn die Gänsemagd ihm aus ihrer traurigen Gegenwart erzählt: „Wenn das Deine Mutter wüsste, ihr Herz tät ihr zerspringen.“ [6]

In der Tat wissen die Eltern nichts vom momentanen Zustand ihres Sohnes. Rudolf ist immer noch krank, vor allem aber nach wie vor abhängig vom Morphium. Mit Anne Marie kann er nicht zusammen kommen, bei ihr zu Hause ist die Situation chaotisch: Egmont ist mit einer Frau – sie ist Sängerin – aus dem Krieg zurückgekommen und schlägt Anne Marie eine Ehe zu dritt vor. Sie lehnt ab und reicht die Scheidung ein.[3*] Vielleicht hat Rudolf Ditzen nunmehr gehofft, wieder mit ihr zusammentreffen zu können, aber sie lehnt auch das kategorisch ab und bleibt bis auf weiteres bei den B.s in der Max-Eyth-Straße.

Rudolf fährt kurzfristig zu Johannes Kagelmacher, der nun versucht, der Morphiumsucht des Freundes die Droge Alkohol entgegenzusetzen, ohnehin ein Mittel, das Rudolf Ditzen nicht unbekannt war. Anne Marie Seyerlen hatte dies bereits zu Beginn ihrer Bekanntschaft registriert. Rudolf Ditzens Zustand muss miserabel sein, denn der Freund schreibt am 25.6.1919 in seinem Namen einen Brief an den Rowohlt-Verlag, in dem er darum bittet, die Frist zum Kürzen des Manuskripts bis Mitte Juli zu verlängern, ‚im Voraus besten Dank, gez. Ka‘, also Kagelmacher.[7] Er werde endgültig aufs Land ziehen, teilt Rudolf Ditzen seinem Verlag einige Zeit später mit.
Am 31.7.1919 schreibt Rudolf Ditzen – nunmehr wieder in Berlin

---

3* Christine Steiner: „Aber sie haben sich in vollem Einvernehmen getrennt und immer, immer Verbindung miteinander gehalten. Später hat Egmont meine Mutter oft auch finanziell unterstützt, hat uns besucht. Und wenn meine Mutter und er als alte Leute dann zusammen saßen, Hand in Hand, dann konnte keiner glauben, dass sie geschieden waren. Sie waren immer noch wie ein Ehepaar.“

– an Anne Marie einen Abschiedsbrief, ohne Anrede, unterschrieben erneut lediglich mit einem kühlen R. D.:

Wilmersdorf, am 31.7.19.

Im Begriff von Berlin fortzugehen, will ich jene Zeilen beantworten, in denen Du auf meine Anfrage wegen der Buchwidmung antwortetest: Diese Beantwortung nehme ich erst heute vor, weil ich bei früherer Antwort ein Wiedersehen zwecks Auseinandersetzung fürchtete. Und diese Antwort wird darum kurz sein, weil ich in Deinem Brief die Wahrhaftigkeit vermisse. Du schreibst: niemand habe Dir etwas zu verbieten etc. – Und die Konsequenz? Wo denn also steht in jenem Brief der Satz: da niemand verbieten kann, komm, es war übereilt, komm!! – Er steht nicht da und so ist der Brief unwahrhaftig, so kann ich Dir nichts Neues sagen. Was Du mir Gutes getan, was ich durch Dich Herrliches erlebt habe – es soll Dir unvergessen bleiben; dass Du selbst das alles wieder zerstört hast, dass Du mich so leiden hast lassen, wie ich es nie tat, dass Du selbst es warst, die zerstört hat, was war – es soll Dir unverziehen bleiben. Heute, wo alles noch ist wie am ersten Tage, heute, wo ich wieder wie je weiß, dass ich Dich allein liebe, muß ich Dir das sagen, das Schöne, was Du mir gegeben, habe ich zu teuer büßen müssen. Ich gehe ärmer in die Einsamkeit zurück als ich vor ein und dreiviertel Jahr nach Berlin kam, ärmer, hoffnungsloser; ich wollte, diese Zeit wäre nicht gewesen. R.D. [8]

Anne Marie Seyerlen reagiert hierauf mit einem Brief [4*]: „Wahrhaftig ist, dass niemand mir etwas verbieten kann und wie weh es mir tut, dass diese zwei Jahre durch meine Schuld ein so hässliches Ende bekamen, das hast Du doch – glaube ich – aus meinen zwei Briefen gemerkt. [...] Erinnerst Du unsere Auseinandersetzung im Wald, wo wir beide uns klar aussprachen, dass wir einander nichts mehr zu geben hätten, keine wirkliche innere Teilnahme usw. das hatten wir beide lange gefühlt, schon vor Egmonts Zurückkunft. Klar war mir bei dem letzten Schönen, was wir gemeinsam erlebten: der Ostermorgen, wo Du mir das

4* Ein Brief, dessen Entwurf oder Kopie uns erhalten ist. Dass das Original abgeschickt wurde, geht wiederum aus RDs späterer Antwort hervor.

Anne Marie Seyerlen im krisenreichen Jahr 1919

Buch brachtest. Klar war mir den ganzen Morgen, heute mussten wir uns die Hände geben und uns danken für alles und dann Abschied nehmen, jedenfalls für so lange Zeit, bis beide wieder gesünder geworden oder nur erneuert wurden, weil, was nach dem kommen konnte, war nur traurigste Verbesserung von dem, was gewesen. Dass ich es nicht tat, den Morgen, dass ich ja zu feig war, mich noch einsamer zu machen, wie ich es in mir schon fühlte und zu feig, Dir Schweres anzutun, wo es Dir auch schlecht ging, das quält mich den ganzen Tag und [...] dass es nun kam auf so eine Art die ganz entgegengesetzt ist dem, was ich wollte: alles Gute, was gewesen, uns bewahren. Wie leid mir das tut, musst Du beurteilen können, denke ich, der Du mich kanntest. Das wollte ich sagen und dann, dass ich auf keinen Fall will, dass Du Dich irgendwie plagst, um das Geld bis Oktober [heran] zu schaffen. Das kann gut warten

Annia [9]

Das nun doch nicht bis Oktober heranzuschaffende Geld bezieht sich mit Sicherheit auf den tatsächlichen oder angeblichen Kredit, der ja bis zu diesem Zeitpunkt zurückgezahlt werden sollte.

Am 14.8.1919 erhält Dr. Tecklenburg im Sanatorium Tannenfeld von Rudolf Ditzen aus Schweinshausen bei Dramburg in Pommern ein Telegramm:

erbitte drahtung ob und wann meine aufnahme zur entwöhnung von morphium möglich. Zur beruhigung eltern nur von leichtem nervenkollaps berichtet.
schweinshausen
dramburg
pommern
ditzen [10]

Das Sanatorium Tannenfeld, laut Eigenwerbung „eingerichtet für die Aufnahme von Nervenkranken jeder Art und Form, gleichfalls Morphinisten und Alkoholiker“ [11] kennt Rudolf Ditzen seit seiner Internierung nach dem Selbstmordduell. Mit dem Leiter Dr. Tecklenburg hat auch er hin und wieder noch brieflichen

Kontakt. So hatte er bei seinem Plan zum schriftstellerischen Probejahr die Meinung von Dr. Tecklenburg erbeten.

Am 15.8.1919 schiebt Rudolf seinem Telegramm einen erläuternden Brief nach, in dem er seinen Weg zur Sucht schildert. Darin teilt er mit, dass er im Anschluss an den Tod seines Bruders und zwei danach ausgebrochenen äußerst schmerzhaften Erkrankungen, darunter Magenbluten, erstmals ans Morphium geriet, das ihm durch Pflegeschwestern leichtfertig gegeben wurde, sodass er süchtig wurde. Insgesamt dreimal habe er versucht, selbst den Entzug zu meistern, zuletzt gerade jetzt, vom Juli bis die ersten zwei Augustwochen nach seinem Umzug aufs Land; vergeblich. Er sei eben zu schwach und bitte um Aufnahme. Wichtig sei ihm, dass die Eltern nichts von dem wahren Grund seines Aufenthaltes erführen, er wolle ihnen jeden weiteren Kummer ersparen.[12] Wir wissen, dass der Beginn seiner Suchtkarriere sehr viel früher lag, und vermuten, dass der entscheidende Grund dafür die zunehmenden Auseinandersetzungen mit Anne Marie Seyerlen waren. Das Magenbluten, das er erwähnt, ist zudem eine häufige Begleiterscheinung bei Morphiumsucht.

Seiner Schwester Elisabeth aber hat Rudolf Ditzen, der in Tannenfeld aufgenommen wird, wohl doch die Wahrheit gebeichtet und die wiederum hat Tante Ada informiert. Tante Ada, froh darüber, dass der unglückselige Neffe bei Dr. Tecklenburg in sicheren Händen ist und kein Unheil anrichten kann, erbittet praktische Anweisungen für den Umgang mit Rudolf, um ihm gegebenenfalls, wenn er es zulässt, zu helfen. Auch sie wird den wahren Grund des Sanatoriumsaufenthalts vor Rudolfs Eltern geheim halten.[13]

Am 23. August 1919 schreibt Rudolf Ditzen bereits aus Tannenfeld an Anne Marie Seyerlen. Nachdem er sich außerstande erklärt, zu ihrem jüngsten Brief Stellung zu beziehen, weil es ihm schlecht gehe, bedankt er sich artig für den Zahlungsaufschub: *Dein Anerbieten zum Schluss des Briefes nehme ich mit Dank, großem und erleichterndem Dank an. Ich wusste unter augenblicklichen Umständen wirklich nicht recht, was tun. Besten Gruß R.D.* [14]

Am 24.8. schreibt Wilhelm Ditzen einen Brief an Dr. Tecklenburg. Zwar weiß er noch nichts von der Morphiumsucht als wahrem Grund des Sanatoriums-Aufenthaltes, aber er weiß bereits von der Unterschlagung seines Sohnes:

„Da R. infolge des Berliner Diebstahls [5*] ganz ohne Geld ist, so schlage ich vor, dass Sie ihm für kleine Ausgaben nach Ihrem Befinden einen Betrag – etwa 10 M.- übergeben. Rechnungen sind mir zu senden. Im Anschluss daran bitte ich, mir folgende Bemerkung nicht übel zu nehmen: R. schreibt von einem täglichen Pensionspreis von 25 M. Diesen kann ich nicht tragen, wenn R's Aufenthalt bei Ihnen längere Zeit dauert. Deshalb würde es mir sehr erwünscht sein, wenn Sie mir für den Fall, dass die Kur länger dauert, eine Herabminderung der dortigen Kosten in Aussicht stellen oder selbst einen Vorschlag in derselben Richtung machen könnten.
Mit herzlichen Grüßen von uns, auch an Ihre verehrte Gattin verbleibe ich als Ihr ergebener
WDitzen. Reichsgerichtsrat a.D.“ [15]

Aus diesem Brief geht zugleich hervor, dass Rudolf Ditzen offensichtlich nicht selbst in der Lage ist, die Kosten für den Sanatoriumsaufenthalt zu bezahlen. Jetzt kann Dr. Tecklenburg nicht mehr vermeiden, den wahren Grund von Rudolfs Aufenthalt mitzuteilen, zu erläutern, dass trotz des fast abgeschlossen Entzugs wohl noch mehrere Wochen mit einem Sanatoriumsaufenthalt gerechnet werden müsse, weil sonst die Gefahr eines Rückfalls drohe. Im übrigen sei er leider wirtschaftlich nicht in der Lage, den Tagespreis von 25 Mark auf 20 zu ermäßigen. Das habe er auch Rudolf gleich bei Antritt seines Aufenthaltes gesagt. Der aber habe versichert, dass er aufgrund seiner Einnahmen als Kartoffelsachverständiger und der Honorare als freier Schriftsteller finanziell dazu in der Lage sei. [16]

Rudolf kümmert sich derweil aus Tannenfeld um das Auflösen der Versicherungen aus der gemeinsamen Wohnung in der

---

5* Nicht ausgeschlossen ist allerdings auch, dass Rudolf vor den Eltern behauptet, ihm sei in Berlin alles Geld gestohlen worden.

Mainzerstraße 8. Sein Brief an Anne Marie ist kühl, berichtsmäßig, endet aber immerhin wieder mit einem *Dein R.D.* Er ist immer noch nicht fertig mit der Korrektur an seinem Roman.

> *Meine Schrift sagt ja wohl hinreichend, wie es geht. [...] In zwei Wochen 34 Seiten geschafft. Zum 1.9. sollte ich abgeben! ~~Wenn das so weitergeht, ziehe ich mein Buch zurück~~. Es bleibt nichts anderes übrig. Ich bin so ziemlich am Ende. Dein R.D.*

Unten am Briefende ist dick mit Bleistift ein Einschub zum durchgestrichenen Satz gemacht worden: *Unsinn! Ditzen.* [17]

Siebzehn Tage später schreibt Dr. Tecklenburg an Wilhelm Ditzen, dass Rudolf den Entzug abgebrochen hat. Bei seiner Ankunft hatte er noch nicht genutzte Rezepte und Spritzen abgegeben und sich kooperativ bei allen Maßnahmen gezeigt, abends saß er fleißig an den Korrekturbögen seines Romans. Aber bereits am 6.9. vermeldet das Krankenblatt einen schweren Rückfall. Ditzen hat sich im Untersuchungszimmer heimlich Morphium gegriffen und sofort konsumiert. Seitdem feilscht er bei seinen Betreuern um jedes Milligramm. Da aber beim Entzug die Rauschgiftdosen täglich immer mehr herabgesetzt werden, geht es ihm immer schlechter, vielleicht weil der rein körperliche Entzug zu rapide erfolgt, vielleicht aber auch, weil sein Körper durch den Rückfall wieder höhere Dosen Morphium benötigt. Am 15.9. kommt es zum Eklat. Er kehrt von einem Freigang torkelig und mit engen Pupillen, also unter Drogen, von einem Spaziergang zurück, gerät mit Dr. Tecklenburg aneinander und verlässt unter wüsten Beschimpfungen und Drohungen das Sanatorium.[18]

Der Vater Wilhelm Ditzen schreibt am 24.9.1919 einen Brief an Dr. Tecklenburg, Rudolf sei kurz zu Haus in Leipzig gewesen und nunmehr seit einigen Tagen in Carlsfeld, um dort im Sanatorium des Dr. Schmidt seinen Entzug fortzusetzen. Unabhängig davon wird jetzt von der Familie und ihrem Hausarzt Dr. Eggebrecht eine Entmündigung von Rudolf diskutiert. Wilhelm Ditzen möchte von Dr. Tecklenburg wissen, ob die Staatsanwaltschaft eine derartige Entmündigung aussprechen würde.[19] Dr. Tecklenburg hält dagegen: „Rudolf in eine ge-

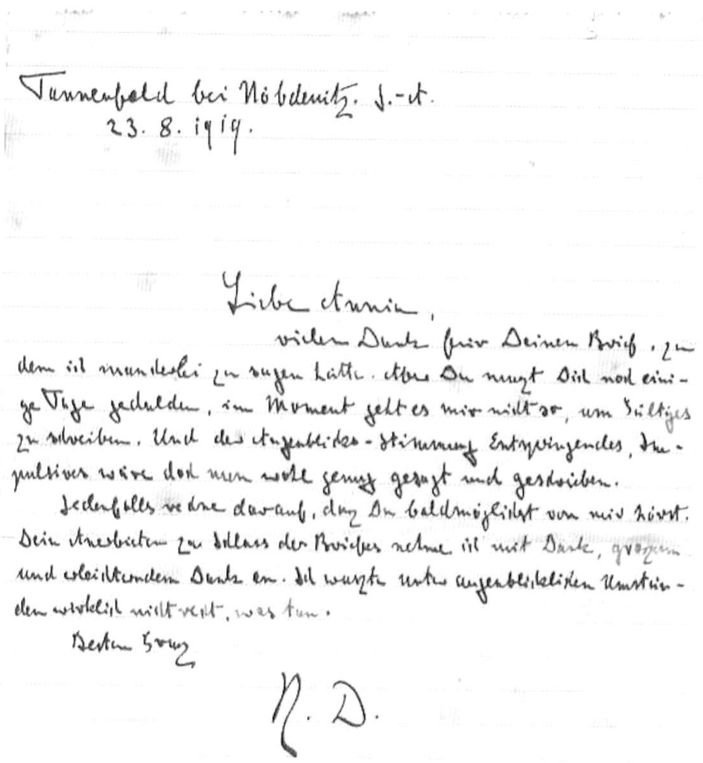

Tannenfeld bei Nöbdenitz. S.-A.
23. 8. 1919.

Liebe Annie,

vielen Dank für Deinen Brief, zu dem ich mancherlei zu sagen hätte. Aber Du mußt Dich noch einige Tage gedulden, im Moment geht es mir nicht so, um Gültiges zu schreiben. Und des Augenblicks-Stimmung Entspringendes, Impulsives wäre doch nun wohl genug gesagt und geschrieben.

Jedenfalls rechne darauf, daß Du baldmöglichst von mir hörst. Dein Anerbieten zu [illegible] der Briefes nehme ich mit Dank, großem und erleichterndem Dank an. Ich wüßte unter augenblicklichen Umständen wirklich nicht recht, was tun.

Besten Gruß

R. D.

Im August 1918 schreibt Rudolf Ditzen aus dem Sanatorium des Dr. Tecklenburg diesen zurückhaltenden, betont sachlichen Brief. Das erwähnte Anerbieten bezieht sich vermutlich auf Geld, das er Anne Marie schuldet.

schlossene Anstalt gegen seinen Willen zu bringen, werden Sie wohl keine Befugnis haben, der Morphinismus allein berechtigt leider dazu so wenig wie die Trunksucht. Wenn ich ihn auch für die Entmündigung durchaus für reif halte, bezweifle ich doch, dass der Richter ohne weiteres davon zu überzeugen sein wird. Um weiteres, leichter überzeugendes Material zu beschaffen wird es leider wohl nötig sein, den Misserfolg der jetzt eingeleiteten Entziehung abzuwarten, und den Rückfall, der sicher kommen wird."[20]

Wieder seit Wochen nichts von einer Korrespondenz zwischen Anne Marie Seyerlen und Rudolf Ditzen, dafür ein Brief des Lektors Paul Mayer vom Rowohlt Verlag, der sich Ditzens Brief nur durch seinen leidenden Zustand erklären könne. Das Buch sei keineswegs künstlerisch unzulänglich, und tadelnd: der Rowohlt Verlag habe noch nie schlechte Bücher herausgebracht![21] Rudolf Ditzen hat also doch noch versucht, seinen Erstlingsroman zurückzuziehen, unterlässt es dann aber doch, zumal Mayer ihm mitteilt, dass das Buch bereits gedruckt sei und ein Schaden von etlichen Tausend Mark entstehen würde. Dann am 2. Dezember 1919 ein Notschrei an Anne Marie Seyerlen:

Carlsfeld bei Brehna (Bez. Halle).
Am 2.12.19

Liebe Mi-à-Mi,
es geht mir nicht gut. Wäre es Dir möglich, einmal – möglichst bald – hierher zu kommen? Ich wäre Dir so dankbar!
D. D.
Bitte, falls ja und bald, Telegramm. ‚Brehna' ist Station der Strecke Berlin-Halle (Saale). Ankunftszeit ansagen, damit Wagen an der Bahn.

Der Brief ist per Eilpost nach Berlin in die Max-Eyth-Straße geschickt worden, die Adresse von Anne Marie Seyerlen ist riesig mit gegeneinander stehenden Buchstaben auf den Umschlag geschmiert, die Schrift des Briefes allerdings ist klein und normal. Beigefügt ist diesem Brief ein Schreiben des Leiters des Sanatoriums, bzw. des ‚Asyl's, Sanitätsrat Dr. Arthur Schmidt:

Dr. A. Schmidt
Sanitätsrat

Asyl Carlsfeld, den
4. Dez. 1919
Post Brehna,
Bez. Halle a. d. S.

Sehr geehrte gnädige Frau !
Auf Wunsch des Herrn Ditzen, der sich seit einiger Zeit hier in Behandlung befindet, teile ich Ihnen ergebenst mit, dass es Herrn D. in der Tat nicht gut geht. Er ist der festen Überzeugung, dass ihm Ihr Besuch sehr nützen würde. Bei der großen Sensibilität des Herrn D. halte ich dies für wohl möglich. Wenn es also angängig ist, würde ich Sie im Interesse des Patienten bitten, hierher zu kommen. Sie würden von Berlin aus bis Station Brehna der Berlin-Halleschen Eisenbahn fahren; dort würde Sie der Wagen erwarten. Herr D. bittet um telegraphische Nachricht.
Hochachtend und ergebenst
A. Schmidt [22]

Nein, Anne Marie Seyerlen fährt nicht nach Carlsfeld, ihr Entschluss, keinerlei persönlichen Kontakt mehr zuzulassen, bleibt bestehen. Zu groß ist vermutlich ihre Angst, Rudolf Ditzen würde sich dann Hoffnungen machen, für die es in ihren Augen keinen Grund mehr geben darf.

13. Die Rückkehr in eine Irrenanstalt ?

Anfang Februar 1920 erhält Rudolf Ditzen zwei Vorausexemplare des *Goedeschal*, von denen trotz ihrer Verweigerung eines an Anne Marie geschickt wird. Im Nachtitelblatt wird die Widmung gedruckt: *Frau Anne Marie Seyerlen zu eigen* und handschriftlich darüber gesetzt: *Glanz-Helle, unverlöschliche. Mi-a-Mi. Du. Carlsfeld, 9 (?).2.1920.*[1*] Das zweite Exemplar übergibt er übrigens seinem behandelnden Arzt im Asyl Carlsfeld, Dr. Schmidt (vgl. Caspar 1993: Frühwerk, S. 483) und am 18. Februar 1920 ist der *Goedeschal* endlich in den Buchläden zu kaufen. Bereits im Januar hat Rudolf Ditzen damit begonnen, seinen zweiten Roman, den er später *Anton und Gerda* nennen wird, zu schreiben, zeitgleich arbeitet er an Skizzen und Novellen.

Der nächste Brief an Anne Marie klingt nicht mehr so dramatisch wie der Hilferuf nach einem Besuch, aber es liegen auch drei Monate dazwischen. Rudolf Ditzen schreibt am 15. Februar 1920 immer noch aus dem Asyl in Carlsfeld. Er kündigt einen Novellenband an, der im Herbst 1920 abgeschlossen sein soll und möchte gerne die Erlaubnis haben, ihr den Band zu widmen: *Ich frage heute schon, bei dieser Gelegenheit mit, um nicht den Eindruck vom Suchen nach Briefvorwänden zu geben.*[1] Zwar lässt Anne Marie Seyerlen den Kontakt wieder nicht ganz abreißen, aber sie hat mit Sicherheit mehr Zurückhaltung auf diesem Gebiet verlangt, sonst ergäbe der zitierte Satz aus Ditzens Brief keinen Sinn. Gleich per Einschreiben erreicht sie am 9.4.1920 Rudolf Ditzens mit sieben Zeilen äußerst knapper Geburtstagsgruß. Nun unterschreibt er schon wieder mutig mit D.D., was heißen könnte *Dein Ditzen* oder *Dein Du*, eine Unterschrift, die er in der intensivsten Phase der Beziehung häufig verwendet hat.[2]

Selbst die wenigen Briefkontakte scheinen ihn wieder optimistisch bezüglich der Verbindung zu Anne Marie zu stimmen,

---

1* Das Buch mit dem so beschriebenen Titelblatt befindet sich im Besitz von Christine Steiner.

denn im Frühjahr 1920 erscheint plötzlich Johannes Kagelmacher bei ihr in Berlin und bittet sie, mit ihm zu gehen. „Er habe in einer Anstalt für Ditzen garantiert, dass er ihn zurückbringe. Ditzen kam, um mich zu fragen, ob ich ihn heiraten möchte, sein Vater würde ihm in dem Fall ein Familiengut in Oldenburg geben. Ob das wahr ist, weiß ich nicht. Es kam für mich nicht in Frage, was er hätte wissen müssen.“ [3]

Beim Rowohlt Verlag bittet er am 1.5.1920 um eine weitere Abschlagszahlung *in Höhe von etwa 300.- - 500.- M [...] Ich bin augenblicklich etwas knapp mit Geld.* [4] Auch Anne Marie ist augenblicklich ziemlich knapp mit Geld. Nach der Scheidung von Egmont hat sie seinen Freund Erich Steiner, einen ehemaligen Berufsoffizier, geheiratet und verlässt die Familie B. in Berlin-Dahlem. Sie zieht zunächst nach Garching, wo Steiner ein Gut gekauft hat, das sich als Fehlkauf erweist und rasch wieder abgestoßen wird, um statt dessen ein Gut in Hachtsee/ Post Habach in Oberbayern zu kaufen. Dort züchtet er in einer Zeit, wo nur äußerst wenig Menschen Sinn und Geld für Pferdesport haben, ausgerechnet Vollblutpferde. Auch Hachtsee ist dadurch wenig rentabel, wird aber mühsam am Leben erhalten. Offensichtlich bittet Anne Marie Steiner Rudolf Ditzen daher um die längst versprochene Rückzahlung der Schulden. Am 16. oder 26. Juni 1920 erhält sie Antwort:

Dein Brief hat mich an <u>dem</u> Tag in Carlsfeld gesucht, an dem ich von dort mit Kagelmacher abreiste. Er folgte dann nach hier. Nein, kein Gut [2*] *bisher. Kein neues Buch in irgendwelcher Aussicht. Für all das wäre Vorbedingun[g] (?) ein Gesundwerden gewesen, das bisher nicht gelungen ist. Halb mit List hat mich Kagelm. aus Carlsfeld entführt und wir machen – da dort alles aussichtslos war – hier einen letzten Versuch* [3*]. *Mit den Eltern bin ich ziemlich auseinander, sie drohen mit Entmündigung etc. Kagelm. erhält mich vor der Hand.*

Du kannst Dir wohl denken, wie bitter es mir unter die-

2* Damit bezieht sich RD vermutlich auf das von den Eltern angeblich in Aussicht gestellte eigene Gut, sofern er Anne Marie heirate.

3* *Versuch* zur Entwöhnung, die Morphiumsucht mit Alkohol zu kompensieren.

sen Umständen ist, Dir das Geld nicht senden zu können. Ich täte es so gerne, schon Dir auch in der Tat zu zeigen, wie gerne ich Dir hülfe beim Aufbau […]. Aber es geht und geht halt nicht. […]

Immer Dein Freund R. [5]

Bei Dr. Mayer vom Rowohlt Verlag wiederholt Rudolf Ditzen Mitte Juni 1920 seine Bitte um Abschlagszahlung bzw. Vorschuss, der wohl noch nicht beantwortet wurde. Er ist also tatsächlich in finanziellen Nöten. Zugleich kündigt er binnen eines halben Jahres den erwähnten Novellenband an, in dem er sich mit Reizstoffen wie Morphium, Kokain oder auch Bilsenkraut beschäftigen wird; ein neuer Roman hingegen sei leider über das Stadium eines Entwurfes noch nicht hinausgekommen.[6]

Zu Weihnachten 1920 erhält Anne Marie Steiner dann einen unerwartet herzlichen Gruß, in dem Ditzen seine neue Adresse mitteilt: Gudderitz b. Altenkirchen. Insel Rügen. Johannes Kagelmacher hat hier einen Hof geerbt und ist endlich sein eigener Herr. Rudolf Ditzen zieht zu ihm.

Willst Du wohl so gut sein, mir ein Bild von Dir zu schicken? Herzlichst D.D. [7]

Im April 1921 überweist der Rowohlt Verlag lediglich 500 Mark an Honorar, da sich der *Goedeschal* doch nicht so gut verkauft, wie anfangs erhofft. Rudolf Ditzen gerät offensichtlich in große finanzielle Schwierigkeiten, sein nächster Brief ist verzweifelt. Offensichtlich hat er bereits ein Telegramm geschickt und einen Brief, ohne Antwort von ihr erhalten zu haben. Merkwürdig ist nur, dass beide Schreiben im Konvolut von Anne Marie nicht zu finden sind. Aus dem vorliegenden Brief geht hervor, dass er Kagelmacher auf Rügen verlassen hat, in Rostock eine Arbeit fand und jetzt 2000 Mark Schulden durch seine Morphiumsucht hat. Er zieht in seinem *Bettelbrief* alle Register. Er sei ganz tief unten, könne seine Pensionskosten nicht im Voraus bezahlen und werde daher schlecht behandelt. Er habe Angst, dass sich sein letztes Paar Hosen auflöse, so durchgewetzt sei es – *und was dann?* Seit drei Wochen habe er keine frische Wäsche mehr. Sein Geld sei leichtsinnigerweise völlig verbraucht, jetzt

Frau Anne Marie Seyerlen

zu eigen

Die Widmung, die Hans Fallada in das an Anne Marie Seyerlen geschickte Vorausexemplar seines ersten Romans *Der junge Goedeschal* geschrieben hat. Seine Adresse ist inzwischen das Sanatorium in Carlsfeld. Tannenfeld hatte er nach einem Rückfall verlassen.

plage ihn die bittere Reue umso mehr. Er schreibt den Brief am 21.8.1921, hat sein Gehalt von 700 Mark am nächsten 1. in Aussicht, benötigt aber vorher Geld, auch wenn er für sein Unglück verachtet werde:

Ihr Oben gebliebenen habt es so leicht, Euch abzuwenden mit dem Wort ‚Wie niedrig! Wie gemein!' Meinst Du, ich fühle es nicht? [...] Aber auch wir wollen leben, wenigstens unsern Glauben behalten und die Hoffnung, wieder hoch zu kommen [...] Nur nicht so nahe am Ziele erliegen. Was bliebe mir denn? Nein, keinesfalls ein Selbstmord, zu dem ich zu feige oder zu mutig wäre, aber die Rückkehr in eine Irrenanstalt mit der endgiltigen Erklärung ‚Ich kann draußen nicht leben'.

Für den Fall, dass Anne Marie sich auch jetzt nicht meldet und ihm hilft, wird er sich seinen Glauben und seine schöne Erinnerung an sie nicht rauben lassen:

Sind sie doch das Einzige was ich habe. Und eines Tages [...] werde ich auch von jener hohen Zeit schreiben können. Aber ich würde es nie können, müsst' ich jetzt infolge Deines Schweigens jene Erinnerungen übermalen.[8]

Derweil versucht der Rowohlt Verlag, Kontakt mit Rudolf Ditzen zu halten, aber häufig kommt die Post zurück, weil schon wieder eine neue Adresse akut ist. So schickt der Verlag am 7.9 1921 die Ablehnung der Novelle *Die Kuh, der Schuh, dann du* – einmal auf das Lehrgut Bollhagen bei Doberan in Mecklenburg und den gleichen Brief nach Gudderitz auf der Insel Rügen. Am 16. September 1921 schreibt Rudolf Ditzen an Anne Marie Steiner einen Brief, aus dem hervorgeht, wie unerwartet hoch seine Schulden sind, was er vorher Anne Marie nicht gebeichtet hatte: 4000 Mark, also fast sechs Monatsgehälter! Da Anne Marie aufgrund der angespannten Finanzlage auf dem Gut selbst keinerlei Möglichkeiten sieht, Geld zu verleihen, will sie Toni B. in dieser Sache fragen. Aber Rudolf Ditzen stemmt sich dagegen. Er habe bereits Toni B. angepumpt und von ihr 2000 Mark erhalten, aber leider schon zum Bezahlen von Schulden völlig verbraucht. Sein Dankesbrief an Toni habe davon gesprochen, dass es ein letztes Mal gewesen sei. Aber leider sei er in Rostock entlassen worden, habe zwar in Stralsund gleich wieder eine

Arbeit gefunden, aber wie die Zeit bis zum nächsten Gehalt überbrücken, wovon den Umzug bezahlen?

Ich habe alle meine Sachen verkaufen müssen, besitze nur noch einen Anzug, der kaum noch zu tragen ist, keinen Mantel, kein sauberes Wäschestück, Brot und Margarine bis zum Montag – sonst nichts! Seit zwei Wochen habe ich nichts Warmes mehr gegessen! Und nur noch 4.- Mark Bargeld. Wenn bis zum Montag Deine Hilfe nicht hier ist, weiß ich nicht, was werden soll. Ich zergrübele meinen Kopf, aber ich weiß es wirklich nicht! [...]

Weißt Du, dass ich keine Nacht ordentlich schlafen kann, aus Angst den Dienst zu verschlafen, da ich keine Uhr mehr besitze?

Weißt Du, was es heißt, bei jeder Scheibe Brot überlegen zu müssen, ob man sie sich noch bewilligen darf oder nicht?

Weißt Du, was es heißt, abends im Dunkeln nach Zigarettenstummeln suchen zu müssen, um das rasende Rauchverlangen ein wenig zu befriedigen? [...]

Heute nichts mehr. Nur das noch, dass ich auch arbeite wieder, ein neues Buch, in dem einmal nichts von Dir stehen soll. Ob ich es fertig bringen werde?

Bitte, setze alle Hebel in Bewegung. Aber nicht Toni! Ich mag nicht. Und ich will nicht.

D.D.[9]

Drei Tage später, am 19. September 1921 dankt er *Annia* jubelnd für die rasche Hilfe:

[...] so froh wie seit langem nicht bin ich heute morgen gewesen, den ganzen Vormittag (heute ist ja Sonntag) habe ich einen abgeänderten Kerr gesungen: Welcher Wahn dem Erdengast auch entdämmert und verblasst, eines bleibt ihm in dem Treiben: Mia (?) muß bleiben. Bin ich nicht albernjung?[10]

Offensichtlich hat Anne Marie vorgeschlagen, ihm das versprochene Geld in Raten und größeren Zeitabständen zukommen zu lassen, vielleicht, weil sie befürchtet, eine größere Summe auf einmal könnte erneut zum Morphium-Kauf und Konsum führen. Aber das passt Rudolf nicht, würde die bestehenden Schulden nur noch in den nächsten Monat herüberziehen.

Darum bitte ich Dich sehr, mir doch bis Mitte, spätestens Ende der kommenden Woche noch 500.- M zu senden und dann zum 1. den Rest. Sei nicht böse, schreib mir, ich kann ja nicht anders. Aber dann, dann soll alles gut sein. Ich danke Dir, dass Du Dich nicht an Toni gewendet hast. Schreibe bald einmal, bitte
D.D.

Wiederum einen Tag später stellt sich heraus, dass es nicht Anne Marie ist, die so viel Geld verleihen könnte und dass sie zudem wütend darüber ist, die gesamte Schuldenhöhe nicht vorher erfahren zu haben. Rudolf Ditzen seinerseits ist empört darüber, dass Anne Marie sich über seine Unaufrichtigkeit aufregt, denn er habe sie lediglich nicht noch mehr seelisch belasten wollen. Toni zu bitten, lehnt er nach wie vor ab, aber

[…] ich hoffe weiter auf Dich, denn Du kannst helfen, wenn Du willst. Du hast so oft im Kriege das Unmögliche möglich gemacht, und Du kannst mich hier nicht alleine verkommen lassen. So schwer ist dies alles gewesen, lass es doch nicht umsonst gewesen sein. Ich habe so unendlich viel gelitten, und leide noch so, gib mir doch nun wenigstens den Halt in diesem stillen und einfachen Leben anspruchlosester Arbeit den ich erbitte! Ach, es ist umsonst, die Briefe, die ich Dir heute Nacht geschrieben habe, kann ich Dir doch nicht schreiben. Aber bedenke doch dieses Eine: ist denn das Opfer – und das Opfer wäre wohl eine Geldbitte an irgend jemand – wäre denn dieses Opfer zu groß für das, was erreicht werden soll – ? Tu es, ich bitte Dich. Sieh doch, ich leide hier. Du kannst helfen, Du kennst Menschen, aber ich kenne niemand als Dich. Und wer wäre mir näher? Lass mich dies nicht umsonst geschrieben haben!
D.D. [11]

Zehn Tage später erhält Anne Marie Steiner auf lange Zeit den letzten Brief. Er schließt das Schuldenthema ab: Toni B. ist auf Bitten von Anne Marie noch einmal eingesprungen und das war auch in seinen Augen nun doch richtig:

Viele, viele Male danke ich Dir. Du bist so gut! Ich werde das Dir nie vergessen. Und ich hoffe, Du wirst mir ein gereiztes Wort, das vielleicht geschrieben, aber nie gefühlt wurde, verzeihen und es vergessen. Du weißt nicht und kannst es kaum ermessen, in wel*chem Elend ich gelebt habe, und wie all die auf einem abgeladene Geringschätzung und Verachtung mit Reizbarkeit äußerster Stärke liegt (?). – Bitte, schreibe mir einmal zum Zeichen Deines Gutseins einen lieben, langen Schreibebrief über Dein Ergehen, Dein Leben, Deine Umgebung. [...]*

D.D. [12]

14. Ich habe natürlich stets gewusst ...

Ein Zeitsprung von fast zehn Jahren ist zu bewältigen, ein Zeitsprung, in dem bei allen bisher Beteiligten sehr viel geschehen ist. Da diese Arbeit sich mit dem Briefwechsel von Anne Marie und Rudolf Ditzen beschäftigt, werden jene Ereignisse, die nichts mehr mit diesem Briefwechsel zu tun haben, nur stichwortartig erwähnt.

Egmont Seyerlen versucht in verschiedenen Sparten, zu Geld zu kommen. Erfolglos bleibt sein Vertrieb von Bühnenvorhängen, Theaterkostümen und Draperien, er gründet eine Radiofabrik, die rasch bankrott ist. Dann versucht er sich kurzfristig als Schiffseigner in Finnland. Nach Berlin zurückgekehrt, entwikkelt er für das Kaufhaus von Toni und Hugo B. das System der Ratenzahlung und organisiert sie. Er ist Sanierungsberater für verschiedene Verlage. Er entwirft Konzepte zur Rentabilitätssteigerung von Handelsfirmen. Er wird zunehmend zu einem erfolgreichen Geschäftsmann auch in der Weltwirtschaftskrise. Zum Zeitpunkt des wieder einsetzenden Briefverkehrs zwischen seiner geschiedenen Frau Anne Marie und Rudolf Ditzen befindet er sich auf mehrmonatigem Urlaub in einem südfranzösischen Pyrenäendorf (vgl. Schuster 1992: Egmont Seyerlen, S. 7ff).

Anne Marie Knudsen, geschiedene Seyerlen, hat in ihrer zweiten Ehe 1922 einen Sohn und 1924 eine Tochter zur Welt gebracht. 1925 läßt sie sich von deren Vater Erich Steiner scheiden. Sie heiratet den Diplomlandwirt Willi Förg, der mit ihr zusammen das Gut Hachtsee bewirtschaftet. 1927 wird das dritte Kind, ein Sohn geboren.

Rudolf Ditzen stürzt zunächst klaftertief ab. Er ist immens fleißig, schreibt jeweils am Feierabend und arbeitet tagsüber in der Landwirtschaft, meist als Rechnungsführer. Aber immer öfter wechselt er die Arbeitsstelle, immer häufiger landet er zwischen den einzelnen Stellen bei Johannes Kagelmacher auf Rügen. Weder seine Morphiumsucht noch seinen Alkoholismus bekommt er in den Griff. Dabei ist er als Schriftsteller nach wie vor im Geschäft. Aber die Honorare und Tantiemen reichen nicht einmal annähernd zum Leben. Er schreibt Kurzgeschichten, Skizzen und kleine Artikel, auch Komödien, die allerdings nicht veröffentlicht werden. Vor allem aber schreibt er an seinem zweiten Roman, der als *Anton und Gerda* getarnt, einige Assoziationen zu seiner Verbindung mit Anne Marie Seyerlen ermöglicht, aber nach Kenntnis seiner Briefe keine entscheidenden. Anne Marie ist zwar – wie die Romanfigur Gerda – in einer eher mütterlichen Rolle, auch wecken einige Szenen Erinnerungen an beider Timmendorfer Reise, aber Anne Marie fehlen Chuzpe, Selbstbewusstsein und Frivolität, die die Romanfigur kennzeichnen. Rudolf Ditzen ist nach wie vor drogenkrank. Im Oktober 1922 unterschlägt er Getreide seines Arbeitgebers vom Gut Neuschönfeld und verkauft es auf dem Schwarzmarkt. Im Dezember 1922 erhält er den Verlagsvertrag für seinen zweiten Roman *Anton und Gerda* vom Rowohlt Verlag. Von Mai bis Oktober 1923 arbeitet er als Rechnungsführer auf dem Rittergut Radach, das 1937 zum Vorbild eines seiner besten Romane *Wolf unter Wölfen* werden wird. Auch in Radach ist er schwer morphium- und alkoholabhängig. 1923 erscheint sein zweiter Roman *Anton und Gerda* und ebenfalls 1923 bekommt er die Quittung für seine erste Unterschlagung: Er wird zu sechs Monaten Haft verurteilt, die er von Juni bis November 1924 in Greifswald absitzt, ohne dass seine Familie davon erfährt. Sein Gefängnistagebuch *Strafgefangener, Zelle 32* wird später ein Stück Literatur. Dann wieder wechselnde Arbeitsstellen, abendliches erfolgreiches Schreiben: Seine Artikel, Erzählungen und Skizzen erscheinen in verschiedenen Zeitungen. Die anhaltende Drogensucht verursacht Drogenkriminalität, wieder unterschlägt Ditzen bei zwei Arbeitgebern Geld und Wechsel. 1926 wird er deshalb zu 2 1/2 Jahren Gefängnis verurteilt, die er in Neumünster verbüßt. 1928 aus der Haft entlassen, ist er durch den Zwangsentzug clean, das bezieht sich sowohl auf seinen Morphinismus als auch auf seine Alkoholsucht. Kläglich schlägt er sich zunächst in Hamburg als Adressenschreiber durch.

1929 heiratet er Anna Issel aus Hamburg, genannt Suse, die als *Lämmchen* zum Vorbild seines größten Romanerfolges *Kleiner Mann – was nun?* werden wird. Sie bringt 1930 das erste Kind, einen Sohn zur Welt. In Neumünster erhält Ditzen eine weitere Chance. Er redigiert eine kleine Zeitung und ist zugleich Sekretär beim Wirtschafts- und Verkehrsverein. Hier schreibt er Erzählungen, Skizzen und Rezensionen und hier sammelt er als Berichterstatter über den sogenannten Landvolkprozess das Material für seinen nächsten Roman. Im Juni 1930 zieht er nach Berlin-Neuenhagen, weil der Verleger Ernst Rowohlt ihm eine Halbtagsstelle in seinem Verlag anbietet. Ditzen ist zuständig für die Rezensionen. Ab Nachmittags schreibt er an seinem bereits in Neumünster konzipierten Buch, das 1931 erscheint: *Bauern, Bonzen und Bomben*. Die Buchankündigung wird auf meterhohen Plakaten an Litfaßsäulen geklebt, ein Vorabdruck in der *Kölnischen Zeitung* weckt großes Interesse, die Kritiker verheißen dem Roman einen ganz großen Erfolg. Und das ist der Zeitpunkt, zu dem Anne Marie sich wieder bei ihm meldet. Wirtschaftlich geht das Gut in Hachtsee ausgesprochen schlecht. Natürlich gibt es dort keine Vollblutzucht mehr, aber die Sanierung des Betriebes stagniert trotzdem. So schreibt also Anne Marie an den angeblich so erfolgreichen und damit in ihren Augen wohlhabenden Schriftsteller Hans Fallada/Rudolf Ditzen und erinnert an die Schulden, die er immer noch bei ihr hat. Am 2. April 1931 antwortet Ditzen auf ihren Brief.

Liebe Annia,

es hat mir sehr leid getan, zu hören, dass es Dir wirtschaftlich so schlecht geht und dass Du so schwer zu kämpfen hast. Ich würde Dir so gerne helfen, und Dein Brief hat mir vor allem das Herz darum so schwer gemacht, weil ich Dir unmöglich jetzt helfen kann. Mein Roman ist vor kaum vierzehn Tagen erschienen und verkauft sich trotz einiger günstiger Kritiken ausgesprochen schlecht. Ich lebe mit Frau und Kind von einem ganz kleinen Gehalt, wir leben so einfach, wie es eben nur möglich ist [...] Es ist keine drei Tage her, dass ich mit Seyerlen über Dich gesprochen habe [...] Ich habe ihm da auch gesagt, dass die Schuld an Dich sobald wie nur möglich bezahlt werden soll. Erst muss man aber einmal eine Möglichkeit sehen. Es ist nicht ganz richtig von Seyerlen gewesen, dass er Dir – wenn auch nur im Scherz – Zahlen genannt hat und von Remarque[1*] *gesprochen hat. Ich bin ein ganz kleiner Anfänger, wieder mal ein Anfänger,*

1* *Erich Maria Remarque* (1898-1970), deutscher Schriftsteller, er schrieb u. a. den Welterfolgsroman *Im Westen nichts Neues*.

und diesmal nicht einmal mit unbelastetem Start [2*] *Du darfst sicher sein, Annia, sobald es irgend geht, sobald ich etwas Geld verdiene, wird auch an Dich gedacht, dann melde ich mich schon [...]* [1]

Diesmal unterschreibt er mit *Dein RDitzen.*

Der nächste Kontakt findet erst über ein Jahr später statt. Rudolf Ditzen bedankt sich am 8. Mai 1932 artig per Schreibmaschine für ein Foto von Anne Maries jüngstem Sohn, der seinem Sohn Uli optisch ähnelt. Er nennt ihr die Berliner Adresse eines potentiellen Käufers von Hachtsee, von dem Anne Marie lediglich den Namen weiß, und unterschreibt mit *Dein alter Rudolf Ditzen* [2]. Am 31. Mai desselben Jahres reagiert er sehr erfreut auf einen Blumengruß, den Anne Marie ihm vermutlich im Zuge einer Berlin-Reise schicken ließ und in einem Brief zugleich von ihrer verzweifelten finanziellen Lage berichtet hat. Rudolf Ditzen schränkt in seiner Antwort nicht seine Bereitschaft ein, die Schulden zu begleichen, sondern ihre Möglichkeit:

Leider kannst Du mir nichts Gutes von Dir erzählen, es wird Dir sicher furchtbar schwer, den Hof aufzugeben, Seyerlen hat mir mal davon erzählt, wie sehr Du daran hängst und wie schön es dort oben bei Euch ist. Wenn ich irgend könnte, würde ich Dir von Herzen gern helfen, aber vorläufig ist die Literatur ein zwar ehrenvolles aber nicht sehr einträgliches Geschäft. Vielleicht, wenn mein neuer Roman ‚Der kleine Mann' erscheint – Mitte Juni – , dass es dann besser geht [...] [3]

Seit April 1932 druckte die Vossische Zeitung in Berlin Falladas neuen Roman *Kleiner Mann – was nun?* ab, fünfzig Provinzzeitungen schlossen sich dem ab Mai 1932 an. Mit *Bauern, Bonzen und Bomben* war Hans Fallada bekannt geworden. Mit dem *Kleinen Mann* wurde er berühmt und als die literarische Hoffnung des Deutschen Reiches gepriesen. Eine Flut von Leserbrie-

---

2* Das trifft zu. Die durch Unterschlagung geschädigten Gutsbesitzer forderten Schadensersatz von Rudolf Ditzen und der Rowohlt Verlag konnte zudem die Tantieme nur in Raten auszahlen, da der Verlag kurzfristig zahlungsunfähig wurde.

fen setzt ein, viele Leser wollen der Romanfigur, dem arbeitslosen Pinneberg und seiner tapferen Frau Lämmchen nebst kleinem Sohn helfen und viele wollen sich von dem Schöpfer der Figuren, Hans Fallada, helfen lassen. Er wird um Arbeit, um ein paar Schuhe gebeten, um das Geld für wenigstens drei Tage Urlaub, er kenne doch die Not der kleinen Leute. Die Kritiker loben das Buch fast uneingeschränkt. Die Rotation bei Rowohlt läuft heiß: Der Verlag muss nachdrucken. Hans Falladas Roman vom kleinen Mann kommt ganz groß raus. Sein Name ist in aller Munde. Im Juli 1932 allerdings weiß Fallada lediglich, dass Film- oder/und Veröffentlichungsrechte in vierzig Länder verkauft wurden, aber noch nicht, wie groß der zweite Geldsegen sein wird, den ersten hat er bereits durch den Vorabdruck in der *Vossischen* und danach in den fünfzig anderen Zeitungen kassiert.

Erneut hakt Anne Marie nach, bittet darum, die Schulden zu bezahlen, schildert ihre Situation, benötigt vermutlich ganz rasch wenigstens 400 Mark, um irgendeinen Engpass zu überwinden. Vielleicht droht ein Wechsel in dieser Höhe zu platzen, was eine Kettenreaktion bei den kreditgebenden Banken ausgelöst hätte. Am 22. August 1932 antwortet Rudolf Ditzen/Hans Fallada:

Liebe Annia

ich habe Deinen Brief mit großem Bedauern gelesen. Und, wenn ich irgend könnte, würde ich Dir gerne helfen. Aber es ist eben ganz unmöglich. Ich bin, wie ich Dir wohl schrieb, seit Oktober vorigen Jahres auch stellungslos, lebe von Vorschüssen und muss davon meine kleine Familie erhalten. Wen hätte ich, der mir 400 Mark pumpte? Nein, liebe Annia, es geht einfach nicht. Literatur ist heute ein schlechteres Geschäft denn je, und ein literarischer Erfolg ist leider noch längst kein Verkaufserfolg […] Ich wollte, ich könnte Dir anderes schreiben, als was ich heute schreiben muss. Aber es ist nicht anders. Hoffentlich wird alles nicht so schlimm, wie Du grade jetzt befürchtest.
Herzliche Grüße Dein RDitzen [4]

Sein nächster Brief vom 6. September 1932, ergänzt seine These, dass ein literarischer Erfolg noch lange kein geschäftlicher ist:

Ja, liebe Annia, mit dem Bücherschreiben, das ist noch immer so eine Sache. Willst Du glauben, durch ‚Bauern, Bonzen und Bomben' bin ich wirklich bekannt geworden und heute,

heute sind kaum 5.000 Exemplare verkauft. In anderthalb Jahren! Da ist mit Familie schlecht von zu leben, zumal, wenn man noch immer an alten Schulden zu drucksen hat! Hoffentlich wird es mit dem Kleinen Mann etwas besser, aber die Zeiten werden ja für Bücherkaufen immer schlechter, statt besser. Man weiß ja, wie es einem selbst geht.[5]

Aber Ende 1932 ist klar: dieses Buch wird ein Welterfolg. Das Geld beginnt zu strömen: immer neue Auflagen, Lizenzeinnahmen, Filmrechte, Tantiemen. Selbst *Bauern, Bonzen und Bomben* werden jetzt zügiger verkauft Der Kleine Mann braucht nicht mehr zu fragen – was nun?, sondern er hat es geschafft. Zwei Monate lang erholt sich Rudolf Ditzen auf der Insel Usedom, dann kehrt er nach Berlin zurück und beginnt, das Geld verschwenderisch aus dem Fenster rauszuwerfen, er verfällt seinem Reichtum und berichtet 1943 selbst darüber:

„Das Geld strömte nur so herbei. Wir hatten von zweihundertzwanzig Mark glücklich gelebt, unsere Sorgen fingen an, als wir plötzlich über große Summen zu verfügen hatten. Suses [3*] Sorgen fingen an, ich selbst verlor völlig den Kopf. Der Übergang war zu plötzlich, aus dem Sparsamen, dem Überängstlichen wurde ein Verschwender. Ich gab das Geld auf die sinnloseste Weise aus, es konnte ja nicht alle werden, es strömte immer weiter. Nicht schnell genug konnte ich es ausgeben. Nächtelang saß ich in den dümmsten Bars, hielt das halbe Lokal frei und fuhr mit schwerem Kopf heim. Ich bekam für mein Geld nichts anderes als Kopfschmerzen, Arbeitsunlust, Reue, Gewissensbisse. Und fing doch wieder an. Suse hielt getreulich zu mir. Sie machte alle diese Fahrten mit, sie brachte mich nach Haus, sie legte mich ins Bett, sie tröstete mich in meinem Kater [...] Sie erhob nie Einwendungen gegen die Art, wie ich das Geld verschwendete: es war ja mein Geld, ich hatte es verdient. Und dabei brachte sie es allmählich fertig, dass ich zur Einsicht kam, so konnte es nicht weitergehen.“[6] (Fallada 1966: Heute, S. 26)

Rudolf Ditzen erfüllte sich endlich seinen Traum vom Eigenen, letztlich auch, um der ewigen Verführung der Großstadt Berlin

---

3* *Suse* ist der Kosename von Rudolf Ditzens Frau Anna.

zu entgehen, denn er hatte wieder angefangen zu trinken. Er kaufte sich in Mecklenburg einen kleinen Hof, direkt am Carwitzer See: heruntergekommen und renovierungsbedürftig.

„Das Haus ist ein richtiges altes Gutshaus, urgemütlich, mit elektrischem Licht, Öfen, mit sieben Zimmern, die durch Ausbau des Dachgeschosses leicht auf neun erhöht werden können [...] Zum Haus gehören 6 Morgen Land, Scheune, Stallung, Kuh, Pferdchen und Schweine, Wagen und Dreschmaschine"[7] (Lange 1995: S. 24), berichtet er im Juli 1933 seiner Schwester. Monate später, am 14. April 1934, schreibt Anne Marie Förg ihren letzten, offensichtlich kategorisch fordernden Brief an Rudolf Ditzen, den er ebenso kategorisch und sicherheitshalber per Einschreiben beantwortet.

Liebe Annia,

ich habe Deinen Brief vom 14. d. M. erhalten. Ich habe natürlich stets gewusst, dass Deine Briefe eines Tages darauf hinauslaufen würden, von mir unter dem einen oder andern Grunde Geld zu verlangen. Früher hast Du von Hilfe und Darlehen gesprochen, jetzt erhebst Du eine Forderung.

Was die juristische Seite dieser Forderung angeht, so ist sie natürlich längst verjährt. Meine hinhaltende Erklärung aus dem Jahr 1931 kann daran nichts ändern, ich musste mich erst über die Sache, die mir nicht mehr in ihren Einzelheiten erinnerlich war, unterrichten. Das habe ich damals getan, und ich habe dabei festgestellt, dass Du mir an unserm Trennungstage seinerzeit eine Blanko-Quittung gegeben hast, was Du scheinbar auch vergessen hast. Du hast mich zweifelsohne durch die Hergabe dieser Blanko-Quittung gegen jede spätere etwaige Forderung von Dir sichern wollen – und zwar als Entgelt für die mancherlei und vielerlei Aufwendungen, die ich in den Jahren unsers Beisammenseins für Dich gemacht hatte.

Was nun die moralische Seite der Sache angeht, so weißt Du ja, dass das Geld, von dem wir damals teilweise lebten, weder Dein, noch mein, noch Seyerlens Geld war, sondern Hugo B[...]'s. Bei einer Rücksprache mit Seyerlen hat mir dieser seinerzeit versichert, dass er Herrn B[...] ausbezahlt habe. Ich selbst habe auch schon vor einem Jahr meine Sache mit H. B[...] bereinigt und

Rudolf Ditzen - Carwitz - Post Feldberg/Meckl. - Telef. Feldberg 76.

Am 19. April 1934.

E i n s c h r e i b e n !

Frau
Annemarie S t e i n e r

H a c h t s e e
Post Habach /Obbay.

Liebe Annia,
ich habe Deinen Brief vom 14.d.M. erhalten. Ich habe natürlich stets gewusst, dass Deine Briefe eines Tages darauf hinauslaufen würden, von mir unter dem einen oder andern Grunde Geld zu verlangen. Früher hast Du von Hilfe und Darlehen gesprochen, jetzt erhebst Du eine Forderung.

Was die juristische Seite dieser Forderung angeht, so ist sie natürlich längst verjährt. Meine hinhaltende Erklärung aus dem Jahre 1931 kann daran nichts ändern, ich musste mich erst über die Sache, die mir nicht mehr in ihren Einzelheiten erinnerlich war, unterrichten. Das habe ich damals getan, und ich habe dabei festgestellt, dass Du mir an unserm Trennungstage seinerzeit eine Blanko-Quittung gegeben hast, was Du scheinbar auch vergessen hast. Du hast mich zweifelsohne durch die Hergabe dieser Blanko-Quittung gegen jede spätere etwaige Forderung von Dir sichern wollen - und zwar als Entgelt für die mancherlei und vielerlei Aufwendungen, die ich in den Jahren unsers Beisammenseins für Dich gemacht hatte.

Was nun die moralische Seite der Sache angeht, so weisst Du ja, dass das Geld, von dem wir damals teilweise lebten, weder Dein, noch mein, noch Seyerlens Geld war, sondern Hugo B[redacted]. Bei einer Rücksprache mit Seyerlen hat mir dieser seinerzeit versichert, dass er Herrn B[redacted] ausbezahlt habe.Ich selbst habe auch schon vor einem Jahre meine Sache mit H. [redacted] bereinigt und besitze eine Erklärung von ihm, dass er keine Forderungen mehr an mich hat. Auch nach dieser Seite hin ist die Sache für mich also vollkommen in Ordnung.

Was aber das rein Menschliche angeht, so hast Du mich seinerzeit in der schwersten Zeit meines Lebens so mitleids- und rücksichtslos in Stich gelassen, dass ich nicht die geringste Verpflichtung fühle, Dir heute helfend beizuspringen. Das Gerede schliesslich von meinem 'Reichtum' und meinem 'Gut' ist das albernste, was es gibt. Mein 'Gut' ist ein altes Arbeiterwohnhaus mit 15.000 qm Land, das 11.700 RM. gekostet hat und mit 8.700 RM. Hypotheken belastet ist. Und mein 'Reichtum' ist derart, dass ich heute noch nur von Einkommen lebe, nicht einen Pfennig Vermögen besitze, aus meinem Einkommen aber immer noch an meinen alten Schulden abbezahle - wirklichen Schulden, nicht imaginären.

Der Brief von Rudolf Ditzen, der den Kontakt zu Anne Marie endgültig beendete.

besitze eine Erklärung von ihm, dass er keine Forderungen mehr an mich hat. Auch nach dieser Seite hin ist die Sache für mich also vollkommen in Ordnung.

Was aber das rein Menschliche angeht, so hast Du mich seinerzeit in der schwersten Zeit meines Lebens so mitleids- und rücksichtslos in Stich gelassen, dass ich nicht die geringste Verpflichtung [4*] *fühle, Dir heute helfend beizuspringen. Das Gerede schließlich von meinem ‚Reichtum' und meinem ‚Gut' ist das albernste, was es gibt. Mein ‚Gut' ist ein altes Arbeiterwohnhaus mit 15.000 qm Land, das 11.700 RM. gekostet hat und mit 8.700 RM Hypotheken belastet ist. Und mein ‚Reichtum' ist derart, dass ich heute noch nur von Einkommen lebe, nicht einen Pfennig Vermögen besitze, aus meinem Einkommen aber immer noch an meinen alten Schulden abbezahle - wirklichen Schulden, nicht imaginären.*

Dein Ditzen [8]

Mit diesem Brief ist die Zeit von Rudolf Ditzen und Anne Marie Seyerlen unwiderruflich abgelaufen. Die große Liebe ist nichts als Erinnerung. Wie hatte es Rudolf Ditzen 1917 in einem seiner Briefe vorausgesehen?

Es kann wohl kommen, dass auch ich nichts für Dich sein werde, als ein verschlossenes Paket Briefe in einem alten Koffer. [9]

4* Sei es aufgrund einer gerichtlichen Aufforderung, sei es aufgrund von Einsicht: Offensichtlich hat RD an AS über den Justitzrat Rosenberger in den Jahren 1935/36 insgesamt 12 Monatsraten von jeweils 100 RM an Anne Marie Steiner überwiesen, so das HFA in Carwitz, das sich auf ein Dokument vom 19.1.1936 beruft.

Anhang

Anmerkungen

Vorwort

1 Studnitz, Cecilia von: Es war wie ein Rausch. Fallada und sein Leben. Düsseldorf 1997. K = Studnitz 1997: Rausch.
2 Vgl. Fallada, Hans: Der junge Goedeschal, Berlin 1920.
3 Vgl. Müller-Waldeck, Gunnar: „Er war ein Ermunterer". Gespräch mit Annemarie Steiner, in: Fallada-Jahrbuch 3, 2000, S. 64.

1. Liebe gnädige Frau ...

1 Visitenkarte vom 25.5.1917, mit Vordruck ‚Rudolf Ditzen', o. O. (Mit Sicherheit Berlin), Datum nachgetragen von Anne Marie Seyerlen. Handschrift, beidseitig beschrieben. Nummerierung von Anne Marie Seyerlen.
2 Fallada, Hans: Damals bei uns daheim. Erlebtes, Erfahrenes und Erfundenes. Erstmals 1941, hier: Hamburg 1959. K = Fallada 1959: Damals. *Zwar verweist der Untertitel auf mögliche dichterische Freiheiten, doch etliche Ereignisse und Einzelheiten tauchen in Falladas Werk zu häufig auf, als dass sie als Produkt seiner Fantasie interpretiert werden könnten.* Vgl. hierzu auch: Studnitz 1997: Rausch, S. 7.
3 Binswanger, Otto: Ärztliches Gutachten, Jena 31.12.1911. HFA, Nr. 59.
4 Ebenda, das Zitat stammt von Wilhelm Ditzen.
5 Vgl. Williams, Jenny: Mehr Leben als eins. Hans Fallada. Biographie, Berlin 2002. K = Williams 2002: Leben.
6 Vgl. Schuster, Gerhard: Sie bleiben für mich der Unverlierbare und Unvergessbare. Egmont Seyerlen (1889-1972) (Spuren 18) Marbach am Neckar, 1992, S.10 ff. K = Schuster 1992: Egmont Seyerlen.
7 Fallada Hans: Briefwechsel mit Verlagen 1912-22. Vgl. Dokument 205/01 dla-marbach.
8 Dokument 207/01 vom 14.7.1917, dla-marbach.
9 Dokument 208/01 vom 13.4.1917, dla-marbach.
10 Dokument 209/01 vom 13.4.1917, dla-marbach.
11 Vgl. Dokument 206/01, dla-marbach.
12 Brief vom 27.5.1917, Leipzig nach Berlin, ohne Straßenangabe. Handschrift, 3,5 Seiten. *Da Anne Marie Seyerlen als Dänin die Deutsche Schrift von Rudolf Ditzen nicht entziffern konnte, schreibt er ab diesem Brief lateinische Buchstaben.*
13 Vgl. Dokument 204/01 vom 31.5.1917, dla-marbach.
14 Materna, Ingo; Ribbe, Wolfgang: Geschichte in Daten. Berlin München/Berlin 1997. K = Materna/Ribbe 1997: Geschichte.
15 Brief vom 2.6.1917, Berlin-Schöneberg, Akazienstraße 19,

nach Berlin, Kurfürstendamm 241/I. Stock. Handschrift, 1 Seite. *Es ist die Wohnung des Ehepaars B., bei dem Anne Marie Seyerlen seit 1916 lebt.*

16 Manthey, Jürgen: Hans Fallada in Selbstzeugnissen und Bilddokumenten, Reinbek bei Hamburg 1963. K = Manthey 1963: Fallada.

17 Brief vom 4.6.1917, Berlin-Schöneberg, Akazienstr., nach Berlin, Kurfürstendamm. Handschrift, 1 Seite.

18 Brief vom 4.6.1917, Berlin-Schöneberg, Akazienstr.19/II, nach Berlin, Kurfürstendamm. Handschrift, 1 Seite.

19 Brief vom 7.6.1917, Berlin-Schöneberg, Akazienstr. 19, nach Berlin, Kurfürstendamm. Handschrift, 1 Seite.

2. Ich bin dein Junge

1 Brief vom 8.6.1917, Berlin Schöneberg, Akazienstr. 19, zum Kurfürstendamm 241. Handschrift, 1 Seite. *Die Zieladresse ist nicht immer zu ermitteln, wenn, dann wird sie an dieser Stelle erwähnt.*

2 Brief o. D., (ca. 12. oder 13. Juni 1917) o. O., Handschrift, 1 Seite. *RD verwendete etappenweise die gleiche Anrede, in diesem Falle „Mi," Gleiches gilt für seine Unterschrift, in diesem Falle „Dein Du" oder mit „Deinem Du". Von Christine Steiner wurde der Brief mit der Nr. 6 versehen. Zur zeitlichen Einordnung: Im Vorbrief vom 8.6. spricht RD davon, AS am Sonntag nicht zu sehen, wenn man also mindestens zwei Tage hinzuzählt, so wäre frühestens mit dem 10. oder 11. Juni zu rechnen. Inhaltlich lässt sich schlussfolgern, dass AS und RD getrennt von der Leipziger Reise nach Hause fuhren.*

3 Brief o. D., o. O., Handschrift, 1 Seite. 14.6.1917 *laut Christine Steiners Registratur, da sich der Brief in einem datierten Umschlag befand.*

4 Brief vom 25.6.1917, Berlin S.W. 11, Bernburgerstr. 15/16, zum Kurfürstendamm 241. Handschrift, 2 Seiten. *In der Bernburger Straße befindet sich die Kartoffelbaugesellschaft.*

5 Brief vom 28.6.1917, o. O., *aber RD erwähnt die Kartoffelbaugesellschaft, also Bernburger Straße, Handschrift, 2 1/2 Seiten. (Nur Name von AS auf dem Brief, also hinterlegt).*

6 Brief vom 1.7. 1917, Berlin. *(Nur Name von AS, also hinterlegt.) Die Briefbögen sind zusätzlich quer am Rand beschrieben, aber rückwärts laufend, sodass auf S. 1 der Abschlussgruß steht.*
Handschrift, 4 Seiten.

7 Vgl. Briefe von Adelaide Ditzen: Briefe an Dr. Tecklenburg, Tannenfeld, HFA Nr. 59.

3. Ich bin nicht der, den Du liebst

1 Brief vom 4.7.1917, Berlin-Schöneberg, zum Kurfürstendamm. Handschrift, 2 Seiten.

2 Vgl. Brief vom 5.7.1917, Berlin, Akazienstr., an den Kurfürstendamm 241. Handschrift, 5 Seiten, S. 4.

3 Brief vom 6.7.1917, Akazienstraße, nach Berlin, Kurfürstendamm, 241. Handschrift, 2 1/2 Seiten, S. 3.

4 Brief vom 5.7.1917, a. a. O., S. 2 f.
5 Liersch, Werner: Hans Fallada. Sein großes kleines Leben, erweiterte Neuausgabe, Berlin 1993. K = Liersch 1993: Fallada.
5 Brief vom 5.7.1917, Berlin, Akazienstr., zum Kurfürstendamm 241. Handschrift, 5 Seiten.
6 Brief vom 9.7.1917, Berlin-Schöneberg, zum Kurfürstendamm 241. Handschrift, 4 Seiten, Auszug auf S. 1 f.
7 Brief vom 9.7.1917, a. a. O., S. 2 f.
8 Ebenda, S. 2 f.
9 Ebenda, S. 3
10 Brief vom 16.7.1917, Berlin-Schöneberg, zum Kurfürstendamm. Handschrift, 3 Seiten, S.1.
11 Ebenda, S. 1 f.
12 Brief vom 17.7.1917, Berlin-Schöneberg, zum Kurfürstendamm. Handschrift, 1 Seite.
13 Brief vom 27.7.1917, Berlin-Schönberg, zum Kurfürstendamm. Handschrift, 4 Seiten.
14 Brief o. D., (ca. 29.7.1917) o. O., *aus dem Kontext geht hervor:* Timmendorf/Ostsee. Handschrift, 1 Seite.
15 Vgl. handschriftlicher Zettel o. D., vermutlich 30.7.1917, mit Sicherheit Timmendorf. Handschrift, 2 Zeilen.
16 Telegramm aus Stettin, nach Timmendorfer Strand, aufgegeben am 4.8.1917 um 5 Uhr 13, angekommen am 5.8. um 10 Uhr 50.
17 Brief vom 5. 8.1917, Stettin, nach Berlin. Handschrift, 1 Seite.
18 Vgl. Brief vom 6.8.1917, Berlin-Schöneberg, nach Berlin, Kurfürstendamm 241. Handschrift, 2 Seiten.
19 Vgl. Brief vom 7.8.1917, Berlin-Schöneberg, zum Kurfürstendamm. Handschrift, 4 Seiten. *Der Brief wurde von Ditzen mit einer kleinen 3 versehen.*
20 Brief vom 13.8.1917, Berlin-Schöneberg, zum Kurfürstendamm. Handschrift, 4 Seiten .
21 *Das Original des Briefes ist schwer zu lesen, da die Bögen zweiseitig beschrieben sind und sich die Rückseite als Spiegelschrift durchgedrückt hat. So ist nicht mehr zu erkennen, ob er D nur als Buchstaben gesetzt hat oder D. mit Punkt, was ebenso unpersönlich wie abschließend wäre.*
22 Brief vom 14.8.1917, o. O., zum Kurfürstendamm. Handschrift, 3 Seiten, *es folgt eine Fortsetzung am 15.8. im selben Brief,* Handschrift 1/2 Seite.

4. Ein Leben zu dritt in Mesopotamien

1 Brief vom 16.8.1917. Handschrift, 1 Seite.
2 Brief vom 17.8.1917, 9 Uhr 30 morgens, (Akazienstraße) zum Kurfürstendamm. Handschrift, 1 1/2 Seiten.
3 Brief vom 17.8.1917, 6 Uhr nachmittags, Akazienstraße, zum Kurfürstendamm. Handschrift, 3 Seiten.
4 Ebenda, 17.8.1917.
5 Brief vom 18.8.1917, 10 Uhr 30 vormittags, Akazienstraße, zum Kurfürstendamm. Handschrift, 4 Seiten.
6 Brief vom 18.8.1917, 5 Uhr nachmittags, Berlin-Schöneberg, zum

Kurfürstendamm. Handschrift, 4 Seiten.

7 Brief vom 19.8.1917, Berlin-Schöneberg, Akazienstraße, zum Kurfürstendamm. Handschrift, 1 1/4 Seite.

8 Brief vom 20.8.1917, Berlin-Schöneberg, Akazienstr., zum Kurfürstendamm. Handschrift, 1 Seite.

9 Brief vom 21.8.1917, (Brief Nr. 45 von RD vermerkt) Berlin-Schöneberg, Akazienstr. zum Kurfürstendamm. Handschrift, 3 Seiten.

10 Brief vom 24.8.1917, Berlin Schöneberg, zum Kurfürstendamm. Handschrift, 1 Seite, (handschriftlich von RD: No 46).

11 Brief vom 29.8.1917, Berlin-Schöneberg, zum Kurfürstendamm. Handschrift 1 1/2 Seiten.

12 Vgl. Caspar, Günter: Zu Falladas Frühwerk, in: Fallada Hans: Frühe Prosa, Bd. 2, Berlin und Weimar 1993, S. 423 ff.

13 Ebenda, S. 1 f.

14 Briefwechsel mit Verlagen 1912-22. Dokument 202/01, dla-marbach.

15 Brief vom 29.8.1917, Berlin-Schöneberg, zum Kurfürstendamm, Handschrift, 2 Seiten.

5. Liebe, liebe Miami, hilf mir

1 Brief vom 30.8.1917, Berlin, Akazienstraße, zum Kurfürstendamm. Handschrift, 1 Seite.

2 Fallada, Hans: Wie ich Schriftsteller wurde, erstmals 1946, hier: Fallada, Hans: Gesammelte Erzählungen, Braunschweig 1967. K = Fallada 1967: Schriftsteller.

3 Vgl. Caspar, Günter: Nachwort. In: Fallada, Hans: Der eiserne Gustav, Berlin und Weimar 1965. K = Caspar 1965: Gustav.

4 Vgl. Briefwechsel mit Verlagen 1912-1922. Dokument 206/01, dla-mar bach. *Ditzen war vom Verlag im April 1917 aufgefordert worden, sein Manuskript einzuschicken.*

5 Brief vom 11.9.1917, Berlin, zum Kurfürstendamm. Handschrift, 2 Seiten, sowie Brief o. D., o. O., vermutlich: 8. oder 10.9.1917, Handschrift, 1/2 Seite.

6 Vgl. Brief ca. 12.9.1917, Berlin-Wilmersdorf, Mainzerstraße 11, nach Berlin, Kurfürstendamm. Handschrift, 3 Seiten. *Vor das Tagesdatum hat Ditzen ein Fragezeichen gesetzt. Auf dem Briefumschlag steht 12.9.1917.*

7 Vgl. Brief vom 13.9.1917, Berlin, Mainzerstr., nach Berlin, Kurfürstendamm. Handschrift, 2.5 Seiten

8 Brief vom 10.10. 1917, Stettin, Werderstr. 31, Handschrift auf Briefkopf *Pommersche Saatzucht G.m.b.H.* nach Berlin, Kurfürstendamm. *Briefkopf stets durchgestrichen, aber Stettin nicht, dennoch geht aus dem Kontext hervor, dass D. in Berlin ist, außerdem trägt der Briefumschlag den Stempel Berlin.* Handschrift, 3 Seiten.

9 Brief vom 14.10. 1917, Berlin-Wilmersdorf, Mainzerstr. 11, zum Kurfürstendamm. Handschrift, 4 Seiten.

10 Brief vom 15.10.1917, Berlin-Wilmersdorf, nach Berlin, Kurfürstendamm. Handschrift, 1 Seite.

11 Brief vom 9.11.(1917) Berlin, Mainzerstraße, nach Berlin, Kurfürstendamm. Anschrift: *‚Mine söte Miami‘*, also hinterlegt. Handschrift,

4 Seiten
12 Brief vom 5.12.1917, Berlin, Mainzerstraße, zum Kurfürstendamm. Handschrift, 1 Seite.
13 Vgl. Brief vom 26.11.1917 und vom 3.12.1917.
14 Vgl. Brief vom 26.11.1917.
15 Brief vom 20.12.1917, o. O., (*aber ganz sicher aus Berlin*) nach Berlin, Kurfürstendamm. Handschrift, 2 Seiten.
16 Brief vom 21.12.1917, Berlin-Wilmersdorf, nach Berlin, Kurfürstendamm. Handschrift, 2 Seiten.
17 Ebenda, S. 1f.
18 Ebenda, S. 2.

6. Vater, Mutter und Sohn in Leipzig

1 Brief o. D. von Adelaide Ditzen an Dr. Tecklenburg, Tannenfeld *Der Brief ist von fremder Hand auf den 15.12.1917 datiert. Wie aus der uns vorliegenden Korrespondenz von Rudolf Ditzen und dem Kontext des Briefes von Tante Ada hervorgeht, kann er erst Ende Dezember 1917 geschrieben worden sein.* HFA, Nr. 59.
2 Brief vom 23.12.1917, Leipzig, Kaiser-Wilhelm-Str. 33, an Buchenstraße 3, Berlin W. 35, c/o Frau Fröhlich. Handschrift, 2 Seiten.
3 Brief vom 24.12.1917, Leipzig, an Buchenstraße 3, Berlin W. 35, c/o Frau Fröhlich. Handschrift, 1 Seite.
4 Brief vom 24.12.1917, Leipzig, an Buchenstraße 3, Berlin W. 35, c/o Frau Fröhlich. Handschrift, 2 Seiten. *Fortsetzung von Seite S. 2 ist links an Briefrand von S. 1 geschrieben, zusätzlich wurde S. 1 umgedreht und umgekehrt am Kopfende der Briefschluss verfasst. In diesem Falle, damit es den Lesefluss nicht behindert, wird der Text chronologisch transkribiert und auf eine Nennung der Seitenzahl verzichtet.*
5 Brief vom 21.12.1917, Berlin-Wilmersdorf, an den Kurfürstendamm. Handschrift, 2 Seiten
6 Brief vom 24.12.1917. *Vgl. Endnote 4.*
7 Brief vom 25.12.1917, Leipzig, an Buchenstraße 3, Berlin W. 35, c/o Frau Fröhlich. Handschrift, 2 Seiten. *Auch diesen Brief beschrieb Rudolf Ditzen am Rand, die Abschlusszeilen befinden sich auf S. 1. Der Text wird hier chronologisch zitiert.*
8 Brief vom 29.12.1917, Marburg - Lahn, c/o Lotte Fröhlich, Berlin W. 35, Buchenstraße 3. Handschrift, 2 Seiten.
9 Brief vom 3.7.1917 von Adelaide Ditzen an Dr. Tecklenburg, Tannenfeld HFA, Nr. 59.
10 Briefe o. D. von Adelaide Ditzen an Dr. Tecklenburg, Tannenfeld, HFA, Nr. 59. *Vgl. Endnote 1.*
11 Brief vom 6.1.1918 von Adelaide Ditzen, Marburg, an Dr. Tecklenburg, Tannenfeld, HFA, Nr. 59.
12 Brief vom 29.12.1917, Marburg/Lahn nach Berlin W 35, Buchenstraße, c/o Lotte Fröhlich. Handschrift, 2 Seiten.
13 Brief vom 28.12.1917, Karlsruhe (Bahnhof) nach Berlin, Buchenstraße, c/o Lotte Fröhlich. Handschrift, 2 Seiten.
14 Brief vom 15.12.1917 von Adelaide Ditzen an Dr. Tecklenburg, Tannenfeld,

HFA, Nr. 59.
15 Vgl. Briefe vom 15.12.1917 u. 3.3.1918 von Adelaide Ditzen an Dr. Tecklenburg, Tannenfeld, HFA, Nr. 59.
16 Brief vom 28.12.1917, Karlsruhe (Bahnhof) nach Berlin, Buchenstraße, c/o Lotte Fröhlich. Handschrift, 2 Seiten.
17 Brief vom 6.1.1918 von Adelaide Ditzen an Dr. Tecklenburg, Tannenfeld, HFA, Nr. 59.

7. Landwirtschaft oder Literatur ?

1 Fallada, Hans: Sachlicher Bericht über das Glück, ein Morphinist zu sein, in: Fallada, Hans: Drei Jahre kein Mensch. Erlebtes. Erfahrenes. Erfundenes. Geschichten aus dem Nachlass 1929 - 1944, herausgegeben von Günter Caspar, Berlin 1997.
2 Brief vom 8.1.1918, Berlin, zum Kurfürstendamm. Handschrift, 4 Seiten, S. 1. *Ditzen hat vermutlich den Brief über mindestens zwei Tage geschrieben, denn am Anfang spricht er von ‚gestern', auf S. 2 von Dienstag. Beim Datieren war ihm ein Fehler unterlaufen. Ursprünglich hatte er 1917 geschrieben, dies aber mit starkem Bleistift auf 1918 verändert. Es ist auch möglich, dass AS die Korrektur vornahm. Im Januar 1917 kannte RD Anne Marie Seyerlen noch nicht.*
3 Ebenda, S. 1f.
4 Vgl. hierzu Brief vom 21.12.1917, zitiert in Kapitel 6.
5 Brief vom 8.1.1918, a. a. O., S. 3f.
6 Ebenda, S. 4.
7 Ebenda, S. 4, *Hervorhebungen von Rudolf Ditzen.*
8 Vgl. Brief, o. O., o. D. Handschrift, 1 Seite, *vermutlich geschrieben Mitte Januar 1918. Für diese Vermutung spricht neben der Nummerierung durch AS auch die (unterstellte) Drogenschrift und die Fortsetzung der Erotikdebatte sowie ein Hinweis auf den baldigen Frühling. Wortgenau wiederholt RD zudem sein dreifaches Du im Brieftext, das im Vorbrief als Unterschrift diente. Eine dreimal wiederholte Abschiedsfloskel ist gleichfalls im Vorbrief zu finden. Sie beginnt ebenfalls mit dem Buchstaben ‚D', verwendet beim Anschlussbrief aber andere Worte.*
9 Brief vom 25.12.1917, S. 2., zitiert in Kapitel 6.
10 Brief vom 30.1.1918 von Wilhelm Ditzen, Leipzig, an Dr. Tecklenburg, Tannenfeld. HFA, Nr. 59.
11 Brief vom 31.1.1918 von Wilhelm Ditzen, Leipzig, an Dr. Tecklenburg, Tannenfeld. HFA, Nr. 59.
12 Brief vom 3.3.1918 von Adelaide Ditzen, Marburg, an Dr. Tecklenburg, Tannenfeld. HFA, Nr. 59.
13 Brief vom 14.5.1918 von Wilhelm Ditzen, Leipzig, an Dr. Tecklenburg, Tannenfeld, Handschrift,1 3/4 Seiten. *Hervorhebung von Wilhelm Ditzen.* HFA, Nr. 59.
14 Brief vom 12.5.1918 von Rudolf Ditzen, an Dr. Tecklenburg, Tannenfeld S. 1., HFA, Nr. 59.
15 Brief vom 15.5.1918 von Dr. Tecklenburg, Tannenfeld, an Rudolf Ditzen, S. 1., HFA, Nr. 59.
16 Brief vom 19.5.1918 von Wilhelm Ditzen, Leipzig, an Dr. Tecklenburg,

Tannenfeld. HFA, Nr. 59.

17 Brief vom 22.5.1918. von Rudolf Ditzen, Wilmersdorf, Mainzerstr.11, an Dr. Tecklenburg, Tannenfeld. Schreibmaschine, 2 Seiten. HFA, Nr. 590.

8. Alle könnten sterben, das würde mich nicht rühren

1 Brief vom 1.7.1918, Nr. 1, o. O., Handschrift, *Nummerierung von RD.*

2 Brief vom 2.7.1918, Nr. 2, o. O., o. D., mit datiertem Umschlag. Handschrift, 4 Seiten, *Nummerierung von RD. Überschrieben: ‚Du-Miami-Dein', Briefe vermutlich hinterlegt oder als Konvolut verschickt. Zitat S. 2.*

3 Brief o. O., o. D., mit datierten Umschlag vom 3.7.1918. Handschrift, 2 Seiten, S. 1. *Dieser Brief wurde - er ist nicht nummeriert - von Ditzen entweder später im Konvolut verschickt oder bei den B.s abgegeben.*

4 Brief vom 2.7.1918, Nr. 2, o. D., o. O., mit datiertem Umschlag, 1 Seite, *Nummerierung von RD.*

5 Brief, o. D., aber vermutlich 3.7.1918, mit adresslosem Umschlag, darauf stehend ‚Annia'. Handschrift, 2 Seiten, S. 2. *Der Brief konnte nachdatiert werden, da sowohl Zehoperation von Rudolf Ditzen als auch die Reise von Anne Marie Seyerlen in anderen, datierten Briefen erwähnt wurden.*

6 Brief vom 4.7.1918, Nr. 3, Handschrift, 2 Seiten, *Nummerierung von RD.*

7 Brief vom 4.7.1918, Nr. 4, Handschrift, 1 Seite, mit adresslosem Umschlag, mit Datum, *Nummerierung von RD. Aufschrift auf dem Umschlag: Abendglanz an einem einsamen Tage, an dem ich von Dir träumte.*

8 Brief vom 23.7.1918, Nr. 1, Berlin-Wilmersdorf, Mainzerstr. 11, nach Loschwitz bei Dresden, Sanatorium am Königspark. Eilbrief mit Umschlag. Schreibmaschine und Handschrift, 4 Seiten. *Ditzen beginnt mit diesem Brief eine neue Nummerierung, da es sich bei den vorangegangenen Briefen offensichtlich um hinterlegte oder überbrachte in den Kurfürsten damm gehandelt hat. Auch wenn Ditzen eindeutig aus der Mainzerstr. 8 schreibt, gibt er stets als Adresse seine Wohnung in der Mainzerstr. 11 an.*

9 Brief vom 24.7.1918, Nr. 4, Berlin-Wilmersdorf nach Loschwitz. Handschrift, 2 Seiten, S. 2, *Nummerierung von RD.*

10 Ebenda.

11 Brief vom 24.7.1918, Brief Nr. 5, Berlin-Wilmersdorf nach Loschwitz. Handschrift, 2 Seiten, *Nummerierung von RD.*

12 Brief vom 26.7.1918, Nr. 9, Berlin-Wilmersdorf nach Loschwitz bei Dresden, Sanatorium am Königspark. Handschrift, 3,5 Seiten. *Nummerierung und Hervorhebung von RD. Brief Nr. 9 wird vor Brief Nr. 8 gestellt, Ditzen irrte sich nicht im Datum, aber in der Nummerierung, setzte daher auch ein Fragezeichen hinter die Nr. 9.*

13 Brief vom 25.7.1918, Nr. 7, Berlin-Wilmersdorf, Mainzerstr. 11, nach Loschwitz, Handschrift, 4 Seiten, *Nummerierung und Hervorhebung von RD.*

14 Brief vom 26.7.1918, Nr. 9, Berlin-Wilmersdorf nach Loschwitz bei Dresden, Sanatorium am Königspark. Handschrift, 3.5 Seiten. S. 3f., *Nummerierung und Hervorhebung von RD.*

15 Brief vom 27.7.1918, Nr. 8, Berlin-Wilmersdorf, Mainzerstr. 11, nach

Loschwitz. Handschrift, 1 Seite. Dem Datum nach kommt Brief Nr. 9 (26.7.1918) vor diesen hier. *RD hat sich in der Nummerierung geirrt.*

16 Brief vom 27.7.1918, Nr. 10, Berlin-Wilmersdorf, Mainzerstr. 11, nach Loschwitz. Handschrift, 1 Seite, *Nummerierung von RD.*

17 Ebenda.

18 Brief vom 27.7.1918, Nr. 11, Berlin-Wilmersdorf, Mainzerstr. 11, nach Loschwitz. *Nummerierung von RD.*

19 Ebenda.

20 Brief vom 27.7.1918, Nr. 12, Berlin-Wilmersdorf nach Loschwitz. Schreibmaschine, 3 Seiten, S. 3, *Nummerierung von RD. Der Übergang von S. 2 auf S. 3 ist unverständlich, vermutlich fehlt eine Seite.*

21 Fallada, Hans: Der junge Goedeschal, erstmals 1920, hier in: Fallada, Hans: Frühe Prosa, herausgegeben von Günter Caspar, Berlin und Weimar 1993, Bd. I.

22 Brief vom 28.7.1918, Nr. 13, Berlin-Wilmersdorf, Mainzerstr. 11, nach Loschwitz. Handschrift, 2 Seiten, S. 2, *Nummerierung von RD.*

9. Ich habe erreicht, was nötig war, und wenn sie auch trotzen

1 Brief vom 29.7.1918, Nr.14, Berlin-Wilmersdorf, Mainzerstr. 11, nach Loschwitz. Handschrift, 6 Seiten, *Nummerierung und Hervorhebung von RD.*

2 Ebenda.

3 Brief vom 29.7.1918, Berlin-Wilmersdorf, Mainzerstr. 11, nach Loschwitz. Schreibmaschine, 2 Seiten, *mit handschriftlichem Zusatz am Rand.*

4 Brief vom 1.8.1918, Nr. 20, Berlin-Wilmersdorf, Mainzerstr. 11, nach Loschwitz. Schreibmaschine, 2 Seiten, *Nummerierung von RD.*

5 Brief vom 30.7.1918, Nr. 17, Berlin-Wilmersdorf, Mainzerstr. 11, nach Loschwitz. Handschrift, 2 Seiten, Zitat S. 2, *Nummerierung von RD.*

6 Ebenda S. 1f.

7 Brief vom 30.7.1918, Nr. 18, Berlin-Wilmersdorf, Mainzerstr. 11, nach Loschwitz. Schreibmaschine mit handschriftlichen Ergänzungen am Rand, 2 Seiten, *Nummerierung und Hervorhebungen von RD.*

8 Arbeitszeugnis der Kartoffelbaugesellschaft m.b.H Berlin 15.11.1916 bis 1.8.1918. Schreibmaschine, handschriftliche Unterschriften. Der Briefkopf ist vorgedruckt. HFA, Nr. 147.

9 Brief vom 1.8.1918, Nr. 20, Berlin-Wilmersdorf, Mainzerstr. 11, nach Loschwitz. Schreibmaschine, 2 Seiten, Zitat von Seite 1, *Nummerierung von RD.*

10 Brief vom 1.8.1918, Nr. 22, Berlin-Wilmersdorf, Mainzerstr. 11, nach Loschwitz. Schreibmaschine 1/2 Seite. *Nummerierung von RD.*

11 Brief vom 2.8.1918, Berlin-Wilmersdorf, Mainzerstr. 11, nach Loschwitz. Handschrift, 2 Seiten.

12 Ebenda.

13 Brief vom 2.8.1918, Nr. 24, Berlin-Wilmersdorf, Mainzerstr. 11, nach Loschwitz. Schreibmaschine und handschriftliche Zusätze. *Nummerierung und Hervorhebung von RD.*

14 Brief vom 3.8.1918, Nr. 25, Berlin-Wilmersdorf, Mainzerstr. 11, nach Loschwitz. Handschrift, 1 Seite, *Nummerierung von RD.*
15 Brief vom 6.8.1918, Nr. 28, Berlin-Wilmersdorf, Mainzerstr. 11, nach Loschwitz. Handschrift, 1 Seite, *Nummerierung und Hervorhebung von RD.*
16 Vgl. Brief vom 7.8.1918, Berlin-Wilmersdorf, Mainzerstr. 11, nach Loschwitz. Handschrift, 1 Seite.
17 Brief vom 8.8.1918, Berlin-Wilmersdorf nach Loschwitz, per Eilboten. Handschrift, 1/2 Seite.
18 Wilhelm Ditzen: Vertrag vom 7.8.1918, Leipzig. Handschrift, 2 Seiten. Dokument Nr. 198c-d/01, dla-marbach.

10. Reisepelz oder Ballonmütze?

1 HFA, Nr. 299.
2 Fallada, Hans: Damals bei uns Daheim. Erlebtes, Erfahrenes und Erfundenes, erstmals 1941, hier: Stuttgart, Februar 1959. K = Fallada 1959: Damals.
3 Brief vom 20.12.1918 von Adelaide Ditzen, aus Marburg, an Dr. Tecklenburg, Tannenfeld, HFA, Nr. 59.
4 Brief vom 19.10.1918, Domäne Baumgarten bei Dramburg, nach Berlin-Dahlem, Max-Eyth-Straße 22/24, *mitunter auch 20/24 adressiert, die neue Wohnung der B.s, in die Anne Marie Seyerlen gleichfalls wieder mit einzog.*
5 Brief vom 13.10.1918, Domäne Baumgarten bei Dramburg/Pommern, nach Berlin. Schreibmaschine, 2 Seiten, S.1.
6 Ebenda, S. 1f.
7 Ebenda, S. 2.
8 Ebenda.
9 Brief vom 14.10.1918, Domäne Baumgarten bei Dramburg /Pommern, nach Berlin. (?). Schreibmaschine, 2 Seiten.
10 Ebenda, S. 2.
11 Brief vom 16.10.1918, Domäne Baumgarten bei Dramburg/Pommern. Schreibmaschine, 2 3/4 Seiten.
12 Ebenda, S. 2.
13 Brief vom 18.10.1918, Domäne Baumgarten nach Berlin. Schreibmaschine, 2 Seiten, S. 2.
14 Ebenda, S. 1f.
15 Ebenda, S. 2.
16 Brief o. D. (ca. November/Dezember 1918), o. O., Handschrift, 1 Seite. *Der Brief ist aufgrund ähnlichen Briefpapiers sowie aufgrund des erwähnten halben Schriftstellerjahres annähernd zu datieren. Unterschrift: ‚Dein'.*
17 Brief, o. D. (ca. November/Dezember 1918), o. O., Schreibmaschine. *Für die Datierung spricht neben dem Inhalt auch Ditzens Verweis auf seinen Standpunkt von vor 1 1/2 Jahren , der in unserem Briefauszug nicht wörtlich zitiert wird.*
18 Zettel, Handschrift, *die Unterschrift ‚Dein' weist zudem auf eine zeitliche Parallele zu den November/Dezember-Briefen von 1918 hin.*

19 Brief vom 27.12.1918, o. O., aber mit Sicherheit Berlin. Handschrift, 1/2 Seite.
20 Brief vom 19.10.1918, Domäne Baumgarten bei Dramburg/Pommern nach Berlin, Max-Eyth-Straße. Schreibmaschine, 2 Seiten.
21 Fricke, Dieter (Hrsg.) Deutsche Demokraten 1830 bis 1945, Köln 1981. K = Fricke 1981: Demokraten.
22 Beerfelde, Hauptmann a. D.: Michel, wach auf! Ein Mahnruf an das Deutsche Volk. (Flugschriften des Bundes Neues Vaterland, Nr.1), Berlin 1918.
23 Brief vom 20.12.1918 von Adelaide Ditzen an Dr. Tecklenburg. Hans-Fallada-Archiv-Feldberg, Nr. 59.
24 Brief vom 2.4.1919 von Wilhelm Ditzen, Leipzig, an Rudolf Ditzen. Fallada, Hans: Briefwechsel, Registriernr. 198 a bis b, dla-marbach. *Da Wilhelm Ditzen sich auf einen Brief von Rudolf bezieht, der „vor Wochen geschrieben" wurde, ist das Zitat in diesem Zusammenhang legitim.*

11. Der goldene Schuss

1 Brief o. D., Berlin, Mainzerstr. 11, nach Berlin, Max-Eyth-Straße. Handschrift, 2 1/2 Seiten. *Das Datum dieses Briefes ist nach Ditzens eigenen Angaben im Folgebrief der Donnerstag, 30.1.1919.*
2 Anne Marie Förg an Jürgen Manthey, a. a. O. *Anne Marie Seyerlen hieß in dritter Ehe Förg.*
3 Brief vom 3.2.1919, o. O., jedoch mit Bestimmtheit Berlin, Mainzerstr. 11, nach Berlin, Max-Eyth-Straße 20/22, Handschrift, 6 Seiten.
4 Vgl. Brief vom 20.12.1918 von Adelaide Ditzen an Dr. Tecklenburg, Tannenfeld, HFA, Nr.59.

12. Wenn das so weiter geht, ziehe ich mein Buch zurück

1 Schreibmaschine, *die beiden Unterschriften von Rudolf Ditzen und Anne Marie Seyerlen sind handschriftlich.* HFA, Nr. 158.
2 Registriernr. 198 ab bis b/ 01. dla-marbach.
3 Vorsatzblatt im Privatbesitz. *Ohne Nummerierung durch Anne Marie Seyerlen oder Christine Steiner.*
4 Fallada, Hans: Briefwechsel mit Verlagen, Aktenvermerk von Hans Fallada am 15.5.1919. dla-marbach.
5 Brief vom 19.5.1918 von Wilhelm Ditzen, Leipzig, an Dr. Tecklenburg, Tannenfeld. HFA, Nr. 59.
6 Brüder Grimm: Die schönsten Kinder- und Hausmärchen, Bd. 1. 5. Auflage, Rastatt 1988, S. 276.
7 Fallada, Hans: Briefwechsel mit Verlagen. dla-marbach.
8 Brief vom 31.7. 1919, Berlin-Wilmersdorf, nach Berlin. Handschrift, 1 Seite.
9 Briefentwurf, geschrieben zwischen dem 1.8. und 21.8.1919. *Da RD am 23.8.1919 auf diesen Brief einging. Dieser Brief wurde von Christine Steiner vorgelesen, Bandmitschnitt.*

10 Telegramm vom 15.8.1919. HFA, Nr. 59.
11 Hausprospekt. HFA, Nr. 59.
12 Brief vom 15.8.1919 Berlin/Wilmersdorf an Dr. Tecklenburg, Tannenfeld. HFA, Nr. 59.
13 Vgl. Brief vom 22.8.1919 von Adelaide Ditzen, Marburg/Lahn, an Dr. Tecklenburg, Tannenfeld, HFA Nr. 59
14 Brief vom 28.8.1919, Tannenfeld bei Nöbdenitz nach Berlin-Dahlem, Handschrift, eine Seite.
15 Brief vom 24.8.1919 von Wilhelm Ditzen, Leipzig, an Dr. Tecklenburg, Tannenfeld bei Nöbdenitz. HFA, Nr. 59.
16 Brief vom 7.9.1919 von Dr. Arthur Tecklenburg, Tannenfeld, an Wilhelm Ditzen, Leipzig. HFA, Nr. 59.
17 Brief vom 5.9.1919 aus Tannenfeld bei Nöbdenitz, nach Berlin. Handschrift, 1 Seite.
18 Vgl. Brief vom 18.9.1919 von Dr. Arthur Tecklenburg, Tannenfeld, an Wilhelm Ditzen, Leipzig. HFA, Nr. 59.
19 Vgl. Brief vom 24.9.1919 von Wilhelm Ditzen, Leipzig, an Dr. Tecklenburg, Tannenfeld. HFA , Nr. 59.
20 Brief vom 29.9.1919 von Dr. Arthur Tecklenburg, Tannenfeld, an Wilhelm Ditzen, Leipzig. HFA, Nr. 59.
21 Brief vom 4.11.1919 von Paul Mayer, Berlin, an Rudolf Ditzen nach Carlsfeld. dla-marbach, a. a. O.
22 Brief vom 2.12.1919, Asyl Carslfeld, Post Brehna, Bezirk Halle a. d. S., nach Berlin-Dahlem, Max-Eyth-Straße. Handschrift, 1/2 Seite *mit Briefumschlag, per Eilbrief,* mit Beibrief von Sanitätsrat Dr. A. Schmidt, Asyl Carlsfeld.

13. Die Rückkehr in eine Irrenanstalt ?

1 Brief vom 15.2.1920, Carlsfeld bei Brehna/Bezirk Halle, nach Berlin. Handschrift, 1 Seite.
2 Brief vom 7.4.1920, Carlsfeld/Brehna per Einschreiben, nach Berlin, Max-Eyth-Straße. Handschrift, 1/4 Seite.
3 Anne Marie Förg, an Jürgen Manthey, a. a. O.
4 Brief vom 1.5.1920. Registriernummer 138/01, dla-marbach.
5 Brief vom 16. oder 26. Juni 1920, Krafts Hotel, Dramburg in Pommern, nach Hachtsee/ Oberbayern. Handschrift, 1 Seite. *Ditzen hat das Datum seines Briefes so undeutlich korrigiert, dass nicht mehr zu erkennen ist, ob es sich um den 16. oder den 26. Juni handelt.*
6 Vgl. Brief vom 16.6.1920, Krafts Hotel in Dramburg/Pommern, an Dr. Mayer und Ernst Rowohlt, Berlin. Registriernummer 135a/01.dla-marbach.
7 Brief vom 24.12.1920, Gudderitz bei Altenkirchen, Insel Rügen, nach Hachtsee/Oberbayern. Handschrift, 1/4 Seite.
8 Brief vom 21.8.1921, Rostock, Friedrich-Franzstr. 74, bei Burchard nach Hachtsee, Oberbayern. Handschrift, 2 Seiten.
9 Brief vom 16.9.1921, Stralsund, Mönchstraße 12, nach Hachtsee/Oberbayern. Handschrift, 1 1/2 Seiten.
10 Brief vom 19.9.1921, Stralsund, Mönchstraße 12, nach Hachtsee. Handschrift, 1 Seite.

11 Brief vom 20.9.1921, Stralsund, Mönchstr. 12, nach Hachtsee. Handschrift, 1 Seite.

12 Brief vom 30.9.1921, Stralsund, Mönchstr. 12, nach Hachtsee. Handschrift, 1/2 Seite.

14. Ich habe natürlich stets gewusst ...

1 Brief vom 2.4.1931, Neuenhagen bei Berlin, Grüner Winkel 10, nach Hachtsee. Schreibmaschine, 1 Seite, mit handschriftlicher Notiz am linken Seitenrand.

2 Brief vom 8.5.1932, Neuenhagen bei Berlin, Grüner Winkel 10, nach Hachtsee. Schreibmaschine, 1/2 Seite.

3 Brief vom 31.5.1932, Neuenhagen bei Berlin, Grüner Winkel 10, nach Hachtsee. Schreibmaschine, 1 Seite, *beigefügt ein Foto von Ditzens zweijährigem Sohn Uli mit einem Teddybären im Arm.*

4 Brief vom 22.8.1932, Neuenhagen bei Berlin, Grüner Winkel 10, nach Hachtsee. Schreibmaschine, 1 Seite.

5 Brief vom 6.9.1932, Neuenhagen bei Berlin, Grüner Winkel 10, nach Hachtsee. Schreibmaschine, 1 Seite.

6 Fallada, Hans: Heute bei uns zu Haus, erstmals 1943, hier: Reinbek bei Hamburg 1966, S. 26. K: Fallada 1966: Heute.

7 Brief vom 22.7.1933, Hans Fallada an die Eltern, zitiert in: Lange, Sabine: Im Meckelnbörgischen, in der Welteneinsamkeit. Hans Fallada in Carwitz und Feldberg (1933-1945), Neubrandenburg 1995, S. 24. K= Lange, 1995.

8 Brief vom 19.4.1934, Carwitz, Post Feldberg, nach Hachtsee. Schreibmaschine, 1 Seite, *Unterstreichung von RD.*

9 Brief vom 13.8.1917, Berlin-Schöneberg, zum Kurfürstendamm. Handschrift, 4 Seiten.

Zeittafel

In dieser Übersicht werden nur die wichtigsten Daten im Leben von Rudolf Ditzen (Hans Fallada) und Anne Marie Seyerlen angeführt. Falladas Werke werden in einer Auswahl angegeben. Das Datum bezieht sich auf das Erscheinungsjahr der Erstausgabe. Auch die geschichtlichen Daten erheben keinen Anspruch auf Vollständigkeit. Sie werden vor allem dort angeführt, wo sie einen direkten oder indirekten Einfluß auf Falladas Biographie haben.

1885
(7.4.) Anne Marie Knudsen in Askov/Jütland (Dänemark) geboren.

1889
(23.11.) Rolf Oskar Egmont Seyerlen in Stuttgart geboren.

1893
(21.7.) Geburt von Rudolf Ditzen in Greifswald. Rudolf hat zwei ältere Schwestern: Margarete und Elisabeth, 1896 wird der jüngere Bruder Ulrich geboren.

1899
Vater Wilhelm Ditzen wird zum Kammergerichtsrat berufen und zieht mit seiner Familie nach Berlin.
Einschulung von Rudolf Ditzen auf dem Prinz-Heinrich-Gymnasium in Berlin-Schöneberg.

1906
Schulwechsel von Rudolf an das Bismarck-Gymnasium in Berlin-Wilmersdorf.

1907
Anne Marie Knudsen studiert Gesang in Berlin.

1909
Nach Berufung des Vaters zum Reichsgerichtsrat (1908) Umzug der Familie Ditzen nach Leipzig, wo der Vater am Reichsgerichtshof arbeitet. Rudolf Ditzen besucht dort das Königin-

Carola-Gymnasium. April: Lebensgefährlicher Fahrradunfall und fast einjährige Krankheit.

1909/1910
Egmont Seyerlen, Student der Kunstwissenschaft und Ökonomie lernt Anne Marie Knudsen kennen. Sie heiraten.

Geschichte: Theobald v. Bethmann-Hollweg wird deutscher Reichskanzler.

1910
Wandervogel-Fahrt nach Holland. Rudolf Ditzen infiziert sich mit Typhus und ist monatelang krank.

1911
Nachdem aufgedeckt wird, dass Rudolf einem Mädchen aus der Nachbarschaft obszöne, anonyme Briefe schrieb, ist er selbstmordgefährdet. Depressionen und Krisen mit den Eltern; Rudolf Ditzen wird bei Verwandten in Mariensee bei Hannover untergebracht, wo sich seine Depressionen verschärfen. Mai-Juni: Sanatorium in Bad Berka bei Jena. Juli-Oktober: Schulbesuch des Fürstlichen Gymnasiums in Rudolstadt/Thüringen.
(17.10.) Rudolf Ditzen erschießt seinen Freund Hanns Dietrich von Necker in einem fingierten Duell, das ein Selbstmordversuch der beiden Schüler war. Ditzen überlebt schwerverletzt. Verhaftung und Anklage wegen Mordes; psychiatrische Untersuchung in der Universität Jena.

1911-1913
Anne Marie Seyerlen zusammen mit ihrem Mann Egmont in Florenz. Dort schreibt er seinen Roman *Die schmerzliche Scham*, der ein großer Erfolg wird.

1912
Rudolf Ditzen wird für unzurechnungsfähig (§ 51) erklärt und in die geschlossene Heil- und Pflegeanstalt für Nerven- und Gemütskranke (Privatsanatorium) in Tannenfeld bei Jena eingewiesen. Dort systematische Betreuung und Fortbildung durch die Schwester des Vaters, Adelaide Ditzen (Tante Ada). Literarische Übersetzungen unter ihrer Anleitung.

Geschichte: Erneuerung des Dreibundes zwischen Deutschland, Österreich und Italien. Deutsche Sozialdemokraten werden mit 110 Sitzen stärkste Fraktion im Reichstag.

1913

Nach der bedingten Entlassung aus der Nervenheilanstalt ab August Landwirtschaftslehrling (Gutseleve) auf Rittergut Posterstein bei Nöbdenitz/Sachsen.

1914

Geschichte: Beginn des 1.Weltkrieges nach dem Mord am österreichischen Thronfolger im Juni 1914 durch einen serbischen Nationalisten.

Egmont Seyerlen, der zusammen mit seiner Frau bei ihren Verwandten in Dänemark ist, kehrt nach Berlin zurück, Anne Marie folgt ihm nach zwei Monaten. Das Ehepaar zieht in die Händelstraße. Egmont meldet sich als Kriegsfreiwilliger und wird bei Berlin ausgebildet.
Rudolf Ditzens Soldatenzeit als Kriegsfreiwilliger beim Train in Leipzig endet nach elf Tagen, er wird als untauglich für jede Art Militärdienst eingestuft. Er kehrt auf das Rittergut Posterstein zurück.

1915

Ab August arbeitet Rudolf Ditzen als Gutsangestellter in Heydebreck/Hinterpommern.
Egmont Seyerlen zieht in den Krieg. Anne Marie lernt die Bildhauerin Lotte Fröhlich kennen. In deren Antiquitätengeschäft verkauft sie wertvolle Möbel von sich und Egmont. Bei Lotte Fröhlich begegnet sie dem Ehepaar Hugo und Toni B.

Geschichte: Winterschlacht in Masuren: 100.000 russische Soldaten gehen in Gefangenschaft. Erste Gasangriffe der Deutschen an der Westfront. Verschärfter U-Boot-Krieg. Luftangriffe auf Paris. Ausweitung des Krieges.

1916

Rudolf Ditzen arbeitet als Assistent bei der Landwirtschaftskammer in Stettin, ab Oktober wissenschaftlicher Hilfsarbeiter der Kartoffelbaugesellschaft in Berlin.

Anne Marie Seyerlen zieht in Berlin zu den B.s in den Kurfürstendamm, wo sie offensichtlich eine kleine Einliegerwohnung in deren Haus bekommt.

Geschichte: Schwere Kämpfe um Verdun: Gaskrieg an allen Fronten. Rosa Luxemburg und Karl Liebknecht gründen den linksradikalen Spartakusbund. Rüben- und Hungerwinter.

1917

Rudolf Ditzen verlobt sich mit der Buchhalterin Hedwig Jagusch. Im Mai lernt er bei Lotte Fröhlich Anne Marie Seyerlen kennen. Die Beziehung wird bei einer gemeinsamen Reise nach Leipzig enger. Anne Marie Seyerlen rät Rudolf Ditzen, sich seine traumatische Vergangenheit von der Seele zu schreiben.
(24.8.) Beginn mit der Arbeit am Roman, den er später *Der junge Goedeschal* nennen wird. Spätestens im Juli löst Ditzen seine Verlobung mit Hedwig Jagusch auf. Ab Mitte Juli mehren sich Anzeichen, dass Ditzen vermutlich Morphium nimmt. Zusammen mit Anne Marie auf einer einwöchigen Reise in Timmendorf/Ostsee. Intensive Phase der Beziehung. Anne Marie Seyerlen versucht in den Folgemonaten erfolglos, sich von Rudolf Ditzen zu trennen.

Geschichte: Hungersnot in Deutschland. Die USA erklären dem Deutschen Reich den Krieg und mobilisieren 1,7 Millionen Soldaten. Uneingeschränkter deutscher U-Bootkrieg; Meuterei in deutscher Flotte niedergeschlagen. Deutsche Luftangriffe auf Großbritannien.

1918

Krise und halbjährige Korrespondenzpause zwischen Anne Marie und Rudolf. Erneut Anzeichen von Morphium-Missbrauch. Die erste Fassung des Romans wird im März abgeschlossen und sofort eine neue begonnen. Anne Marie zusammen mit Toni B. und deren Kindern im Sanatorium Loschwitz. Bei Anne Marie besteht Verdacht auf Tuberkulose. Sie leidet zudem unter schweren Depressionen. Ditzen schickt bis zu drei lange Briefe pro Tag nach Loschwitz. Ausscheiden von Rudolf Ditzen aus der Kartoffelbaugesellschaft, um ein vom Vater finanziertes schriftstellerisches Probejahr durchzuführen. Pensionierung des Vaters. Ditzen arbeitet für Egmont Seyerlen und unterstützt den in Konstantinopel stationierten Egmont bei nicht näher bekannten geschäftlichen Transaktionen. Rudolfs jüngerer Bruder Ulrich fällt in Frankreich. Korrigierte Fassung *Der junge Goedeschal* abgeschlossen.

Geschichte: Novemberrevolution in Deutschland: Meuterei der Matrosen in Kiel, Revolutionskämpfe in Berlin und München. Prinz Max von Baden verkündet als Reichskanzler die Abdankung des deutschen Kaisers; Wilhelm II. und der Kronprinz emigrieren nach Holland. Ausrufung der Räterepublik in Deutschland durch den Sozialisten Karl Liebknecht, zugleich Ausrufung der Republik durch den Sozialdemokraten Philipp Scheidemann. Kongress der Arbeiter- und Soldatenräte überträgt vollziehende Gewalt auf Volksbeauftragte unter dem Sozialdemokraten Friedrich Ebert; Hugo Preuß entwirft die Weimarer Verfassung. Gründung der Kommunistischen Partei Deutschlands. Franz Seldte gründet den monarchistischen ‚Stahlhelm'-Bund.

Zusammen mit einem seiner ehemaligen Vorgesetzten in der Kartoffelbaugesellschaft, Hans-Georg von Beerfelde, scheint Rudolf Ditzen an der November-Revolution aktiv auf Seiten der Arbeiter- und Soldatenräte beteiligt gewesen zu sein. Krisenhafte Beziehung zwischen Anne Marie Seyerlen und Rudolf Ditzen. Trennungsversuche auf beiden Seiten.

1919
(30.1.) Selbstmordversuch Rudolf Ditzens vermutlich mit einer Überdosis Morphium. Langer Brief zur Begründung dieses Schrittes an Anne Marie Seyerlen. Egmont kehrt im April aus der Türkei zurück. Er und Anne Marie lassen sich scheiden. Egmont vermittelt die 2. Fassung des Romans *Der junge Goedeschal* an den Verleger Ernst Rowohlt, der den Roman veröffentlichen will, wenn das Manuskript um 50 Seiten gekürzt wird. Ditzen lässt als Künstlernamen und Pseudonym Hans Fallada amtlich eintragen. Der Briefkontakt zu Anne Marie beschränkt sich nur noch auf wenige Mitteilungen. Ditzen fährt zu Freund Kagelmacher, der die Domäne Baumgarten bei Dramburg/Pommern bewirtschaftet. Ab August Morphiumentziehungskur von Rudolf Ditzen im Privatsanatorium Tannenfeld und in Carlsfeld bei Halle. Bei beiden Sanatoriumsaufenthalten erfolgloser Versuch des Entzuges.

Geschichte: Generalstreik und Aufstand des linksradikalen Spartakusbundes unter Rosa Luxemburg und Karl Liebknecht in Berlin. Der Sozialdemokrat Gustav Noske wird Oberbefehlshaber aller Truppen in Berlin und wirft den Aufstand nieder. Rechtsradikale Offiziere ermorden Rosa Luxemburg und Karl Liebknecht. Räteregierung in München durch Militär gestürzt. Kommunistische Regierung durch Reichswehr und Sozialdemokraten gestürzt. Regierung der Volksbeauftragten übergibt Macht an neugewählte deutsche Nationalversammlung, der Sozialdemokrat Friedrich Ebert wird erster Reichspräsident; Weimarer Verfassung ratifiziert: Demokratisch-republikanische Regierungsform. Unterzeichnung des Friedensvertrages von Versailles.

1920
Annemarie Seyerlen heiratet den Berufsoffizier Erich Steiner. Ditzens Erstlingsroman erscheint unter dem Pseudonym Hans Fallada, das Ditzen nunmehr für alle folgenden Werke verwenden wird. Im Frühjahr 1920 bricht Rudolf Ditzen auch seine Entziehungskur in Carlsfeld ab und zieht zu Kagelmacher, zunächst nach Dramburg und zum Jahresende auf dessen just geerbten Hof in Gudderitz auf der Insel Rügen.
Bis 1923 ist Rudolf Ditzen als Rechnungsführer auf verschiedenen Gütern in Mecklenburg, Pommern und Westpreußen tätig.

Geschichte: Adolf Hitler verkündet sein 25-Punkte-Programm in München. Kapp-Putsch führt zunächst zur Flucht der Reichsregierung nach Stuttgart. Gewerkschaften schlagen jedoch Putsch durch Generalstreik nieder. Preußen gibt sich eine Verfassung als Freistaat.

Werke: Der junge Goedeschal. Ein Pubertätsroman.

1921
Häufiger Wechsel der Arbeitsstellen. Verschiedene Bittbriefe um Geld an Anne Marie Seyerlen aufgrund hoher Schulden. Da Anne Marie mittellos ist, hilft Toni B. mehrfach mit sehr hohen Summen aus. Abbruch des Briefkontaktes für zehn Jahre.

1922
Anstellungen in der Landwirtschaft u. a. auf dem Gut Neuschönfeld bei Bunzlau/ Niederschlesien und bei Deutsch Krone/ Westpreußen. Unterschlagung, Schwarzmarktgeschäfte mit Getreide.

1923
Juli: Wegen Unterschlagung wird Rudolf Ditzen zu sechs Monaten Gefängnis verurteilt. Da er noch keine Aufforderung erhalten hat, die Haft anzutreten, nimmt er in Radach bei Drossen/Neumark eine Arbeitsstelle als Gutssekretär an. Freundschaft mit Hans Joachim Geyer. Ab November: Kaufmann und Buchhalter in der Getreide- und Kartoffelgroßhandlung in Drossen. Zweiter Roman erscheint.

Werke: Anton und Gerda

1924
Buchhalter in Drossen (bis 15.4.), anschließend bei Kagelmacher in Guddderitz. Juni-November: Gefängnishaft in Greifswald. Anschließend erneut in Gudderitz auf Rügen bei Kagelmacher.

1925
Rechnungsführer in Lübgust/Kreis Neustettin (Pommern) sowie Neuhaus/KreisLütjenburg(Holstein). September: Zweite Unterschlagung, Ditzen stellt sich selbst Polizei.

Nach Scheidung von Erich Steiner, mit dem sie zwei Kinder hat, heiratet Anne Marie den Diplomlandwirt Willi Förg.

1926
März: Wegen Unterschlagung erhält Rudolf Ditzen eine zweieinhalbjährige Gefängnisstrafe unter Einbeziehung der Untersuchungshaft. Haftantritt in Strafanstalt Neumünster.

1928
Im Mai Haftentlassung nach Hamburg. Arbeit als Adressenschreiber. Mitglied der SPD. Oktober: Begegnung mit Anna Margarete (Suse oder auch Lämmchen) Issel. Umzug nach Neumünster.

1929
Sekretär beim Wirtschafts- und Verkehrsverein Neumünster. Ab März Annoncenwerber und später Lokalreporter beim *General-Anzeiger für Neumünster*, Prozessberichterstatter beim Landvolkprozeß. Heirat (5.4.) mit Anna-Margarete Issel.
Sommer: Begegnung mit Ernst Rowohlt in Kampen auf Sylt.

1930
Angestellter in Rezensionsabteilung des Rowohlt-Verlages in Berlin. Schreibt *Bauern, Bonzen und Bomben*. Geburt des Sohnes Ulrich (Uli). Umzug nach Neuenhagen bei Berlin.

1931
Der Roman erscheint und ist ein erster größerer Erfolg. Die Familie mietet ein Reihenhaus in Neuenhagen bei Berlin. Beginn der Arbeit an: *Kleiner Mann – was nun?* Ab Oktober freier Schriftsteller.

Werke:
Bauern, Bonzen und Bomben

Anne Marie Förg nimmt den Briefkontakt wieder auf und bittet um Rückzahlung alter Schulden, die Rudolf Ditzen zwar akzeptiert, jedoch momentan noch nicht bezahlen kann.

1932
Welterfolg des Romans *Kleiner Mann – was nun?*.
Sporadische, freundschaftliche Briefe zwischen Ditzen und Anne Marie.

1933
Umzug der Ditzens nach Berkenbrück bei Fürstenberg und Kauf eines Grundstückes mit Haus. April: Elftägige Haft in Fürstenwalde nach Denunziation durch den ehemaligen Hausbesitzer bei der SA. Nervenzusammenbruch und Sanatoriumsaufenthalt in Waldsieversdorf. Wiederverkauf des Grundstückes. Geburt der Tochter Lore (gen. Mücke), eine Zwillingsschwester wird tot geboren. Kauf des Sechs-Morgen-Hofes in Carwitz bei Feldberg/Mecklenburg. Beendigung des Romans *Wer einmal aus dem Blechnapf frißt*, danach: *Wir hatten mal ein Kind.*
Verfilmung von *Kleiner Mann – was nun?*. Hans Fallada zieht seinen Namen als Drehbuchautor zurück, da das Manuskript zu entscheidend verändert wurde.

Geschichte : Überwältigender Sieg der Nationalsozialisten bei den Reichstagswahlen 1933. Reichspräsident v. Hindenburg ernennt Adolf Hitler zum Reichskanzler. Terror nach Brandstiftung im Reichstag. Ermächtigungsgesetz ermöglicht Ausschaltung der

Demokratie. Erste Deportationen von politischen Oppositionellen in neu eigerichtete Konzentrationslager, verschärfter Antisemitismus.

1934
Leben mit der Familie in Carwitz. NS-Kulturpolitik verwirft Falladas Romane und empfiehlt Buchhändlern und Käufern Boykott.

Werke:
Wer einmal aus dem Blechnapf frisst
Wir hatten mal ein Kind

Letzter Briefwechsel zwischen Anne Marie und Rudolf Ditzen. Ditzen stellt in seinem letzten Brief die Rechtmäßigkeit seiner Schulden gegenüber Anne Marie in Frage.

1935
Alkoholismus, Depressionen, Nervenzusammenbrüche. Klinikaufenthalt in München. September: Reichsschrifttumskammer erklärt Hans Fallada zum ‚unerwünschten Autor' und erteilt ein Berufsverbot, was jedoch zum Jahresende aufgehoben wird. November: Erneute Zusammenbrüche, Klinik- und Sanatoriumsaufenthalte, u. a. im ‚Heidehaus' Zepernick, im Norden Berlins.

Werke: Märchen vom Stadtschreiber, der aufs Land flog

1936
Im Sanatorium ‚Heidehaus' bis Ende Mai. Der Roman *Wolf unter Wölfen* entsteht. Leben in Carwitz.

Werke:
Altes Herz geht auf die Reise
Hoppelpoppel, wo bist du?

1937
Tod des Vaters. Auftrag zu einem Spielfilm mit Emil Jannings, Fallada schreibt auf dessen Anregung hin *Der eiserne Gustav.*

Werke:
Wolf unter Wölfen

1938
Fallada ändert nach Aufforderung vom Propagandaminister Joseph Goebbels etliche Teile und die Schlussfassung des Romans *Der eiserne Gustav* im Sinne der Nationalsozialisten, um die Filmproduktion und das Erscheinen des Buches zu ermöglichen. Das Filmprojekt wird nach Einwänden von Alfred Rosenberg gestoppt.

Werke:
Der Eiserne Gustav
Geschichten aus der Murkelei

1939
Verbot des Filmes *Altes Herz geht auf die Reise.*

Geschichte: Nach Überfall der Deutschen auf Polen erklären Großbrittanien und Frankreich Deutschland den Krieg, der sich rasch zum 2. Weltkrieg ausweitet.

1940
Geburt des Sohnes Achim.

Werke: Der ungeliebte Mann
Kleiner Mann, großer Mann - alles vertauscht

1941
Carwitz: Ehe- und Lebenskrisen.

Werke:
Damals bei uns daheim

1943
Als ‚Sonderführer' im Majorsrang beim Reichsarbeitsdienst für sechs Wochen in Frankreich, um darüber (im Sinne der Nazis) zu berichten. August bis Oktober: In Niemes/Sudetenland. Auftrag des NS-Propagandaministeriums für einen antisemitischen Roman (Kutisker-Stoff).

Werke:
Heute bei uns zu Haus

1944
Durch Alkohol- und Drogenexzesse: Kuranstalt Westend; im Sommer Verbindung mit der morphiumsüchtigen Alkoholikerion Ursula Losch. Juli: Scheidung von Anna Ditzen. August: Anklage wegen Mordversuchs an Anna Ditzen; Dreieinhalbmonatiger Zwangsaufenthalt im Gefängnis Altstrelitz. In ca. zwei Wochen schreibt er dort *Der Trinker* (Aufzeichnungen über seine Erlebnisse während der Zeit des Faschismus.) sowie *Friedolin der freche Dachs* (Kindererzählungen). Nach Entlassung im Dezember Verlobung mit Ursula Losch.

1945
(1.2.) Heirat mit Ursula Losch. März: erneut Aufenthalt in Kuranstalten Westend.

Geschichte: Besetzung des Deutschen Reiches durch Alliierte Truppen. Nach Selbstmord von Adolf Hitler und anderen Führungskräften am 9.5.1945: Bedingungslose Kapitulation des Deutschen Reiches, das in vier Besatzungszonen von den Vereinigten Staaten, Russland, Frankreich und Großbritanien aufgeteilt und militärisch verwaltet wird.

Die deutsche Kapitulation erlebt Fallada in Feldberg, die Sowjetische Besatzungsmacht ernennt ihn zum Bürgermeister von Feldberg (Mai bis August). Durch Drogen und Überarbeitung Zusammenbrüche und Aufenthalte in Heilanstalten. Umzug nach Berlin. Begegnung mit Johannes R. Becher, der ihn unterstützt und ihm Aufträge verschafft. Freier Journalist der *Täglichen Rundschau* in Berlin sowie Mitglied im ‚Kulturbund zur demokratischen Erneuerung Deutschlands'.

1946
Verschiedene Klinikaufenthalte in Berlin: Kuranstalt Westend und Hilfskrankenhaus Marthastraße. Arbeit am Buch *Der Alpdruck*. Im Oktober schreibt er binnen 24 Tagen nach Gestapo-Akten seinen letzten Roman: *Jeder stirbt für sich allein*. Dezember: Einweisung in die Nervenklinik der Charité in Berlin. Dort versorgte ihn seine zweite Frau Ursula, die gleichfalls als Süchtige eingewiesen war, erneut mit Rauschgift und Zigaretten. Verlegung von beiden ins Krankenhaus Pankow.

1947
Rudolf Ditzen stirbt am 5.2. im Alter von 53 Jahren und wird auf dem Städtischen Friedhof Berlin-Pankow III beigesetzt.

Posthum erschienen u. a.:

1947
Der Alpdruck
Jeder stirbt für sich allein

1950
Der Trinker

1954
Fridolin, der freche Dachs

1994
Dies Herz, das dir gehört

1995
Wizzel Kien - der Schalk von Schalkemaren

1997
Drei Jahre kein Mensch. Geschichten aus dem Nachlass.

1998
Strafgefangener, Zelle 32

1971
Anne Marie Förg stirbt in Staffelbach/Bayern
im Alter von 86 Jahren

1972
Egmont Seyerlen stirbt in Tittmoning/Oberbayern
im Alter von 83 Jahren

Literatur und Quellen

Binswanger, Otto: Ärztliches Gutachten. Jena 31.12. 1911. Quelle: Hans-Fallada-Archiv Feldberg, Nr. 59.

Caspar, Günter: Nachwort, in: Fallada, Hans: Der eiserne Gustav. Berlin, Weimar 1965.

Caspar, Günter: Zu den Texten, in: Fallada, Hans: Drei Jahre kein Mensch. Berlin 1997.

Caspar, Günter: Zu Falladas Frühwerk, in: Fallada, Hans: Frühe Prosa. Berlin und Weimar 1993.

Deutsches Literaturarchiv Marbach: Fallada, Hans: Briefwechsel.

Ditzen, Adelaide: Briefe an Dr. Tecklenburg. Hans Fallada-Archiv-Feldberg, Nr. 59.

Fallada, Hans: Anton und Gerda, in: Falladas Frühwerk in zwei Bänden, Herausgegeben von Günter Caspar, Bd. 1., Berlin 1993.

Fallada, Hans: Damals bei uns Daheim. Erlebtes, Erfahrenes und Erfundenes. Hamburg 1959.

Fallada, Hans: Der eiserne Gustav, Berlin und Weimar 1965.

Fallada, Hans: Der junge Goedeschal, in: Falladas Frühwerk in zwei Bänden, Bd. 1. Herausgegeben von Günter Caspar, Berlin 1993.

Fallada, Hans: Drei Jahre kein Mensch. Erlebtes. Erfahrenes. Erfundenes. Geschichten aus dem Nachlass 1929-1944. Herausgegeben von Günter Caspar, Berlin 1997.

Fallada, Hans: Heute bei uns zu Haus, Reinbek bei Hamburg 1966.

Fallada, Hans: Sachlicher Bericht über das Glück, ein Morphinist zu sein, in: Fallada, Hans: Drei Jahre kein Mensch. Erlebtes, Erfahrenes, Erfundenes. Geschichten aus dem Nachlass 1929 - 1944. Herausgegeben von Günter Caspar, Berlin 1997.

Fallada, Hans: Strafgefangener, Zelle 32. Tagebuch 22. Juni - 2. September 1924. Herausgegeben von Günter Caspar, Berlin 1998.

Fallada, Hans: Wie ich Schriftsteller wurde, erstmals 1946, hier: Fallada, Hans: Gesammelte Erzählungen, Braunschweig 1967.

Fricke, Dieter (Hrsg.): Deutsche Demokraten, Köln 1981.

Kuhnke, Manfred: ...dass ihr Tod nicht umsonst war. Authentisches und Erfundenes in Hans Falladas letztem Roman. Neubrandenburg 1991.

Lange, Sabine: Im Meckelbörgischen, in der Welteneinsamkeit. Hans Fallada in Carwitz und Feldberg 1933 - 1945, Neubrandenburg 1995.

Liersch, Werner: Hans Fallada. Sein großes, kleines Leben. Erweiterte Neuausgabe, Hildesheim 1993.

Manthey, Jürgen: Hans Fallada in Selbstzeugnissen und Bilddokumenten, Reinbek bei Hamburg 1963.

Materna, Ingo / Ribbe, Wolfgang: Geschichte in Daten. Berlin. München, Berlin 1997.

Müller-Waldeck, Gunnar: „Er war ein Ermunterer". Gespräch mit Annemarie Steiner in: Fallada-Jahrbuch 3, 2000.

Schuster, Gerhard: Sie bleiben für mich der Unverlierbare und Unvergessbare. Egmont Seyerlen (1889-1972) (Spuren 18), Marbach am Neckar, 1992.

Studnitz, Cecilia von: Es war wie ein Rausch. Fallada und sein Leben. Düsseldorf 1997.

Williams, Jenny: Mehr Leben als eins. Hans Fallada. Biographie. Berlin 2002.

Abkürzungen und Zeichen

AS	Anne Marie Seyerlen
CvS	Cecilia von Studnitz
dla	Deutsches Literaturarchiv Marbach
HFA	Hans-Fallada-Archiv
K=	Kurzform der Literaturangabe im Text
RD	Rudolf Ditzen

(...) Von Hans Fallada gesetzte Klammer.

[...] Textauslassungen und Textergänzungen durch CvS.

(?) CvS ist sich nicht sicher, ob das voran stehende Wort richtig transkribiert wurde.

o. D. Brief ohne Datum.

o. O. Brief ohne Ortsangabe.

[1*] Verweis auf Fußnote.

[1] Verweis auf Endnote, Anmerkungen, Literatur- und Quellenangaben.

Abbildungen

Fotos:
Privat: Seite 13, 22, 103, 113, 147, 209.
HFA: Seite 35, 54, 83, 137.

Briefe/Dokumente:
Privat: Seite 27, 29, 48, 50, 72, 84, 86, 96, 108, 130, 162, 165, 185, 191, 214, 220, 232.

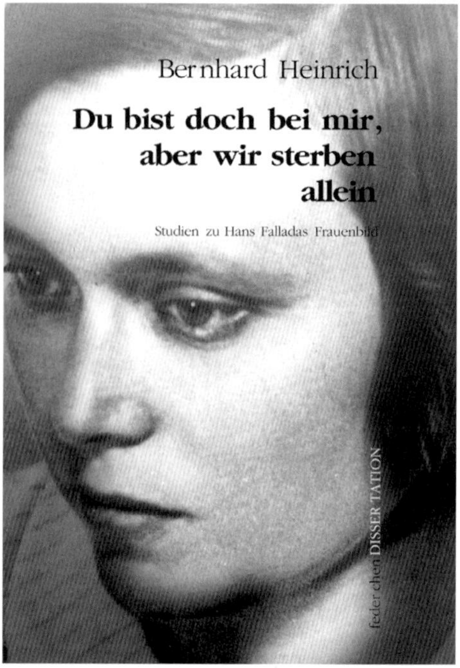

federchen Verlag
Neubrandenburg

Bernhard Heinrich
Du bist doch bei mir, aber wir sterben allein 0
Studien zu Hans Falladas Frauenbild

Weichcover, Format 15 x 21, 229 S., 15 Euro
ISBN 978-3-910170-64-3

Bernhard Heinrich weist in diesem Buch nach, dass Falladas Frauenbild sich wesentlich von tradierten Vorstellungen und Projektionen unterschied, wenngleich auch Falladas Frauenfiguren in ihrer Zeit und ihrer sozialen Schicht verhaftet blieben. Die prominenteste Frauenfigur Falladas ist zweifelsohne das „Lämmchen", Hauptheldin in Falladas Erfolgsroman Kleiner Mann – was nun?, der deshalb auch hier viel Beachtung geschenkt wird. „An eine Figur wie Lämmchen denken wir, wenn wir uns fragen, was bleibt und was uns aus Falladas Werk hoffen heißt." (Johannes R. Becher)

aufbau
AUFBAU VERLAGSGRUPPE

Erstmals veröffentlicht:

Szenen einer Ehe

20 Abb. 448 S. Geb. ISBN 978-3-351-03220-3. € 24,95

Hans Fallada und Anna Ditzen – das ist die bewegende Geschichte einer großen Liebe. Nachzulesen im lang erwarteten Ehebriefwechsel (1928–1946), hrsg. von Sohn Uli Ditzen.

Jetzt im Buchhandel oder unter www.aufbauverlagsgruppe.de

Diese Publikation wurde vom Literaturzentrum Neubrandenburg e.V. und der Hans-Fallada-Stiftung gefördert.

Dem Aufbau-Verlag Berlin sei für die kollegiale Unterstützung gedankt.

Wir danken herzlich dem Steffen-Verlag Friedland.

© federchen Verlag, Neubrandenburg 2007
Gestaltung Joachim Lautenschläger
Druck Steffendruck Friedland

ISBN 978-3-910170-63-6